U0804215

"十四五"时期水利类专业
重　点　建　设　教　材

智慧水利概论

ZHI HUI SHUI LI GAI LUN

活页式 | 双色版

主　编　王卫标　李　芳
副主编　郑李昂　金斌斌　任　刚
　　　　郭雪莽　罗志洁　张　茹
　　　　罗火钱　杜万军
主　审　李　涛

黄河水利出版社
· 郑　州 ·

内容提要

本书主要内容包括认识水利、认识水利物联网、数字孪生水利、水利行业数字化应用、水利工程智能建造、水利大模型原理及应用探索等。本书采用项目教学法编写，是传统纸质教材与数字化教学资源相结合的融媒体新形态教材，融入了党的二十大精神和课程思政等元素，配套建设了微课视频等数字教学资源，对学生巩固所学知识、检验教学目标达成情况有较大帮助。

本书可供高等职业教育本科、专科水利类专业和相关专业教学使用，亦可供相关工程技术人员学习、培训参考。

图书在版编目(CIP)数据

智慧水利概论 / 王卫标,李芳主编. -- 郑州 : 黄河水利出版社, 2025. 8. -- ISBN 978-7-5509-4215-8

Ⅰ. TV-39

中国国家版本馆 CIP 数据核字第 2025M6X847 号

组稿编辑:田丽萍　电话:0371-66025553　E-mail:912810592@qq.com

责任编辑	王燕燕	责任校对	杨秀英
封面设计	张心怡	责任监制	常红昕
出版发行	黄河水利出版社 地址:河南省郑州市顺河路 49 号　邮政编码:450003 网址:www.yrcp.com　E-mail:hhslcbs@126.com 发行部电话:0371-66020550		
承印单位	河南匠心印刷有限公司		
开　　本	787 mm×1 092 mm　1/16		
印　　张	12.25		
字　　数	290 千字	印　　数	1—2 000
版次印次	2025 年 8 月第 1 版		2025 年 8 月第 1 次印刷

定　　价　50.00 元

前 言

本书是根据《中共中央关于认真学习宣传贯彻党的二十大精神的决定》，中共中央、国务院《教育强国建设规划纲要(2024—2035年)》，中共中央办公厅、国务院办公厅《关于推动现代职业教育高质量发展的意见》，国务院《国家职业教育改革实施方案》(简称"职教20条")，教育部《职业院校教材管理办法》《高等学校课程思政建设指导纲要》《"十四五"职业教育规划教材建设实施方案》《职业教育产教融合赋能提升行动实施方案(2023—2025年)》，水利部、教育部《关于进一步推进水利职业教育改革发展的意见》等文件精神，在中国水利教育协会的精心组织和指导下，组织编写的"十四五"时期水利类专业重点建设教材。教材注重吸收产业升级和行业发展的新知识、新技术、新工艺、新方法、新规范，丰富了课程思政案例、视频、微课等数字化教学资源，是理论联系实际、教学面向生产，产教融合、校企合作编写的职业教育精品规划教材，具有鲜明的时代特点，体现了实用性、实践性、创新性的特色。

党的二十大报告提出，要加快建设"网络强国、数字中国"。在新阶段，以数字赋能治水管水，加快推进智慧水利建设，是水利领域全面贯彻新发展理念，在数字化发展浪潮中把握新机遇、应对新挑战、塑造新优势的必然选择。

为践行习近平总书记"节水优先、空间均衡、系统治理、两手发力"治水思路，贯彻习近平总书记关于网络强国的重要思想，落实《中华人民共和国国民经济和社会发展第十四个五年规划和2035年远景目标纲要》提出的"构建智慧水利体系，以流域为单元提升水情测报和智能调度能力"的要求，水利部陆续发布了《水利部关于印发加快推进智慧水利的指导意见和智慧水利总体方案的通知》《关于大力推进智慧水利建设的指导意见》《"十四五"期间推进智慧水利建设实施方案》等文件。要求按照"需求牵引、应用至上、数字赋能、提升能力"的原则，以数字化、网络化、智能化为主线，以数字化场景、智慧化模拟、精准化决策为路径，以构建数字孪生流域为核心，全面推进算据、算法、算力建设，加快构建具有预报、预警、预演、预案功能的智慧水利体系，为新阶段水利高质量发展提供有力支撑和强劲驱动。

近年来，智慧水利在全国范围内快速推进，数字孪生水利工程试点也顺利开展。北斗、人工智能、大数据、高分辨率遥感、激光雷达、测雨雷达、三维重建技术、水文水动力学模型等技术在多个领域不断深化应用。260万亿次双精度浮点高性能计算集群初步建成，基于数字孪生水利体系的"四预"(预报、预警、预演、预案)能力得到显著提升。智慧水利建设成效斐然，在水旱灾害防御、水资源调度等诸多方面都发挥了重要作用。在水利水电工程建设领域,数字化和智能化技术的应用日益广泛,在三峡、白鹤滩等众多大中型水利水电工程建设中发挥了关键作用,在小型水利工程中的应用也越来越普遍。与此同时,全国众多大学、职业院校开设了智慧水利、智慧水利工程、智慧水利技术、水利水电工程智能管理、智能水务管理等专业。为满足这些学校的教学需求,我们编写了这本教材。本书主要涵盖认识水利、认识水利物联网、数字孪生水利、水利行业数字化应用、水利工程智能建造、水利大模型原理及应用探索等内容,对智慧水利的各个方面进行了概括性介绍。

本书编写单位及编写人员分工如下:

——项目1 认识水利:浙江同济科技职业学院王卫标,兰州资源环境职业技术大学李芳,浙江水利水电学院陈苗苗。

——项目2 认识水利物联网:黄河水利职业技术大学郑李昂,山西水利职业技术学院张茹。

——项目3 数字孪生水利:浙江同济科技职业学院王卫标、任刚,浙江省水利水电勘测设计院有限责任公司舒全英、程欢、侯毅。

——项目4 水利行业数字化应用:浙江同济科技职业学院王卫标、罗志洁、郭雪莽,浙江省水利信息宣传中心黄康。

——项目5 水利工程智能建造:浙江同济科技职业学院王卫标、金斌斌、任刚、郭雪莽,浙江省水利水电勘测设计院有限责任公司于亚东,国际小水电中心郑良,杭州市富阳区林业水利局高海静,永定河流域投资有限公司王逸辰。

——项目6 水利大模型原理及应用探索:浙江省水利信息宣传中心黄康,浙江同济科技职业学院高永胜,福建水利电力职业技术学院罗火钱,陕西农林职业技术大学杜万军。

本书由王卫标、李芳担任主编,王卫标负责全书内容规划和统稿;由郑李昂、金斌斌、任刚、郭雪莽、罗志洁、张茹、罗火钱、杜万军担任副主编;由黄河水利科学研究院李涛担任主审。

本书在编写过程中参考了大量文献资料和有关单位的报告,得到了浙江省水利厅、浙江省水利水电勘测设计院有限责任公司的大力支持。浙江同济科技职业学院郑荣伟、程静和赵颖辉提供了部分微课视频,杭州星越软件科技有限公司制作了部分动画和视频。编写过程中,南京水利科学研究院范子武正高、浙江水利水电学院徐存东教授和韩宇平教授、黄河水利科学研究院李涛总工等提出了许多建设性意见,在此一并表示衷心感谢!

由于编者水平有限,且智慧水利技术正处于高速发展阶段,国内外尚无类似教材可供参考借鉴,书中难免存在错误和不足之处,恳请广大读者批评指正。

编　者

2025年6月

本书互联网全部资源

目 录

项目 1　认识水利

【学习目标】

1. 精准把握水资源的定义。

2. 掌握水利行业管理所涵盖的各项内容,包括政策法规制定、行业规划布局、资源调配管理等,构建起系统、完整的知识体系。

3. 熟悉水利工程施工和运行管理的具体要求。

4. 熟悉常见水工建筑物的类型、结构特点、功能用途。

5. 深刻理解智慧水利的概念。

码 1-1　水利知识图谱

【技能目标】

1. 能够运用专业术语,阐述水利行业管理的各项要求。

2. 熟练运用水利工程项目管理知识,有效指导实际工作。

任务 1.1　水利行业管理

依据《水利部职能配置、内设机构和人员编制规定》,水利行业管理的范畴极为广泛,涵盖多个关键方面:保障水资源得以合理开发利用,对生活、生产经营和生态环境用水进行统筹协调与有效保障;制定水利工程建设有关制度,并确保其顺利组织实施;致力于水资源保护、推进节约用水工作;强化水文工作管理,严格监督水利工程建设与运行管理;扎实开展水土保持工作,推动农村水利发展,做好水利工程移民管理;严厉查处重大涉水违法事件,积极协调、仲裁各类水事纠纷;切实落实综合防灾减灾规划相关要求,同时做好水利科技和外事工作等。在全国范围内,各省(区、市)水利厅及市、县水利局的管理职能基本与此保持一致。

1.1.1　行业职能

以浙江省水利厅为例,其行业管理的职能主要包括以下内容:

(1) 负责保障水资源的合理开发利用。拟订水利战略规划和政策,起草有关地方性法规、规章草案。组织编制全省水资源战略规划、全省重要江河湖泊的流域(区域)综合规划、防洪规划等重大水利规划。

(2)负责生活、生产经营和生态环境用水的统筹和保障。组织实施最严格水资源管理制度,实施水资源的统一监督管理,拟订全省和跨区域水中长期供求规划、水量分配方案并监督实施。负责重要流域、区域以及重大调水工程的水资源调度。组织实施取水许可、水资源论证和防洪论证制度,指导开展水资源有偿使用工作。指导水利行业供水、农村供水工作。

(3)按规定制定水利工程建设与管理的有关制度并组织实施。负责提出水利固定资产投资规模、方向、具体安排建议并组织指导实施。按规定权限审核规划内和年度计划规模内固定资产投资项目,提出中央水利资金和省级财政性水利资金安排建议并负责项目实施的监督管理。

(4)指导水资源保护工作。组织编制并实施水资源保护规划。指导饮用水水源保护有关工作,指导地下水开发利用和地下水资源管理保护。组织指导地下水超采区综合治理。

(5)负责节约用水工作。拟订节约用水政策,组织编制节约用水规划并监督实施,组织制定有关标准。组织实施用水总量控制等管理制度,组织、监督全省节约用水工作,指导和推动节水型社会建设工作。

(6)指导水文工作。负责水文水资源监测、水文站网建设和管理,对江河湖库和地下水实施监测,发布水文水资源信息、情报预报和全省水资源公报。按规定组织开展水资源调查评价和水资源承载能力监测预警工作。指导水利信息化工作。

(7)指导水利设施、水域及其岸线的管理、保护与综合利用。组织指导水利基础设施网络建设。指导重要江河、水库、湖泊及河口的治理、开发和保护。指导河湖水生态保护与修复、河湖生态流量水量管理以及河湖水系连通工作。负责滩涂围垦工作。指导低丘红壤治理开发。

(8)指导监督水利工程建设与运行管理。组织实施具有控制性的和跨区域跨流域的重要水利工程建设与运行管理。组织提出并协调落实省直管工程运行和后续工程建设的有关政策措施,指导监督工程安全运行,组织工程验收有关工作,督促指导市、县配套工程建设。按分工负责水利行业生态环境保护工作。组织开展水利建设与运行管理市场的监督管理。

(9)负责水土保持工作。拟订水土保持规划并监督实施,组织实施水土流失的综合防治、监测预报并定期公告。负责建设项目水土保持监督管理工作,指导省重点水土保持建设项目的实施。

(10)指导农村水利工作。组织开展大中型灌排工程建设与改造。指导圩区防洪排涝工程和农村饮水安全工程建设与管理。指导节水灌溉有关工作。指导农村水利改革创新和社会化服务体系建设。按规定组织开展水能资源调查评价,指导农村水能资源开发、小水电改造和水电农村电气化工作。

(11)指导水政监察和水行政执法。负责重大涉水违法事件的查处,指导协调水事纠纷的处理。负责水利行业安全生产监督管理,指导水库、水电站大坝、农村水电站、江堤海塘监督。

(12)开展水利科技、教育和对外交流工作。组织水利科学研究、科技推广及对外交流。组织开展水利行业质量监督工作。拟订水利行业的技术标准、规程规范、定额并监督实施。

(13)负责落实综合防灾减灾规划相关要求，组织编制洪水干旱灾害防治规划和防护标准并指导实施。承担水情旱情监测预警工作。组织编制重要江河湖泊和重要水工程的防御洪水抗御旱灾调度及应急水量调度方案，按程序报批并组织实施。组织提出太湖流域洪水调度建议方案。承担防御洪水、台风暴潮应急抢险的技术支撑工作。承担重要水工程调度工作。承担洪泛区、蓄滞洪区和防洪保护区的洪水影响评价工作。组织制定水旱灾害防御水利相关政策并监督实施。

(14)完成省委、省政府交办的其他任务。

(15)职能转变。切实加强水资源合理利用、优化配置和节约保护。坚持节水优先，从增加供给转向更加重视需求管理，严格控制用水总量和提高用水效率。坚持保护优先，加强水资源、水域和水利工程的管理保护，维护河湖健康美丽。坚持统筹兼顾，保障合理用水需求和水资源的可持续利用，为经济社会发展提供水安全保障。坚持建管并重，加强水利工程管理工作。坚持深入推进简政放权、放管结合、优化服务改革，推动水利领域"最多跑一次"改革向纵深发展。推动水利数字化转型，加快推进水利现代化。

按规定，浙江省水利厅下设办公室、政策法规处（挂执法指导处牌子）、规划计划处、水资源管理处（挂省节约用水办公室牌子）、建设处、运行管理处、河湖管理处、农村水利水电与水土保持处、监督处、科技处、水旱灾害防御处、财务审计处、人事教育处、直属机关党委等内设机构。

1.1.2 建设项目管理

1.1.2.1 水利工程建设程序

在工程项目建设进程中，各个阶段、环节以及各项工作之间存在着特定且不可违背的先后顺序。基本建设程序，是指基本建设项目从决策、设计、施工到竣工验收以及工程后评价的整个工作流程中，各阶段及其工作所必须遵循的先后次序与步骤。这一程序深刻反映了基本建设过程中各相关部门紧密衔接、环环相扣的关联关系，以及在工作中相互协调、配合的内在要求。

码 1-2 微课：水利工程建设程序

基本建设工作极为复杂，涉及领域广泛，需要多部门协同合作。完成一项水利工程，需要开展多方面工作，这些工作有的前后紧密衔接，有的左右相互配合，还有的存在相互交叉的情况。因此，只有按照既定程序和先后顺序依次推进，才能确保基本建设工作顺利开展；反之，若违背基本建设程序，极有可能造成难以挽回的经济损失和社会影响。

依据我国基本建设实践经验，对于由国家投资、中央和地方合资、企事业单位独资或合资，以及采用其他投资方式兴建的防洪、除涝、灌溉、发电、供水、围垦等大中型（包括新建、续建、改建、加固、修复）工程建设项目，按照《水利工程建设程序管理暂行规定》（2019

年修正)，水利水电工程的基本建设程序划分为项目建议书、可行性研究报告、施工准备、初步设计、建设实施、生产准备、竣工验收、后评价等阶段。小型水利工程建设项目可参照此程序执行。

1. 项目建议书阶段

项目建议书是在流域规划的基础上，由主管部门提出的关于建设项目的初步设想。这一设想从宏观层面出发，对项目建设的必要性和可行性进行衡量与分析，评估建设条件是否成熟，判断是否值得投入资金和人力。

项目建议书应根据国民经济和社会发展长远规划、流域综合规划、区域综合规划、专业规划，按照国家产业政策和国家有关投资建设方针进行编制，它是对拟建设项目的初步阐述说明。

项目建议书的编制通常由政府委托有相应资格的设计单位承担，并按照国家现行规定权限向主管部门申报审批。项目建议书获批后，政府会向社会公布相关信息。若有投资建设意向，应及时组建项目法人筹备机构，开展后续建设程序工作。

2. 可行性研究报告阶段

水利水电工程项目可行性研究，是在项目建议书基础上，对拟建项目的建设条件展开全方位、多维度的综合论证与比较。

可行性研究应对项目的多个方案进行比选，从技术可行性和经济合理性两方面进行科学严谨的分析论证。经批准的可行性研究报告，是项目决策以及开展初步设计的重要依据。可行性研究报告由项目法人(或筹备机构)负责组织编制。

可行性研究报告需按照国家现行规定的审批权限报批。申报项目可行性研究报告，必须同时提交项目法人组建方案及运行机制、资金筹措方案、资金结构以及回收资金的具体办法。

可行性研究报告获批后，不得随意修改和变更。若在主要内容上有重大变动，必须经原批准机关复审同意。项目可行性研究报告获批后，应正式成立项目法人，并按照项目法人责任制的要求实施项目管理。

3. 施工准备阶段

项目可行性研究报告获批，环境影响评价文件等也已通过审批，且年度投资计划下达或建设资金落实到位后，项目法人便可开展施工准备工作，为工程开工建设做准备。施工准备工作主要包括以下内容：

(1)完成施工现场的征地、拆迁工作，为工程建设提供场地。

(2)做好施工用水、电、通信、道路和场地平整等基础设施建设，确保施工环境满足要求。

(3)搭建必要的生产、生活临时建筑工程，满足施工人员和施工过程的基本需求。

(4)实施经批准的应急工程、试验工程等专项工程，为主体工程施工积累经验、提供技术支持。

(5)组织开展招标设计、咨询、设备和物资采购等服务，确保施工所需的技术、物资和服务及时到位。

(6)组织相关监理招标，并着手主体工程招标准备工作，为工程建设选择合适的监理单位和施工单位。

此外,在施工准备工作开始前,项目法人或其代理机构必须依照相关规定,向行政主管部门办理报建手续,并交验工程建设项目的有关批准文件。只有在工程项目报建完成后,才能正式组织开展施工准备工作。

4. 初步设计阶段

初步设计是依据批准的可行性研究报告以及必要且准确的设计资料,对设计对象进行全面深入的研究。其目的在于阐明拟建工程在技术上的可行性和经济上的合理性,明确项目的各项基本技术参数,并编制项目的总概算。初步设计任务应择优选择有项目相应资格的设计单位承担,设计单位需依照有关初步设计编制规定进行编制。

初步设计报告的编制以批准的可行性研究报告为依据。

在初步设计文件报批前,通常由项目法人委托具备相应资格的工程咨询机构,或组织行业内管理、设计、施工、咨询等各方面专家,对初步设计中的重大问题进行咨询论证。设计单位根据咨询论证意见,对初步设计文件进行补充、修改和优化。初步设计完成后,由项目法人组织审查,按照国家现行规定权限向主管部门申报审批。

初步设计文件经批准后,其主要内容不得随意修改、变更,它将作为项目建设实施的重要技术文件基础。若确有重要修改、变更,必须经原审批机关复审同意。

5. 建设实施阶段

建设实施阶段主要是指主体工程的建设施工。在此阶段,项目法人应按照批准的建设文件,精心组织工程建设,确保项目建设目标得以实现。主体工程开工需要满足以下条件:

(1)项目法人或者建设单位已依法设立,具备承担项目建设管理的主体资格。

(2)初步设计已获批准,且施工详图设计能够满足主体工程施工的实际需要。

(3)建设资金已落实到位,能够保障工程建设的顺利进行。

(4)主体工程施工单位和监理单位已通过合法程序确定,并分别签订了施工合同和监理合同。

(5)质量安全监督单位已确定,且按规定办理了质量安全监督手续,为工程质量和施工安全提供保障。

(6)主要设备和材料的供应来源已落实,确保施工过程中物资充足。

(7)施工准备和征地移民等前期工作已完成,能够满足主体工程开工的需求。

项目法人或者建设单位应在工程开工之日起15个工作日内,将开工情况以书面报告的形式报项目主管单位和上一级主管单位备案。

6. 生产准备阶段

生产准备是项目投产前的一项关键工作,是实现从建设阶段向生产经营阶段顺利过渡的必要条件。项目法人应遵循建管结合和项目法人责任制的要求,适时、有序地开展各项生产准备工作。生产准备工作的内容会根据不同类型的工程有所差异,一般包括以下主要方面:

(1)生产组织准备。建立健全生产经营的管理机构及相应的管理制度,为生产运营提供组织保障和制度支撑。

(2)人员招收和培训。根据生产运营的实际需求,招聘并配备合适的生产管理人员。通过多样化的培训方式,提高人员专业素质,确保其能够胜任工作岗位。生产管理人员要尽早介入工程的施工建设,参与设备的安装调试,熟悉工程和设备情况,掌握生产技术和工艺流程,为实现基本建设与生产经营阶段的无缝衔接做好充分准备。

(3)生产技术准备。主要包括技术资料的收集、整理和汇总,运行技术方案的制订,岗位操作规程的编制以及新技术的学习和应用准备等工作,为生产运营提供技术保障。

(4)生产物资准备。切实落实投产运营所需的原材料、协作产品、工器具、备品备件以及其他协作配合条件,确保生产过程中物资供应稳定。

(5)生活福利设施准备。建设和完善正常的生活福利设施,为员工创造良好的生活条件,保障员工的基本生活需求。

此外,还应及时、妥善地落实产品销售合同协议的签订工作,提高项目的生产经营效益,为偿还债务、实现资产的保值增值创造有利条件。

7. 竣工验收

竣工验收是工程完成建设目标的重要标志,是全面检验基本建设成果、评估设计和工程质量的关键步骤。竣工验收合格的项目,将正式从基本建设阶段转入生产或使用阶段。

工程基本竣工时,项目建设单位应按照验收规程的要求,组织监理、设计、施工等单位提交相关报告,并将施工过程中的有关资料、文件、图纸整理成册归档。在正式竣工验收前,根据工程规模大小,由主管部门或主管部门委托项目建设单位组织初步验收。对于初步验收中发现的问题,必须在正式验收前妥善解决。质量监督机构需对工程质量提出客观、准确的评价意见。最后,根据初步验收情况和项目建设单位的申请验收报告,确定竣工验收的相关事宜。

国家重点水利建设项目由国家发展和改革委员会会同水利部主持验收;水利部属重点水利建设项目由水利部主持验收;部属其他水利建设项目由流域机构主持验收,水利部进行业务指导;中央参与投资的地方重点水利建设项目由省(自治区、直辖市)政府会同水利部或流域机构主持验收;地方水利建设项目由地方水利主管部门主持验收。其中,大型建设项目验收时,水利部或流域机构会派员参加;重要中型建设项目验收时,流域机构也会派员参与。

8. 后评价

建设项目竣工投产后,通常经过 1 ~ 2 年生产运营后,要进行一次系统全面的项目后评价。后评价主要包括以下内容:

(1)影响评价。对项目投产后在经济、社会、环境等各方面产生的影响进行综合评价,分析项目对周边地区和相关领域的作用和贡献。

(2)经济效益评价。对项目的投资效益、国民经济效益、财务效益、技术进步带来的效益以及规模效益等进行评价,同时对可行性研究的深度和准确性进行评价,总结经验教训。

(3)过程评价。对项目从立项、设计、施工、建设管理、竣工投产到生产运营的全过程进行回顾和评价,分析各个环节的工作成效和存在的问题。

项目后评价一般按照项目法人的自我评价、项目行业的评价、计划部门(或主要投资方)的评价三个层次组织实施。

建设项目后评价工作必须遵循客观、公正、科学的原则,确保分析过程合理、评价结论公正。通过开展建设项目后评价,达到肯定成绩、总结经验、研究问题、吸取教训、提出建议、改进工作的目的,进而不断提高项目决策水平和投资效果。

1.1.2.2　水利工程建设项目管理

水利工程建设全面推行项目法人责任制、招标投标制、建设监理制和合同管理制,这四项制度相辅相成,共同保障水利工程建设的顺利推进与高质量完成。

1. 项目法人责任制

项目法人责任制,是针对经营性建设项目实施的一种全面负责的项目管理制度。在该制度下,项目法人对项目从策划、资金筹措,到建设实施、生产经营,再到偿还债务以及资产的保值增值,实行全过程的责任管理。在基本建设四项制度体系中,项目法人责任制占据核心地位,是保障项目有序推进的关键制度。

依据《水利工程建设项目法人管理指导意见》(水建设〔2020〕258号),政府出资的水利工程建设项目,应由县级以上人民政府或其授权的水行政主管部门等相关部门(以下简称政府或其授权部门)负责组建项目法人。对于政府与社会资本方共同出资的水利工程建设项目,由政府或其授权部门与社会资本方协商确定项目法人的组建事宜。对于社会资本方全额出资的水利工程建设项目,虽由社会资本方负责组建项目法人,但组建方案必须依据国家投资管理的法律法规及相关规定,经工程所在地县级以上人民政府或其授权部门审核同意。

项目法人作为项目建设的责任核心主体,肩负着对项目建设工程质量、工程进度、资金管理以及生产安全的全面责任,同时需对项目主管部门负责,确保项目各环节工作的顺利开展与目标实现。

2. 招标投标制

根据《水利工程建设项目招标投标管理规定》(2001年水利部令第14号发布),符合特定范围且达到相应规模标准的水利工程建设项目,必须严格开展招标工作。

码1-3　文档:水利工程建设招标投标

(1)需要招标的项目范围:涵盖多个重要领域,具体包括:关系社会公共利益与公共安全的防洪、排涝、灌溉、水力发电、引(供)水、滩涂治理、水土保持、水资源保护等水利工程建设项目;使用国有资金投资或国家融资的水利工程建设项目;使用国际组织或者外国政府贷款、援助资金的水利工程建设项目。

(2)规模标准:①施工单项合同估算价在400万元人民币以上;②重要设备、材料等货物的采购,单项合同估算价在200万元人民币以上;③勘察设计、监理等服务的采购,单项合同估算价在100万元人民币以上。同一项目中可以合并进行的勘察、设计、施工、监理以及与工程建设有关的重要设备、材料等的采购,合同估算价合计达到前款规定标准的,必须招标。

(3)招标方式:主要分为公开招标和邀请招标两种。在招标投标活动中,必须严格遵循公开、公平、公正和诚实信用的原则。建设项目的招标工作由招标人负责组织实施,任何单位和个人均不得以任何形式非法干预招标投标活动。整个招标投标过程应严格依照《中华人民共和国招标投标法》的相关要求执行，确保招标工作的合法性、规范性与公正性。

3. 建设监理制

按照《水利工程建设监理规定》（水利部令第 28 号），水利工程建设监理是指具备相应资质的水利工程建设监理单位，受项目法人（建设单位）委托，按照监理合同对水利工程建设项目实施中的质量、进度、资金、安全生产、环境保护等进行的管理活动。

码 1-4　文档：水利工程建设监理规定

水利工程建设监理的核心工作是开展建设工程的合同管理，通过严格执行合同条款，实现对工程建设投资、工期和质量的有效控制，并积极协调建设各方之间的工作关系。监理单位应按照以下规范程序实施建设监理：

（1）按照监理合同要求，选派专业能力强、经验丰富且满足监理工作需求的总监理工程师、监理工程师和监理员，组建专业的项目监理机构，并及时进驻项目现场开展工作。

（2）编制详细的监理规划，明确项目监理机构的工作范围、具体内容、工作目标和依据，确定监理工作制度、程序、方法和措施，并及时报项目法人备案。

（3）根据工程建设进度计划，分专业编制具有针对性和可操作性的监理实施细则，为监理工作的具体开展提供详细指导。

（4）按照监理规划和监理实施细则有序开展监理工作，及时编制并提交监理报告，如实反映工程建设情况。

（5）监理业务完成后，按照监理合同约定，向项目法人提交完整的监理工作报告，并移交相关档案资料。

水利工程建设监理实行总监理工程师负责制。总监理工程师负责全面履行监理合同约定的监理单位职责，发布有关指令，签署监理文件，协调有关各方之间的关系。监理工程师在总监理工程师授权范围内开展监理工作，对所承担的具体监理工作负责，并对总监理工程师负责。监理员则在监理工程师或总监理工程师授权范围内从事辅助性的监理工作。

监理机构应严格依据监理合同和施工合同的约定，积极开展水利工程施工质量、进度、资金的控制工作，同时加强对施工安全和文明施工的监理力度，强化信息管理，有效协调施工合同各方之间的关系，确保水利工程建设顺利推进。

4. 合同管理制

在水利工程建设过程中，勘测设计、施工承包、工程监理、设备及材料采购等各项工作，均需严格实行合同管理制。

建设工程合同管理是实现工程质量、进度和投资（造价）有效控制（简称“三个控制目标”）的重要依据。其主要工作内容是对与工程建设项目相关的各类合同，从合同条件的拟定、协商，到合同的签署，再到履行情况的检查和分析等各个环节，进行科学、系统的管理，旨在通过规范的合同管理，实现工程建设项目的“三个控制目标”，同时维护合同双方的合法权益。

在工程建设项目的“三个控制目标”管理中，强调工程师应依据合同开展管理工作。具体而言，依据合同条款对工程质量进行严格监督与控制；按照合同规定，制定科学合理的工程计量与支付程序，确保工程费用的监督与管理规范化、科学化；根据工程建设项目合同约定的工期，对工程进度进行有效控制。

合同文本应优先选用国务院发展改革部门会同有关行政监督部门制定的标准文本。合同中的标的、价款、质量、履行期限等主要条款，必须与招标文件和投标文件的内容保持一致，且签订的合同内容需符合《中华人民共和国民法典》的相关要求，确保合同内容完整、合法有效。其中，“通用合同条款”应原原本本引用，不得随意修改；“专用合同条款”可在遵循“通用合同条款”的基础上，根据项目实际情况进行补充和细化，但不得与“通用合同条款”的强制性规定相冲突。

合同双方必须严格按照合同约定，全面履行各自的义务。项目法人应加强对勘察、设计、施工(工程总承包单位、施工承包人)、监理、监测、技术鉴定、咨询(全过程、代建)、质量检测以及材料、设备制造供应等各类参建单位的合同履约管理。确保各方按照合同约定落实各项工作，坚决防范转包、违法分包等违规行为。严格依据合同要求组织开展工程进度、质量和安全管理工作，保证工程建设严格按照经批准的设计文件和技术标准实施。

项目法人应定期对参建单位的合同履约情况进行监督检查，及时发现并纠正违约行为，同时建立完善的监督检查台账，实施闭环管理。对于检查中发现的问题，严格按照合同约定进行处罚。对于问题严重的责任单位，可采取责令整改、约谈、停工整改、追究经济责任、解除合同等措施，并提请相关主管部门予以通报批评或降低资质等级，切实强化责任追究，保障水利工程建设顺利进行。

任务1.2 水资源及其开发利用

1.2.1 水资源

1.2.1.1 水资源的含义

依据全国科学技术名词审定委员会在1997年由科学出版社公布的水利科技名词中对水资源的定义，水资源指的是地球上具有一定数量和可用质量能从自然界获得补充并可资利用的水。

水资源，确切来说是“人类能够利用的”水，这包含两方面的关键要素：其一，水质必须契合人类利用的标准。也就是说，水资源是符合人类不同使用目的所对应的水质标准的淡水量。其二，在当前的技术经济条件下，只有那些通过工程手段或者经过净化处理后能够被利用的水，才被视作水资源。近年来，非常规水资源，像海水淡化水、中水回用水、雨水以及苦咸水等，受到了越来越多的关注，部分地区已将其纳入水资源管理范畴。

水资源属于再生性资源，能够借助水循环得以恢复和更新。水循环受到日地运行规律的约束，呈现出季节交替以及大致以年为周期变化的特性，因此水资源量一般指的是年资源量。

水资源的定义着重指出“大气降水是水资源的补给来源”。这意味着一个区域(或流域)的水资源，是在该区域边界范围内，由当地大气降水补给形成的产物。只有本区域当地大气降水所补给的地表水量、地下水量(动态水量)，才属于本区域的当地水资源量，即区域水资源量。而流经本区域、由非本区域大气降水补给的地表水量和地下水量，则被称为过境水资源量或入境水资源量。无论是当地水资源量，还是过境（入境）水资源量，都是本区域可开发利用的水资源。

1.2.1.2 我国水资源的特点

码 1-5 文档：近年中国水资源公报

1. 总量可观，但人均占有量偏低

中国地处亚欧大陆东南部，在水资源方面，面临着相对短缺的现状，并且水旱灾害频发。全国多年平均年水资源总量约 28 412 亿 m^3，在世界各国中排名第 6 位。然而，我国人口基数庞大，人均水资源占有量约为 2 000 m^3，仅为世界人均水量的 1/4，在世界各国人均水资源排名中位于百位之后，属于人均水资源匮乏的国家之一。同时，每公顷耕地所拥有的水资源量也低于世界平均水平。

2. 水资源时空分布不均衡

从地域分布来看，中国境内水资源的分布极不均衡，呈现出自东南向西北递减的态势。依据 2002 年开展的全国水资源调查评价结果，南方地区 4 区［长江流域（含太湖流域）、东南诸河区、珠江区、西南诸河区］的水资源量占全国水资源总量的 81.5%，而北方 6 区（松花江、辽河、海河、黄河、淮河以及西北诸河区）仅占 18.5% 。整体而言，南方水资源充沛，北方则相对稀缺。

我国大部分地区属于东亚季风区，受青藏高原的影响，降水年际变化显著，少水年与多水年交替出现。南方地区最大年降水量与最小年降水量的比值为 2~4，北方地区则为 3~6；南方地区最大年径流量与最小年径流量的比值为 2~4，北方地区更是高达 3~8。此外，水资源在年内的分配也极为不均，大部分水资源在汛期以洪水的形式集中出现，这不仅增加了水资源利用的难度，还容易引发洪涝灾害。北方地区的水资源年内集中程度比南方更高，南方雨季相对较长，一般为 4 个月（3~6 月或 4~7 月），这期间的雨量占全年的 50%~60%；北方雨季较短且出现时间较晚，主要集中在 7 月和 8 月两个月，雨量占全年的 70%~80%。我国水资源量在年际间的巨大差异和年内的剧烈变化，是导致我国农业生产不稳定、水旱灾害频发的根本原因。

3. 雨热同期的优势特性

雨热同期是我国水资源分布的一大突出优势。我国水资源和热量的年内变化具有同步性，每年 3~5 月气温持续攀升的同时，雨季也大致在这一时期来临。全国各地在 6~8 月的高温期，通常也是全年降水最为充沛的时期。较高的气温与充足的雨水，是众多农作物生长所必需的自然条件。不过，雨热同期是从全国宏观角度而言的，部分地区也可能出现 7~9 月农作物生长旺盛期，却遭遇高温少雨，进而形成主要干旱期。

4. 水质变化显著，水污染状况逐步好转

党的二十大报告明确指出，我们坚持绿水青山就是金山银山的理念，坚持山水林田湖草沙一体化保护和系统治理，全方位、全地域、全过程加强生态环境保护，生态文明制度体系更加健全。但不可忽视的是，生态环境保护依旧任重道远。

我国河流的天然水质状况原本相当良好，南方和北方水量较为丰富的地区，河水的矿化度和总硬度都相对较低，主要江河干流的河水矿化度和总硬度同样不高。然而，随着人口的持续增长和工业的快速发展,废污水排放量急剧增加,导致水体污染总体较为严重。从地域上看,北方地区的水体污染程度比南方更严重,西部比东部严重,大城市的工业区和人口密集区域附近的水体污染尤为突出。全国江河水质中,中小河流水污染状况相较于各大水系干流更为严峻。值得庆幸的是,近年来,全社会高度重视水生态环境问题,并加大了治理力度,目前排入河道的废污水总量得到了有效控制,水污染状况持续改善,水质不断提升。

典型案例:全国地表水水质变化

根据生态环境部发布的《中国环境状况公报》数据,2010 年全国 409 个地表水国控监测断面中,Ⅰ~Ⅲ类水质的断面比例为 59.9%,Ⅳ~Ⅴ类水质的断面比例为 23.7%,劣Ⅴ类的断面比例为 16.4%;到了 2023 年,全国监测的 3 632 个地表水国控监测断面中,Ⅰ~Ⅲ类水质断面占比跃升至 89.4%,Ⅳ~Ⅴ类水质断面占 9.9%,劣Ⅴ类水质断面仅占 0.7%。这一数据变化充分表明,近年来我国地表水水质在持续向好发展。

5. 河流泥沙含量较高,但水土流失状况持续改善

我国曾因特殊的自然条件以及长期的人类活动影响,森林覆盖率较低,水土流失问题严重。近年来,我国通过实施小流域综合治理、人工造林、建设淤地坝和拦沙坝等工程措施,以及完善水土保持法规制度体系、加强人为水土流失监管力度、提升水土保持监测能力等非工程措施,使水土流失综合治理取得显著成效,有效遏制了水土流失问题。

典型案例:我国的水土保持

依据《中国水土保持公报(2024 年)》数据,我国水土流失总面积为 260.19 万 km^2,全国水土保持率达到 72.83%。与 20 世纪 80 年代全国水土流失总面积 367 万 km^2 相比,水土流失面积减少了 106.81 万 km^2。《中国河流泥沙公报》显示,2020 年黄河潼关站实测径流量 469.6 亿 m^3,相较于多年平均值 335.3 亿 m^3,偏大 40%,与 1987~2020 年均值相比偏大 87%;实测年输沙量 2.40 亿 t,相较于多年均值偏小 74%,与 1987~2020 年均值相比偏小 49%。2023 年潼关站实测径流量 270.3 亿 m^3,实测年输沙量 0.953 亿 t。黄河实际输沙量的变化充分证明了我国水土保持工作成效显著,水土流失面积和强度持续"双下降"。水土流失治理极大地改善了农业生产条件和农村人居环境,有力地推动了地方经济社会的发展。

1.2.2 水资源开发利用

1.2.2.1 水资源开发利用的概念

水资源开发利用,是依据兴利与除害的实际需求,综合运用工程手段与非工程手段,对天然水资源开展治理、控制、调配、保护及管理等一系列工作,旨在让水资源能够充分满足国民经济各行业的用水需求。目前,可供人类开发利用的水资源,主要包括河川径流、地下水等。要想合理开发利用这些水资源,工程技术措施必不可少,其作用在于让处于天然状态的水资源,在时间、地区分布及质量上,都能转化为可被有效利用的资源,进而实现水资源的可持续利用。径流调节作为一项关键的水资源开发利用措施,其核心是重新分

配径流过程,确保它与用水过程在时空分布上相互协调。地下水同样是重要的水资源,在开发利用过程中,必须确保采补平衡,以达成永续利用的目标。

水资源开发利用的服务对象广泛,涵盖了国民经济的众多相关行业。其利用方式大致可分为两类:一是不耗水的河道内利用,如水力发电、水运、渔业、水上娱乐等领域的用水;二是耗水的河道外利用,如农业用水、工业用水、生活用水及生态环境用水等。

1.2.2.2 水资源开发利用的基本原则

水资源是国家极为宝贵的财富,具有多方面的开发利用价值。与水资源关联紧密的行业众多,包括水力发电、农业灌溉、防洪与排涝、工业和城镇供水、航运、水产养殖、水生态环境保护及旅游等。因此,在开发利用河湖水资源时,必须从整个国民经济可持续发展和环境保护的宏观需求出发,进行全面考量、统筹兼顾,尽可能地满足各相关行业的用水需求,切实贯彻"综合利用"原则,科学合理地开发和利用水资源,以此推动人类社会的生存与发展。

水资源开发利用的基本原则可以归纳为以下几点:

(1)综合效益原则。统筹兼顾防洪、排涝、供水、灌溉、水力发电、水运、水产、水上娱乐及生态环境等多方面的需求,追求经济、社会和环境的综合效益最大化。

(2)协调兼顾原则。充分兼顾上下游、左右岸、各地区和各行业的用水需求,重点解决严重缺水地区、工农业生产基地及重点城市的供水问题。

(3)合理配置原则。合理配置水资源,优先保障生活用水需求,将水质较好的地表水、地下水优先用于饮用水供应。同时,合理规划生产力布局,使其与水资源条件相适配。在缺水严重的地区,严格限制耗水量大的工业和种植业发展。

(4)统一调配原则。对地表水与地下水进行统一开发和配置。在地下水超采且已出现地面沉降的地区,严格控制地下水开发规模。

(5)跨流域调水审慎原则。进行跨流域调水时,要全面统筹考虑调出、引入水源流域的用水需求,以及调水可能对生态环境产生的影响。

(6)生态保护原则。高度重视水利工程建设对生态环境的影响,切实做好水源保护工作,有效防治水体污染,大力推行节约用水,杜绝水资源浪费现象。

由于水资源综合利用涉及的各相关行业自身特点和用水要求存在差异,这些要求既有相互一致的方面,也存在相互矛盾之处,其间关系错综复杂。所以,必须从整体利益出发,在集中统一领导下,依据实际情况,明确综合利用的主次任务和轻重缓急,妥善处理各行业之间的矛盾关系,只有这样,才能科学合理地解决水资源的综合利用问题。

1.2.2.3 水资源开发利用的方式

1. 防洪除涝工程

我国是洪涝灾害频发且危害严重的国家。洪水灾害通常由降雨、急骤融雪(冰)、风暴潮、堤坝溃决等因素引发,会导致江河湖岸及沿海地区水量剧增、水位上涨,进而泛滥成灾,同时还包括山洪暴发造成的灾害。涝渍灾害则是由于降水量过于集中,排水不畅,使得土地、房屋等遭受渍水和淹没而形成的灾害。洪涝灾害一旦发生,会对工业、农业生产以及人民生活造成巨大冲击,严重时甚至会导致农业绝收、工业停产,还可能造成人员伤亡。

防洪除涝措施是预防或减轻洪水灾害损失的各类手段和策略，主要包括工程措施和非工程措施。

工程措施主要通过修筑工程建筑物来控制洪水、改变洪水特性来实现防洪减灾的目的，具体涵盖水库工程、堤防工程、分蓄洪工程、水土保持工程、河道整治工程等。从本质上讲，这些措施可归结为“拦、蓄、分、泄”四个方面，以此实现对洪水的有效控制。对于工程除涝措施而言，在有自流排出条件的易涝区，通常采用挖沟、疏河、下移出水口等方法来提升自流排水能力。

非工程措施是自20世纪50年代起逐步研究形成的一种防洪减灾新理念。它借助行政、法律、经济和现代化技术等多种手段，调整洪水威胁地区的开发利用方式，强化以“预报、预警、预演、预案”为基础的防洪管理工作，使人类活动更好地适应洪水的自然特性，从而减轻洪灾损失，同时节省防洪基建投资和工程维护管理费用。

2. 农田水利灌溉

我国作为历史悠久的农业大国，农业在国民经济中占据着举足轻重的地位，是国家经济发展的基础支撑，其发展状况直接关系到社会的稳定与繁荣。自2004年起，历年中央一号文件均围绕“三农”问题展开，充分凸显了“三农”在现代化建设中的重要地位。“水利是农业的命脉”，这一论断深刻揭示了水利在农业生产中的关键作用。

农田水利灌溉的根本任务是借助水利工程技术手段，改善不利于农业生产发展的自然条件，为实现农业高产高效提供有力支持。通过兴修为农田服务的水利设施，包括灌溉、排水、除涝及防治盐、渍灾害等工程，打造旱涝保收、高产稳定的基本农田。改变和调节农田水分状况是农田水利的核心任务，通常可采取以下两种措施：

(1)灌溉措施。依据作物生长需求，有计划地将水输送并分配到田间，补充农田水分的不足，同时改善土壤的养料、通气、热状况等，达到提高土壤肥力和改良土壤的目的。

(2)排水措施。修建完善的排水系统，将农田内多余的水分排至一定范围之外，使农田水分保持在适宜水平，满足土壤通气、养料和热状况的要求，为农作物的正常生长创造良好条件。

3. 水力发电

自然河流蕴含着丰富的能量，主要包括动能和势能，这就是水能资源。水力发电工程是利用水能资源进行发电的项目，优势明显。作为一种清洁能源，许多电站能够承担电力系统的调峰调相功能，具备运行成本低、调节性能强、不消耗水量、环保生态、可循环再生等特点，这些优势是其他能源难以企及的。

水力发电工程一般需要在河流上修筑大坝或在河岸山体上(中)修建引水道，从而形成集中落差，这一落差被称为水头。通过水库调节径流获取流量，引导水流经过电站厂房内安装的水轮发电机组，将水能依次转换为机械能和电能，随后借助输变电线路，把电能输送到电网或直接供给用户。

4. 给水与排水

给水是指向城镇居民生活和工矿企业生产提供用水，排水则是指排除工矿企业及城市产生的废水、污水和地面雨水。给水必须符合用水水质标准，排水必须达到国家规定的污水排放标准。

给水排水工程的目标是通过工程措施满足城镇的给水与排水需求。在实施给水排水措施时，应在流域规划和地区规划的统一指导下，对水量进行统一调配。

5. 航道及港口工程

航道及港口工程是为促进水上运输发展而建设的各类工程设施。水运凭借运量大、运费低、能耗少、占地少等显著优势，成为水资源综合利用的重要领域，同时也是交通运输体系的重要组成部分。

航道是船舶航行的通道，主要分为天然航道和人工运河两大类。其中，天然航道又包含内河航道和近海入港航道。港口则是供船舶安全停泊、完成装卸作业并进行补给的水陆运输枢纽。港口按照使用特点可分为商港、工业港、军港、渔港和避风港等；按照所处地理位置可分为内河港、河口港和海岸港，内河港位于天然河流、人工运河、湖泊或水库内，河口港和海岸港合称为海港。

6. 生态与环境保护

生态与环境保护工程是为保护和改善水生态、水环境而建设的工程设施，主要涵盖以下几个方面：

(1)生态环境改善。修建过鱼建筑物、人工孵育场、人工产卵场，实施为改善水生生物环境的蓄水或排水工程，建设改善鱼类洄游和河口环境的入海河口排沙防淤工程，采取防止坝下溶解氧过饱和的工程措施，以及建设改善坝下低温的建筑物、提高水温的工程等。

(2)水污染防治。通过修建闸坝等工程，确保达到环境要求的水位和流量，增强河流自净能力，同时建设氧化塘处理工程系统、土地处理工程系统、污水深水排放工程等。

(3)景观改善。运用水利美学原理，设计造型优美的水工建筑物，使其与周边景观协调统一，深入挖掘和提炼治水文化与治水精神。

(4)疾病与病虫害防治。借助水利工程，预防和控制疾病、流行病的发生，以及防治病虫害。

任务 1.3　水利工程基本知识

1.3.1　水利工程的类型

水，作为人类生产生活不可或缺的宝贵资源，其天然存在状态并非总能契合人类的实际需求。为有效控制水流、防范洪涝灾害，并实现水量的科学调节与合理分配，以充分满足人们生活和生产对水资源的需求，修建水利工程成为必然选择。水利工程，即用于控制和调配自然界的地表水与地下水，旨在除害兴利而建设的工程，也被称作水工程。在水利工程建设过程中，需要修筑坝、堤、溢洪道、水闸、进水口、渠道、渡槽、筏道、鱼道等多种不同类型的水工建筑物，以此达成水利工程的预期目标。

在水利工程建设领域，那些为达成特定用途而修建的建筑物，被统称为水工建筑物。

在开发河川水资源时，通常需要在河流的适宜地段，集中建设几种不同类型且功能各异的水工建筑物。这样做不仅能够有效控制水流，还便于对这些建筑物进行协调运行与统一管理。由多种水工建筑物组合而成的综合体,被定义为水利枢纽。

水利枢纽的规划、设计、施工及运行管理等环节,都应尽可能地遵循综合利用水资源的原则。为实现多种目标而兴建的水利枢纽,建成后若能满足国民经济中不同部门的多样化需求,则被称为综合利用水利枢纽。

依据水头大小,水利枢纽一般可划分为以下几类:水头大于 70 m 的为高水头枢纽;水头处于 30~70 m 的为中水头枢纽;水头小于 30 m 的则为低水头枢纽。

值得注意的是,水利工程并非仅局限于以集中修建在一处的若干建筑物所构成的水利枢纽这一形式呈现。在实际情况中,它有时可能仅指代一个单独的水工建筑物;有时则涵盖沿一条河流较长范围,甚至是在很大区域内的众多水工建筑物。而且,在不同河流及同一条河流的不同部位建设的水利枢纽和水工建筑物,在形式、规模和功能上都存在着显著差异。

按照所承担的任务不同,水利工程可分为防洪除涝工程、农田水利工程、水力发电工程、城市供水及排水工程、航道及港口工程、生态水利工程等。若一项工程同时具备多种任务,则被称为综合利用水利工程。在现代水利建设中,综合利用水利工程占据了主导地位。

1.3.2　水利工程枢纽

由多种不同类型的水工建筑物组合而成的综合体,被称为水利枢纽。它一般由挡水建筑物、泄水建筑物、取水和输水建筑物以及专门性建筑物构成。

码 1-6　微课:
水利枢纽与
水工建筑物

1.3.2.1　挡水建筑物

在取水枢纽与蓄水枢纽中,为实现拦截水流、抬高水位和调蓄水量的目的,横跨河道修建的建筑物,即为挡水建筑物。这类建筑物主要分为溢流坝(闸)和非溢流坝两大类别。当溢流坝(闸)关闭闸门时,其具备挡水功能,可作为挡水建筑物使用。此外,那些仅用于抬高水位,或者高度相对较低的闸、坝,也被称作壅水建筑物。实际上,许多挡水建筑物具有多种功能,因此常被归类到其他水工建筑物范畴。例如,溢流坝(闸)、拦河闸、泄水闸,因其兼具泄水功能,常被列入泄水建筑物;而进水闸由于主要用于取水,常被列入取水建筑物类别。

挡水建筑物的建造材料丰富多样,既可以使用混凝土、钢筋混凝土、钢材、木材、橡胶等材料,也能够采用土料填筑,或者利用石料砌筑、堆筑而成。

1.3.2.2　泄水建筑物

泄水建筑物主要用于宣泄洪水和放空水库。其常见形式包括岸边溢洪道、溢流坝(闸)、泄水隧洞、坝身泄水孔和坝下涵管等。

泄水建筑物下泄的水流具有较大能量,可能会对河床、岸坡以及建筑物自身造成有害甚至是破坏性的冲刷和磨损。同时,高速水流还可能引发建筑物和闸门出现空蚀与振动现象。所以,在修建泄水建筑物时,重点需要解决好消能防冲、防空蚀及抗磨损等问题。对于结构相对较轻的建筑物或结构部件,还必须防止在泄水过程中,因高速水流作用而诱发建筑物振动。

1.3.2.3 取水和输水建筑物

取水和输水建筑物是为满足灌溉、发电、供水和其他专门用途而建设的。取水建筑物常见的形式有进水闸、进水口等;输水建筑物常见的形式有引水隧洞、压力管道、渠道和引水涵管等。其中,引水隧洞在洞身之后通常会连接压力水管,而渠道上的输水隧洞和通航隧洞则仅有洞身段。

1.3.2.4 专门性建筑物

专门性建筑物包含多种类型,如水电站的厂房、调压室,扬水站的泵房、流道,用于通航的船闸和升船机,便于鱼类洄游的鱼道、鱼闸和鱼梯,以及用于输送木材的筏道等。

1.3.3 水利工程等别与建筑物级别

1.3.3.1 工程等别的确定

根据《水利水电工程等级划分及洪水标准》(SL 252—2017),在确定水利水电工程的等别时,需全面综合考虑工程规模大小、所能产生的效益情况,以及该工程在经济社会中占据的重要性等关键因素,严格依照表 1-1 的标准来具体判定。

表 1-1　水利水电工程分等指标

工程等别	工程规模	水库总库容/亿 m^3	防洪			治涝	灌溉	供水		发电
			保护人口/万人	保护农田面积/万亩	保护区当量经济规模/万人	治涝面积/万亩	灌溉面积/万亩	供水对象重要性	年引水量/亿 m^3	发电装机容量/MW
Ⅰ	大(1)型	≥10	≥150	≥500	≥300	≥200	≥150	特别重要	≥10	≥1 200
Ⅱ	大(2)型	<10,≥1	<150,≥50	<500,≥100	<300,≥100	<200,≥60	<150,≥50	重要	<10,≥3	<1 200,≥300
Ⅲ	中型	<1,≥0.1	<50,≥20	<100,≥30	<100,≥40	<60,≥15	<50,≥5	比较重要	<3,≥1	<300,≥50
Ⅳ	小(1)型	<0.1,≥0.01	<20,≥5	<30,≥5	<40,≥10	<15,≥3	<5,≥0.5	一般	<1,≥0.3	<50,≥10
Ⅴ	小(2)型	<0.01,≥0.001	<5	<5	<10	<3	<0.5		<0.3	<10

注:1. 水库总库容指水库最高水位以下的静库容;治涝面积指设计治涝面积;灌溉面积指设计灌溉面积;年引水量指供水工程渠首设计年均引(取)水量。

2. 保护区当量经济规模指标仅限于城市保护区;防洪、供水中的多项指标满足 1 项即可。

3. 按供水对象的重要性确定工程等别时,该工程应为供水对象的主要水源。

4. 1 亩 = 1/15 hm^2,全书同。

对综合利用的水利水电工程,当按各综合利用项目的分等指标确定的等别不同时,其工程等别应按其中最高等别确定。

1.3.3.2　建筑物级别的确定

（1）水利水电工程永久性水工建筑物的级别，根据其所在工程的等别和永久性水工建筑物的重要性，按表 1-2 确定。综合利用水利水电工程中承担单一功能的单项建筑物的级别，应按其功能、规模确定；承担多项功能的建筑物级别，应按规模指标较高的确定。

表 1-2　永久性水工建筑物级别

工程等别	主要建筑物	次要建筑物
Ⅰ	1	3
Ⅱ	2	3
Ⅲ	3	4
Ⅳ	4	5
Ⅴ	5	6

（2）水利水电工程施工期使用的临时性挡水、泄水等水工建筑物的级别，应根据保护对象、失事后果、使用年限和临时性挡水建筑物规模按表 1-3 确定。

表 1-3　临时性水工建筑物级别

级别	保护对象	失事后果	使用年限/年	临时性挡水建筑物规模	
				围堰高度/m	库容/亿 m^3
3	有特殊要求的 1 级永久性水工建筑物	淹没重要城镇、工矿企业、交通干线或推迟工程总工期及第一台（批）机组发电，推迟工程发挥效益，造成重大灾害和损失	>3	>50	>1.0
4	1 级、2 级永久性水工建筑物	淹没一般城镇、工矿企业或影响工程总工期和第一台（批）机组发电，推迟工程发挥效益，造成较大经济损失	≤3，≥1.5	≤50，≥15	≤1.0，≥0.1
5	3 级、4 级永久性水工建筑物	淹没基坑，但对总工期及第一台（批）机组发电影响不大，对工程发挥效益影响不大，经济损失较小	<1.5	<15	<0.1

典型案例：水库工程等别、建筑物级别和防洪标准确定

MDG 水库工程大坝采用均质土坝，水库总库容 202.69 万 m^3，总灌溉面积 14 167 亩，其中自流灌区 5 640 亩，提灌站灌溉面积 8 527 亩（左岸提灌区 4 235 亩、右岸提灌区 4 292 亩），其中 DT 灌溉泵站设计流量为 0.294 m^3/s，装机容量 710 kW，XT 灌溉泵站设

计流量为 0.294 m^3/s,装机容量 900 kW。地震基本烈度为Ⅵ度。根据《水利水电工程等级划分及洪水标准》(SL 252—2017)的规定,本工程属Ⅳ等小(1)型水库,主要建筑物级别为 4 级,次要建筑物级别为 5 级。按照《防洪标准》(GB 50201—2014)、《水利水电工程等级划分及洪水标准》(SL 252—2017),大坝设计洪水标准采用 30 年一遇,校核洪水标准采用 300 年一遇。泵站 4 级建筑物防洪标准为 20 年一遇设计,50 年一遇校核。临时建筑物洪水标准采用 10 年一遇。

任务 1.4 主要水工建筑物

1.4.1 水库工程

在天然河道中,径流过程与用水需求之间往往存在矛盾。在人们需要用水时,河流中的水量可能并不充足;而在无须用水时,特别是在洪水季节,河流径流量却可能很大,此时用水需求少,但河水流量过大,极易引发洪涝灾害。为有效解决这一矛盾,常在河流上修建水库。通常情况下,水库是在山沟或河流狭口处建造拦河坝而形成的人工湖泊。修建水库主要有两大目的:一是拦蓄洪水,二是调节河流径流。

1.4.1.1 水库的作用

1. 防洪

水库是防洪领域广泛应用的工程之一。它凭借自身的库容拦蓄洪水,削减流入下游河道的洪峰流量,从而减轻或避免洪水带来的灾害。在实际防洪过程中,水库通常用于拦蓄洪峰或实现错峰调度,并且常常与堤防、分洪工程和防洪非工程措施等协同配合,共同构成防洪系统。通过统一的防洪调度,各部分共同承担下游地区的防洪重任。

2. 兴利调节

对于综合利用的水库而言,除承担防洪任务外,还包括:

(1)供水。向周边区域供应各类用水,涵盖工农业生产用水、居民生活用水和环境生态用水等。得益于水库的修建,能够在枯水季节基本保障用户的用水需求。

(2)发电。在水库大坝下游建设水电站,利用水库水位与大坝下游水位之间形成的水位差(水头)进行发电。

(3)改善航运。修建水库后,通过控制水库的泄水过程可以优化河流流量,维持稳定的河流水位,为船只通行提供保障。例如三峡水库,它极大地改善了航运条件,使航运里程增加了 660 km,万吨级船队得以从汉口顺利直达重庆。

(4)其他功能。水库还具备水产养殖和开发库区旅游等功能。闻名遐迩的千岛湖,便是由新安江水库蓄水形成的,是著名的旅游胜地。

码 1-7 微课:水库的特征水位与特征库容

1.4.1.2 水库的特征水位和特征库容

1. 水库的特征水位

水库中的水位处于动态变化之中。为了在不同时期完成不同任务,适应各种水文状况,需要对水库水位进行控制,这些达到或允许消落的特定库水位，被称为水库特征水位。这些特征水位及与之对应的库容，各自承担着特定的任务，发挥着独特的作用，反映了水库在利用和正常运行过程中的各种具体要求。水库的特征水位和特征库容的关系如图 1-1 所示。

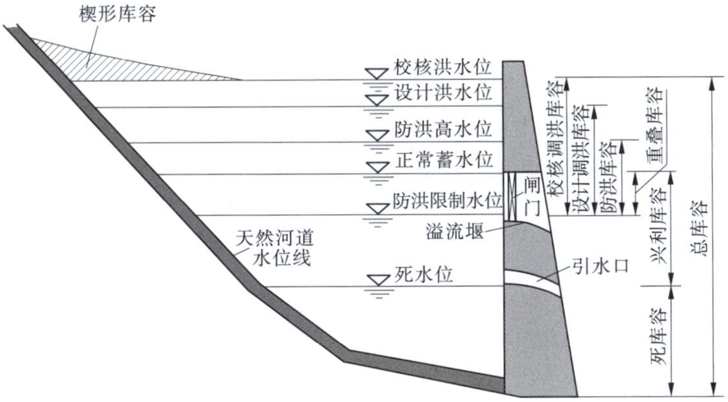

图 1-1　水库的特征水位和特征库容

（1）正常蓄水位：指水库在正常运行情况下，允许长期维持的最高水位，又称作设计蓄水位。这一水位至关重要，它不仅决定了水库的规模大小、所能产生的效益水平及调节水流的方式，还在很大程度上影响着水工建筑物的尺寸规格、结构形式，甚至会对水库周边地区的淹没范围产生决定性作用，因此是水库最为关键的特征水位之一。

（2）设计洪水位：当遭遇设计洪水时，在大坝前达到的最高水位即为设计洪水位。该水位是水库在正常运行情况下允许达到的最高洪水位，同时也是挡水建筑物进行稳定计算的关键依据，对保障大坝及整个水库的安全意义重大。

（3）校核洪水位：在校核洪水发生时，坝前达到的最高水位就是校核洪水位。这一水位的确定是为了确保水库在遭遇极为罕见的特大洪水时，依然能够保证工程的安全性和稳定性。

（4）防洪限制水位：是水库在汛期允许达到的水位上限，同时也是水库在汛期进行防洪调度运用时的起始水位。这一水位的拟定极为关键，它直接关系到防洪与兴利之间的平衡协调问题，需要充分兼顾防洪和兴利两方面的实际需求，以实现水库综合效益的最大化。

（5）死水位：是指水库在正常运行的条件下，允许消落至的最低水位，又称为设计低水位。死水位的设定，为水库的正常运行提供了下限保障。

此外，还有防洪高水位。当水库承担下游防护对象的防洪任务，且遇到下游防护对象的设计标准洪水时，在坝前达到的最高水位即为防洪高水位。只有当水库肩负下游防洪使命时，才需要明确这一水位。

2. 水库的特征库容

（1）死库容：位于死水位以下的那部分库容称为死库容，也叫作垫底库容。通常情况下，死库容中的水量除在遭遇特殊情况（如特大干旱年份）时，一般不会直接用于调节径流，但它具备淤积泥沙的功能，对于维持水库的正常运行和使用寿命具有重要意义。

(2)兴利库容:正常蓄水位与死水位之间的水库容积称为兴利库容。兴利库容主要用于调节径流,是保障水库能够稳定供水的关键,在满足灌溉、发电、供水等方面发挥着核心作用。

(3)设计调洪库容:设计洪水位与防洪限制水位之间的水库容积即为设计调洪库容。这部分库容主要用于对洪水进行调蓄,削减洪峰流量,从而减轻洪水对下游地区的威胁,保障下游地区的安全。

(4)校核调洪库容:校核洪水位与防洪限制水位之间的水库容积即为校核调洪库容。它主要用于应对更为极端的校核洪水情况,为水库的防洪安全提供更为可靠的保障。

(5)重叠库容:正常蓄水位至防洪限制水位之间的容积称为重叠库容,也叫共用库容。在汛前,通过限制蓄水,腾出库容用于防汛;而在汛后,则利用这部分库容进行蓄水,以满足兴利需求,充分体现了水库防洪与兴利功能的有机结合。

(6)总库容:校核洪水位以下的水库容积就是总库容。总库容是表示水库工程规模的代表性指标。在划分水库等级、确定工程安全标准等方面,总库容是直接依据,它直观地反映了水库的规模大小和调蓄能力。

1.4.1.3 水库的组成

一座典型的水库由多种不同类型的建筑物构成,其中涵盖挡水、泄水、引水及其他专门建筑物等。一般而言,水工建筑物可以按照使用期限和功能进行分类。

按照使用期限分类,水工建筑物可分为永久性水工建筑物和临时性水工建筑物。临时性水工建筑物是指那些在施工期间短时间内发挥作用的建筑物,如围堰、导流隧洞、导流明渠等。

按照功能分类,水工建筑物可分为通用性水工建筑物和专门性水工建筑物两大类。

1. 通用性水工建筑物

通用性水工建筑物主要包括挡水建筑物、泄水建筑物和输水建筑物,它们通常被称为水库工程的“三大件”。

(1)挡水建筑物:主要作用是拦截江河水流,从而形成水库或者壅高水位,常见的挡水建筑物就是挡水坝。挡水坝的修建能够有效调节江河水位,为水库蓄水和水资源的合理利用创造条件。

(2)泄水建筑物:功能是宣泄多余的水量、排放泥沙和冰凌,同时也用于人防、检修等情况时放空水库,以此确保坝体和其他建筑物的安全稳定。

(3)输水建筑物:是为了满足灌溉、发电和供水等需求,从水库上游向下游输水的建筑物,常见的形式有隧洞、渠道、渡槽、倒虹吸等。这些输水建筑物能够将水库中的水输送到需要的地方,实现水资源的高效利用。

2. 专门性水工建筑物

专门性水工建筑物主要有以下几类:

(1)水电站建筑物。如前池、调压室、压力水管、水电站厂房等,这些建筑物是水电站正常运行的关键设施,在水能转化为电能的过程中发挥着重要作用。

(2)渠系建筑物。包括节制闸、分水闸、渡槽、沉沙池、冲沙闸等。渠系建筑物在灌溉和输水过程中,能够对水流进行有效的控制和调节,保障灌溉用水的合理分配和渠道的正常运行。

(3)过坝设施。如船闸、升船机、放木道、筏道及鱼道等。过坝设施的建设,为船只通航、木材流放及鱼类洄游等提供了便利条件,促进了水上交通和生态环境的协调发展。

需要注意的是,有些水工建筑物具有多种功能,难以严格将其归为某一种类型。例如各种溢流坝既具备挡水功能,又能起到泄水的作用;闸门不仅可以挡水和泄水,还是水力发电、灌溉、供水和航运等工程的重要组成部分。此外,在实际工程中,有时施工导流隧洞可以与泄水或引水隧洞等结合使用,以提高工程的综合效益和施工效率。

1.4.1.4 水库的主要建筑物

1. 挡水建筑物

在水库工程体系中,挡水建筑物的核心代表是拦河坝,其核心功能在于拦截河道水流,通过壅高水位实现对水资源的有效蓄积与调控。拦河坝依据建筑材料的差异,主要分为混凝土坝、土石坝和浆砌石坝三大类。值得关注的是,近年来我国水利工程技术不断创新突破,成功开发出堆石混凝土坝等新型坝型,为水利工程建设注入新活力。

其中,混凝土坝和浆砌石坝可进一步细分为重力坝、拱坝、支墩坝等多种坝型,土石坝可分为土坝、土石混合坝、混凝土面板堆石坝等坝型。不同坝型凭借独特的结构设计与力学原理,适用于不同的工程环境与建设需求。重力坝、土石坝、拱坝的结构特点与构造形式分别如图 1-2~图 1-4 所示。

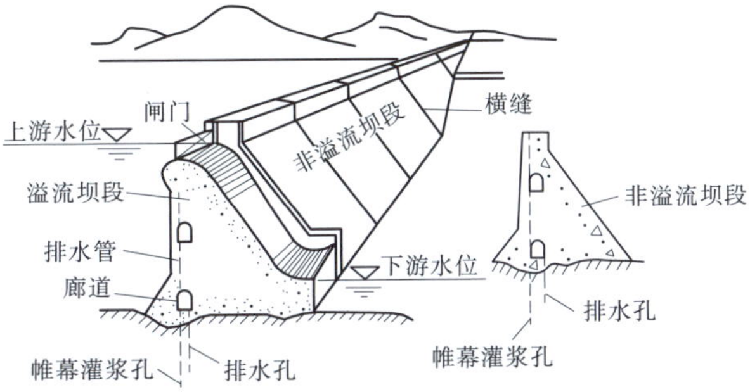

图 1-2 重力坝示意图

码 1-8 微课:重力坝

码 1-9 微课:拱坝

码 1-10 微课:土石坝

2. 泄水建筑物

在水库工程体系中,为有效宣泄水库多余水量,防止洪水漫坝引发安全事故,保障工程运行安全,同时满足水库放空、防洪调节等多重需求,在水库枢纽中设置泄水建筑物是必不可少的关键环节。

泄水建筑物主要划分为泄洪建筑物和泄水孔(放水孔)两大类。泄洪建筑物的核心

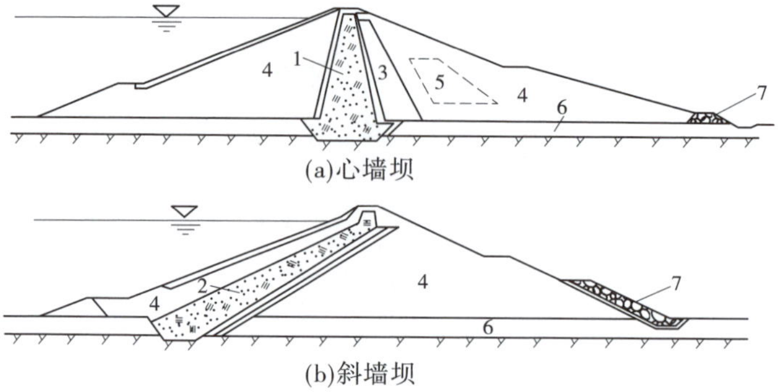

1—心墙；2—斜墙；3—过渡层；4—砂砾料；5—任意料；6—河床砂砾料；7—排水。

图 1-3　土石坝的组成

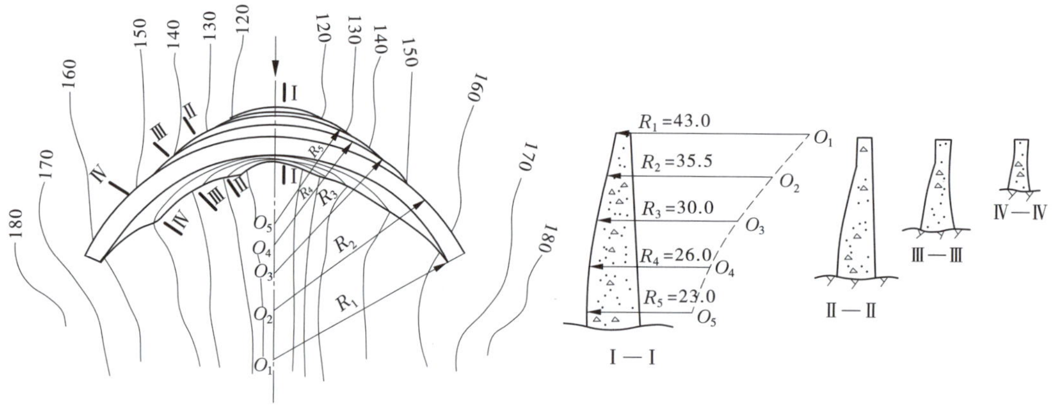

图 1-4　双曲拱坝　（单位：m）

功能在于宣泄水库设计容量无法容纳的洪水，其主要类型包括溢流坝、溢洪道、泄水隧洞等。泄水孔（放水孔）则承担着泄放特定流量以满足下游用水需求、放空水库以保障枢纽建筑物检修或水库清淤工作开展，以及配合泄洪建筑物泄洪，同时兼具冲淤、排沙等重要作用，有的泄水孔还兼作生态泄水孔。依据进口高程的差异，泄水孔又可细分为表孔、中孔和底孔，其中中孔和底孔合称为深孔。

按照枢纽布置形式，泄水建筑物可分为河床式与河岸式两种类型。河床式泄水建筑物通常布置于河床中央，多数情况下与挡水建筑物融为一体，通过坝身实现泄水功能，兼具挡水作用，这种布置形式适用于混凝土坝、砌石坝等坝型，如重力坝、拱坝中的溢流坝段（见图 1-2）。河岸式泄水建筑物则布置于坝外两岸或其他适宜位置，具有布置灵活的特点，常见形式包括泄水隧洞、河岸溢洪道等。河岸溢洪道尤其适用于不宜采用坝身泄洪的坝型，如土石坝、薄拱坝（见图 1-5）。当河谷空间狭窄，限制河床式泄水建筑

码 1-11　动画：溢流重力坝的消能方式

码 1-12　微课：溢洪道

物布置时,河岸式泄水建筑物便成为更合适的选择。

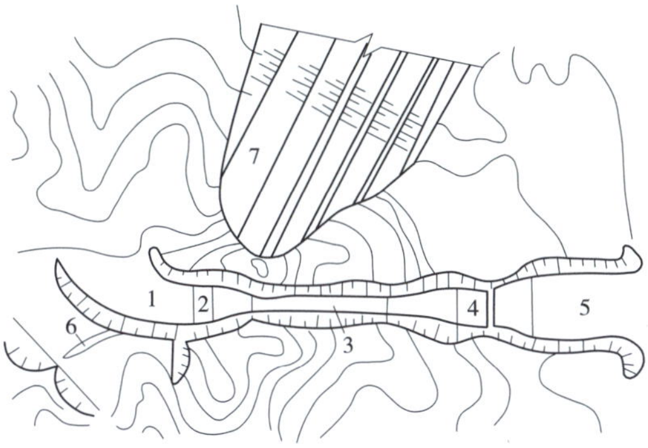

1—引水渠;2—溢流堰;3—泄槽;4—消能防冲设施;5—出水渠;6—非常溢洪道;7—土石坝。

图 1-5 河岸溢洪道(正槽式)布置

3. 输水建筑物

为实现供水、灌溉、发电等多样化功能,水库必须配备相应的输水建筑物。输水建筑物的主要形式包括水工隧洞、坝下涵管、坝体放水孔等。其中,坝下涵管常用于土石坝工程,坝体放水孔则更多应用于混凝土坝,而水工隧洞在各种工程中均有应用。水工隧洞与坝下涵管功能相近,但构造和位置有所区别:水工隧洞开凿于河岸岩体内,坝下涵管则修建于坝基之上并埋设于坝体之中。

水工隧洞可进一步分为有压隧洞和无压隧洞,均由进口建筑物、洞身和出口建筑物三部分构成。进口建筑物主要由进水口、闸室段及渐变段组成,包括拦污栅、进水喇叭口、闸门、渐变段、平压管和通气孔等关键部件。

码 1-13 微课:水工隧洞

无压隧洞多采用圆拱直墙形(城门洞形)断面,宽高比一般保持在1:1~1:1.5。当遭遇较差地质条件或较大侧向山岩压力时,马蹄形断面更为适用;若地质条件恶劣或地下水压力巨大,圆形断面则成为优选方案。

有压隧洞通常采用圆形断面,不过在围岩坚硬且内水压力较小的情况下,为简化施工流程,也可采用非圆形断面。其最小断面尺寸需同时满足施工与检修操作的空间要求。有压隧洞出口处一般设有工作闸门和启闭设施。对于泄水隧洞,由于其出口水流集中、流速高、冲刷力强,因此必须在出口位置合理布置消能设施,以保障隧洞出口下游区域的安全。

码 1-14 微课:通航建筑物

4. 水库过坝建筑物

(1)通航建筑物。为确保船舶能够顺利通过河道上的闸、坝,以及渠化工程中形成的集中落差,需要修建专门的通航建筑物。通航建筑物主要分为船闸和升船机两大类。船闸凭借水力作用将船舶浮送过坝,因其具备较大的通过能力,在实际应用中最为广泛;升船机则依靠机械力将船舶提升过坝,具有耗水量少、单次提升高度大的特点。船闸主要由闸室、上下游闸首、输水系统和引航道等部分组成。

升船机根据承船厢运行路线的不同,可分为垂直升船机和斜面升船机,其主要结构包括承船厢、垂直支架或斜坡道、闸首等。

(2)过鱼建筑物。在水利枢纽建设过程中,为保障鱼类洄游通道畅通,需修建过鱼建筑物。水利枢纽中常见的过鱼建筑物类型主要有鱼道、鱼闸、升鱼机和集运鱼船等,这些设施为鱼类的生存繁衍和生态系统的平衡稳定发挥着重要作用。

码 1-15 图片:过鱼建筑物

此外,有的水库大坝还设有过木建筑物,用于输送木材过坝,以维持木材水运通道畅通。

1.4.2 水闸工程

在河流、渠道中,为了控制流量和调节水位,可以在其上修建低水头的水闸或堰坝。其中,水闸是最常见的水工建筑物。水闸通过闸门的启闭来控制流量和水位,既可挡水又可泄水。水闸在防洪、灌溉、排水、航运、发电等方面应用广泛,尤其是在平原地区应用更多。

码 1-16 微课:水闸类型

1.4.2.1 水闸的类型

在一条河流或渠道中,在不同的河段,根据水流调节的要求,需要修建多座作用不同的水闸,如图 1-6 所示。每座水闸都承担了多重任务,水闸的分类没有严格的界限。根据其承担的主要任务,水闸可以分为节制闸、进水闸、分洪闸、排水闸、挡潮闸、排沙闸、排冰闸、排污闸等。

(1)节制闸:横跨在河流或渠道上。枯水期用以拦截河道水流,抬高水位,以利上游取水或航运要求;洪水期则开闸泄洪,控制下泄流量。位于河道上的节制闸称为拦河闸。

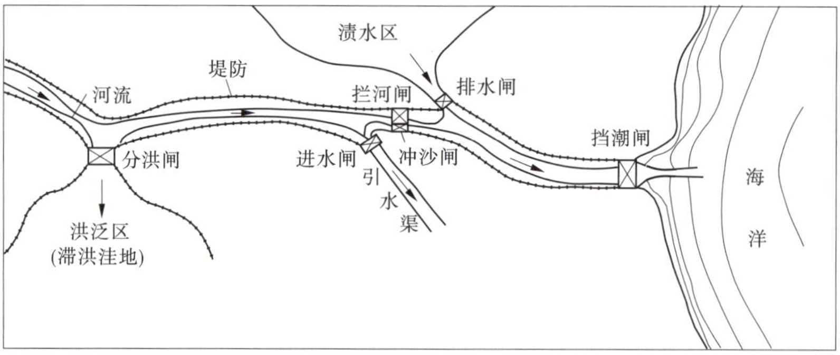

图 1-6 一条河流上修建的水闸

(2)进水闸:建在河道、水库或湖泊的岸边,用来控制引水流量,以满足灌溉、发电或供水的需要。进水闸又称取水闸或渠首闸。

(3)分洪闸:常建于河道的一侧,用来将超过下游河道安全泄量的洪水泄入预定的湖泊、洼地,及时削减洪峰,以保证下游河道的安全。

(4)排水闸:常建于江河沿岸,外河水位上涨时关闸以防外水倒灌,当洼地有蓄水、灌溉要求时,可以关闸蓄水或从江河引水。该闸具有双向挡水、双向过流的特点。

(5)挡潮闸:建在入海河口附近,涨潮时关闸不使海水沿河上溯,退潮时开闸泄水。

挡潮闸也具有双向挡水的特点。

(6)其他：如排沙闸、排冰闸、排污闸、船闸，分别为排除泥沙、冰块、漂浮物、保证船只通航等而设置。

1.4.2.2 **水闸的组成**

水闸主要由上游连接段、闸室段和下游连接段三部分组成，见图1-7。

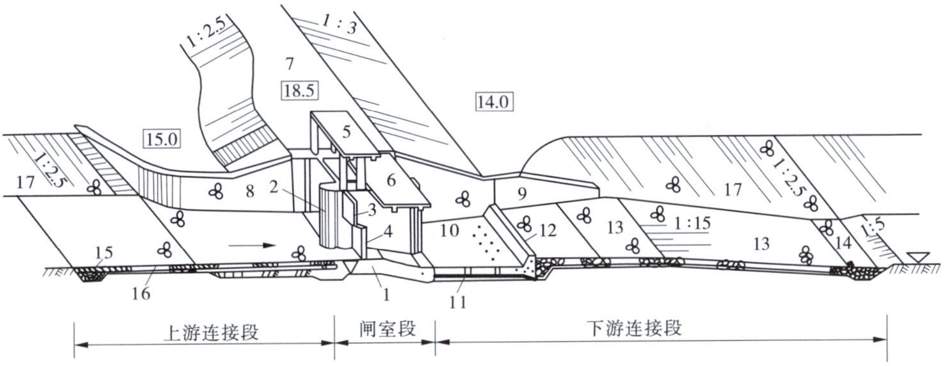

1—闸室底板；2—闸墩；3—胸墙；4—闸门；5—工作桥；6—交通桥；7—堤顶；
8—上游翼墙；9—下游翼墙；10—护坦；11—排水孔；12—消力坎；13—海漫；
14—下游防冲槽；15—上游防冲槽；16—上游护底；17—上、下游护坡。

图1-7 水闸组成 (单位：m)

1. 上游连接段

上游连接段的主要作用是引导水流平稳地进入闸室，同时起防冲、防渗、挡土等作用。一般包括上游翼墙、铺盖、护底、两岸护坡及上游防冲槽等。上游翼墙的作用是引导水流平顺地进入闸孔并起侧向防渗作用。铺盖主要起水平防渗作用，其表面应满足抗冲要求。护坡、护底和上游防冲槽(齿墙)用于保护两岸土体、河床及铺盖头部不受冲刷。

2. 闸室段

闸室段是水闸的主体部分，通常包括底板、闸墩、闸门、胸墙、工作桥及交通桥等。底板是闸室的基础，承受闸室全部荷载，并较均匀地传给地基，此外，还有防冲、防渗等作用。闸墩的作用是分隔闸孔并支承闸门、工作桥等上部结构。闸门的作用是挡水和控制下泄水流。工作桥是安装启闭机械和供工作人员操作之用。交通桥的作用是连接两岸交通。

3. 下游连接段

下游连接段具有消能和扩散水流的作用，一般包括护坦、海漫、下游防冲槽、下游翼墙及护坡等。下游翼墙引导水流均匀扩散，兼有防冲及侧向防渗等作用。护坦具有消能防冲作用。海漫的作用是进一步消除护坦出流的剩余动能、扩散水流、调整流速分布、防止河床被冲刷。下游防冲槽是海漫末端的防护设施，避免河床冲刷向上游扩展。

1.4.3 水电站

自然河流、海洋、渠道中的水流挟带了大量的能量，利用工程措施(如修建水库)形成水位差(水头)，就可以将这些分散的能量集中起来，再通过水力发电机械装置将其转换为电能，实现分散的水流能量到电能的转换，再通过输电线路将电能输送到用户所在地供电，从而实现对水力发电工程的开发。

水电站分为坝式水电站、引水式水电站等类型。以坝式水电站为例，主要由水库大坝、引水管道、厂房等组成，见图 1-8。

码 1-17　微课：水电站的类型

水电站厂房是水能转化为电能的生产场所，也是运行人员进行生产和活动的场所。其任务是通过一系列工程措施，将水流平顺地引入水轮机，使水能转换成可供用户使用的电能。水电站厂房是水工建筑物、机械及电气设备的综合体，将各种必需的机电设备安置在恰当的位置，创造良好的安装、检修及运行条件，并为运行人员提供良好的工作环境。

根据设备布置和运行要求的空间，水电站厂房可以划分为主厂房、副厂房、主变压器场、高压开关站。

码 1-18　微课：水电站厂房的功能、组成及基本类型

1.4.4　泵站

泵站是能提供有一定压力和流量的液压动力和气压动力的装置和工程，称泵和泵站工程。它是排灌泵站的进水、出水、泵房等建筑物的总称。各种泵站的用途不同，但建筑物及组成基本相同。泵站的枢纽建筑物一般由取水建筑物、进水建筑物、水泵站机房、出水建筑物、泄水建筑物及其附属的水工建筑物组成，还有交通、变电站等建筑物。这些建筑物组成了泵站枢纽工程，如图 1-9 所示。

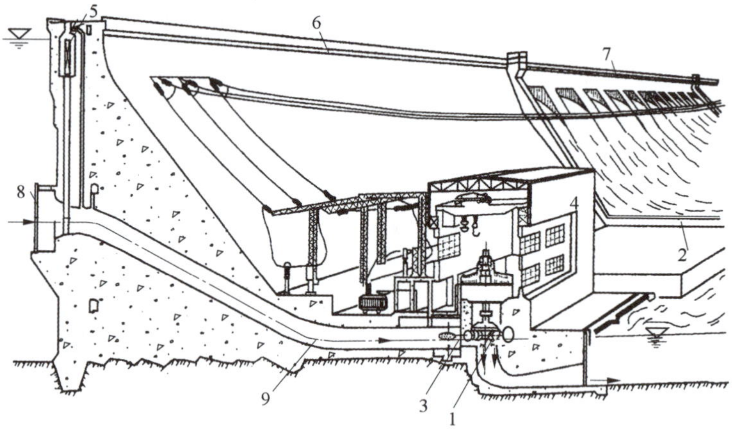

1—水轮机；2—导流墙；3—主阀；4—厂房；5—阀门；6—拦河坝；
7—溢流坝；8—拦污栅；9—压力管道。

图 1-8　坝式水电站

进水建筑物包括进水闸、引水渠、分水闸（拦污栅）、前池、进水池、吸水管等。进水闸的作用是当河流水位变化时，控制入渠的水流大小，并保证泵站不被淹没；引水渠的作用是将水流平顺、均匀地输送到前池；前池的作用是平顺地扩散水流并均匀地输送到进水池；进水池的作用是消除漩涡和回流，为水泵提供良好的吸水条件。

出水建筑物包括压力水管、压力水管的支承、出水池或压力水箱等。水泵压出的水流通过压力水管输送到出水池，然后流进输水渠道，送至用水部门。

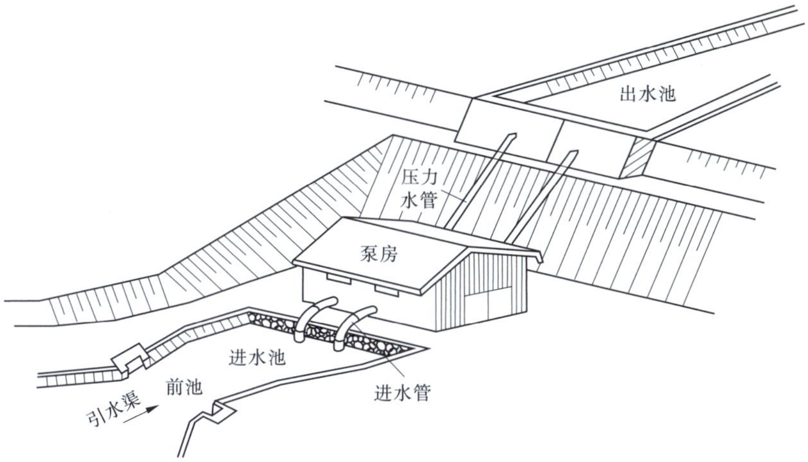

图 1-9 泵站的枢纽建筑物

水泵站机房简称泵房,它是安装水泵和动力机及其附属设备的建筑物,是水泵站的主体工程。其主要作用是给机组运行和管理人员操作提供良好的工作条件。泵房的类型,按结构形式可分为固定式泵房和移动式泵房。固定式泵房,一般指建筑在地基基础上的泵房;移动式泵房分为缆车式和浮船式两种,它们是随水源水位变化而随时升降的泵房,适用于取水口水位变化较大的情况。

任务 1.5 水利工程施工

1.5.1 水利工程施工的内容

水利工程规模庞大,建设过程中涉及地质、水文、环境、技术等诸多复杂因素,施工难度显著高于一般工程。通常情况下,水利工程施工包括以下主要内容:

(1)施工准备。施工准备工作旨在为工程建设创造完备的技术与物资条件,科学调配施工力量,合理规划施工现场布局,为施工活动的顺利开展奠定坚实基础。

(2)施工导流。在水利工程建设过程中,为确保水工建筑物能够在干燥的环境中施工,需通过修筑围堰形成基坑,将施工区域与河道水流隔离,并借助预定的泄水建筑物,如导流明渠、导流隧洞等,将河道水流导向下游,这一过程即为施工导流。

(3)地基处理。运用科学合理的技术手段对工程建筑物地基进行处理,是保障工程稳定性的关键环节。常见的地基处理方法包括开挖回填、基础排水、桩基础施工,以及固结灌浆、帷幕灌浆等灌浆工艺,还有防渗墙建设等。

(4)建筑物施工。不同类型的水利工程建筑物,其施工内容存在显著差异。土石坝和堤防工程施工主要包括土石方开挖、运输与填筑等工序;混凝土坝、水闸、泵站等建筑物的施工,则涉及混凝土原材料的制备与储存,混凝土拌制、运输、浇筑及养护,同时还包括模板制作与安装、钢筋加工与安装,以及各类埋设件的加工与安装等一系列精细作业。

(5)设备安装。主要分为金属结构安装和机电设备安装两大部分。其中,金属结构安装包括闸门、启闭机、钢管等部件的安装；机电设备安装包括水轮机、水轮发电机、变压器、断路器，以及水电站辅助设备等的安装。

(6)施工管理。贯穿于施工企业从承接施工任务到工程验收的全过程，是围绕施工对象和施工现场开展的一系列生产事务组织管理活动。其核心内容包括成本管理、工期管理、工程管理(包括质量控制、现场管理、安全管理)、组织与信息管理，以及合同管理等多个重要方面。

1.5.2　施工导流和围堰

众多水工建筑物选址于河道之中，为营造干燥的施工环境，通常采用围堰构建基坑，并将基坑内积水抽排干净。同时，利用导流明渠、导流隧洞等预定通道，将河水引至下游，这一整套排水引水措施便是施工导流(见图 1-10)。施工导流方案的科学选定，对工程施工工期、质量、造价及安全度汛等方面有着决定性影响，因此在施工前必须进行全面且细致的设计规划。

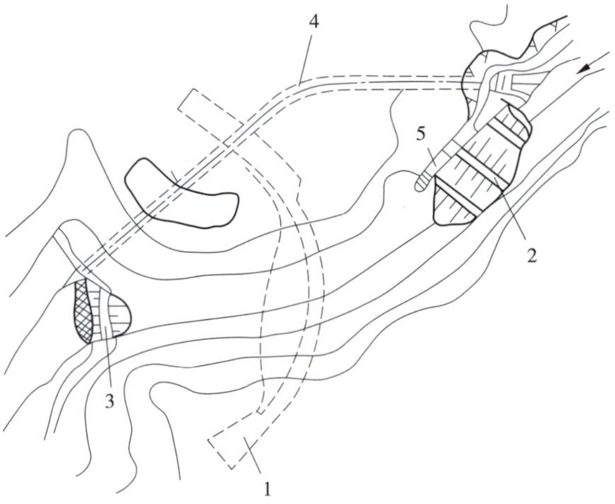

1—混凝土坝；2—上游围堰；3—下游围堰；4—导流隧洞；5—临时溢洪道。

图 1-10　龙羊峡水电站全段围堰法(隧洞)导流布置

围堰作为临时性围护结构，其核心作用在于阻挡水和土进入建筑物施工区域，以便在围堰内开展排水、基坑开挖及建筑物修筑工作。待基坑内建筑物施工完毕后，对那些影响后续施工或工程运行的围堰部分，需按照要求进行拆除处理。

1.5.3　施工截流

截流，又称堵口，是在围堰建造进程中，逐步缩窄河床断面，在河道缩窄至一定程度后，对所留缺口(龙口)实施封堵的关键作业。作为施工导流环节的核心任务，截流作业技术难度高、施工风险大，其成败直接关系到河床建筑物的开工进度。一旦截流无法按时完成，将严重延误整个河床区域建筑物的施工工期，影响工程整体进度。

码 1-19　动画：截流施工过程

截流施工需遵循严谨的流程：首先在河床一侧或两侧向河道中央填筑截流戗堤，逐步束窄河床断面,这一过程称为“进占”;当戗堤填筑至特定程度,河床被缩窄形成流速较大的过水断面,即“龙口”;为防止龙口及戗堤端部遭受水流冲刷破坏,需对河床及龙口部位进行防冲加固,此工序称为“护底及裹头”;随后抓住有利时机,以最快速度完成龙口封堵,即“合龙”;合龙后,在围堰迎水面抛投防渗材料,确保围堰的密封性,该步骤称为“闭气”;最后,为抵御可能出现的洪水,需立即加高培厚围堰,使其达到设计水位高程。由此可见,完整的截流过程涵盖戗堤进占、龙口加固、合龙、闭气、加高五个关键环节。

截流材料的选择需综合考虑截流时的水流流速、开挖起重设备能力等因素,优先采用就地取材的原则,以降低施工成本。在黄河流域,常用梢料、麻袋、草包、石料、土料等作为堤防溃口截流的主要材料;南方地区如四川都江堰,则多采用卵石、竹笼、砾石和杩杈等特色材料。国内外大型截流工程实践表明,块石因取材方便、抗冲刷能力强,成为最基础且应用最广泛的截流材料。

截流作业通常选在河流枯水期实施,此时河道流量小、水位低,不仅便于截断水流,还能大幅减少材料消耗,同时为围堰加高培厚提供有利条件。具体截流时间的确定,需确保全年挡水围堰在汛前能修筑至拦洪水位以上;若工期紧张,围堰仅利用一个枯水期施工,则需保证基坑内主体工程在汛期来临前达到拦洪水位(针对土坝)或常水位(针对允许过水的混凝土坝等建筑物)。因此,一般优先安排在枯水期前期截流,为后续基坑施工预留充足时间。此外,北方河道截流还需避开冰凌期,防止冰凌对截流作业及围堰安全造成不利影响。在主体工程施工期间,基坑排水工作同样至关重要,需贯穿施工全过程,确保施工安全有序进行。

1.5.4 施工组织设计

施工组织设计旨在依据工程选址、枢纽布置、建筑物结构形式等条件,结合当地地形地貌、气候特点及施工条件,对工程各部位施工环节进行统筹规划、综合平衡与协调管理。通过积极推广应用新技术、新材料、新工艺和新设备,实现施工方案的安全可靠、技术先进、经济合理与高效实用,为工程建设提供科学的指导方案。

依据《水利水电工程施工组织设计规范》(SL 303—2017)要求,施工组织设计内容包括基础资料收集、施工导流设计、料源选择与料场开采规划、主体工程施工方案、施工交通运输组织、施工工厂设施布置、施工总体平面规划、施工总进度安排,以及施工劳动力配置和主要技术供应保障等多个方面,形成系统化的施工指导文件。

1.5.5 常用施工技术

水利工程施工内容广泛,涉及土石方工程、混凝土工程、砌筑工程、爆破工程、模板工程、钢筋工程、灌浆工程、清淤工程、地下工程及基础处理等多个专业领域。以下对几种主要施工技术进行介绍。

1.5.5.1 爆破工程

爆破工程是利用炸药能量实现砂石料开采、基坑开挖、隧洞掘进及建筑物拆除的重要施工方法,在水利工程建设中应用广泛。我国工程炸药以硝酸铵为主要原料,常见类型包括铵梯炸药、铵油炸药、铵松蜡炸药,以及适用于水下环境的浆状抗水炸药和硝化甘油炸药等。炸药起爆需借助导火索、火雷管、电雷管、导爆索、导爆管等起爆器材，起爆能量大小直接影响炸药爆轰传递效果。常用起爆方法包括火雷管起爆法、电雷管起爆法、导爆索起爆法、导爆管起爆法及多种方法结合的联合起爆法。

工程实践中，常用爆破方法有裸露爆破、浅孔爆破、深孔爆破和洞室爆破等；此外，光面爆破、预裂爆破等控制爆破技术，能够有效减少爆破对周边岩体的扰动，提高爆破成型质量，在水利工程中也得到广泛应用。

1.5.5.2 土石方工程

1. 土石方开挖与运输

土石方开挖在水利工程中应用普遍，涵盖场地平整、水工建筑物地基开挖、地下洞室开挖、河道疏浚，以及建筑材料开采和旧建筑物拆除等。开挖类型包括明挖、洞挖和水下开挖，主要借助挖掘机、装载机等挖掘机械完成。土石方运输方式多样，常见的有无轨运输（如自卸汽车）、有轨运输（如窄轨铁路）和皮带机运输等，需根据工程规模、运输距离等因素合理选择。

2. 土石方填筑

土石方填筑主要用于渠堤、堤防、土石围堰、土石坝等工程建设。施工过程需综合考虑地形条件、土料性质、工程质量要求、工期进度等因素，科学规划施工场地和运输道路，合理选择施工机械及设备数量，确保各工序衔接顺畅。填筑时需分层卸料、铺散，并采用平碾、肋条碾、重型履带式拖拉机等碾压机械，或木夯、石硪、蛙式打夯机等夯实设备进行压实，严格控制每层填料厚度，保证填筑体密实度和稳定性。

1.5.5.3 混凝土工程

在现代水利工程中，混凝土被广泛应用于各类水工建筑物。混凝土工程涵盖骨料生产与储存、混凝土制备与运输、模板施工、钢筋施工，以及混凝土浇筑、温度控制、振捣或碾压、养护与保护等多个关键环节。

1. 骨料生产与储存

混凝土砂石骨料生产包括开采、加工（破碎、筛分、冲洗）、储存和运输等流程。大中型工程通常采用大规模机械化生产系统，确保骨料质量稳定、供应充足。

2. 模板施工

模板是混凝土成型的关键工具，包括直接接触混凝土的模板和支撑模板的构造体系。大体积混凝土施工常用模板类型有平面木模板、组合钢模板、悬臂钢模板、大模板、滑动模板、爬升模板等。由于模板工程费用在混凝土工程成本中占比较高，需合理选择模板形式和架设方法，提高模板周转利用率，降低施工成本。

3. 钢筋施工

钢筋混凝土结构施工中，钢筋施工包括钢筋调直、除锈、配料、切断、弯曲成型、接头连接（绑扎或焊接）及安装等工序，需严格按照设计要求和技术标准执行，确保钢筋位置准确、连接牢固。

4. 混凝土制备与运输

混凝土生产需严格按照配合比要求，将水泥、骨料、水、外加剂、掺和料等原材料均匀搅拌成可浇筑状态。工程中多采用混凝土生产系统，大型水利工程常配备混凝土拌和楼，以提高生产效率和拌和质量。混凝土运输方式包括自卸汽车-吊罐-履带式起重机运输、起重机-栈桥运输、缆机运输、皮带机运输、升高塔运输等，需根据工程特点和施工条件选择合适的运输方案。

5. 混凝土浇筑

混凝土浇筑包括仓面准备、入仓、铺筑、平仓、振捣等工序，不同工程部位和施工条件下，各工序施工方法存在差异。入仓方式主要有汽车转溜槽(溜筒)入仓、汽车栈桥入仓、吊罐入仓、汽车直接入仓、布料胶带机入仓和泵送入仓等，其中吊罐入仓应用最为广泛；铺筑方式主要有平层铺筑(平铺法)和梯形铺筑(台阶法)；平仓采用人工、振捣器或平仓机进行，确保仓面平整；振捣分为人工捣实和机械振捣，机械振捣因效率高、效果好，在施工现场普遍应用。

6. 混凝土养护与保护

混凝土养护与保护是防止其产生裂缝、提高耐久性的重要措施。养护以保湿为主，多采用洒水和覆盖养护法；保护以保温为主，近年来泡沫塑料板、EPE 片材等新型保温材料在工程中得到广泛应用。

1.5.5.4　灌浆工程

灌浆是通过钻孔或预埋管，将具有流动性和胶凝性的浆液压入地层或建筑物缝隙，经胶结硬化后增强岩基强度、改善整体性和抗渗性的施工技术。我国大坝岩石地基处理中，水泥灌浆因效果显著、适用性强、施工简便且经济合理，成为应用最广泛的灌浆方法。灌浆主要分为固结灌浆和帷幕灌浆两种类型，施工流程包括钻孔、洗孔冲孔、压水试验、灌浆、封孔和质量检验等环节。

灌浆施工需配备钻探机、搅拌机、灌浆泵、压力表、灌浆管路、水泥湿磨机、自动记录仪等设备设施。集中制浆站需具备满足灌浆高峰期用浆需求的制浆能力，并配备除尘设备，同时做好设备维护保养和备用设备储备。灌浆材料主要分为固体颗粒材料(如水泥、黏土、砂等，制成悬浮液)和化学灌浆材料(如环氧树脂、聚氨酯、甲凝等，需制成溶液使用)两大类，岩石地基固结灌浆和帷幕灌浆主要采用水泥基浆液。

任务 1.6　水利工程运行管理

我国已建成大量水库、堤防、水闸、灌区、泵站及调水工程等水利设施。这些工程作为水资源调配与利用的核心载体，其运行管理成效直接关乎防洪安全、民生保障与生态平衡。为充分释放工程效益、有效降低安全风险，必须持续强化运行管理工作，推动管理水平向专业化、精细化迈进。

1.6.1　水利工程运行管理的任务

运行管理的核心使命在于保障工程全生命周期的安全高效运转，包括以下内容：

(1)设施安全维护。定期开展工程安全鉴定，运用专业检测技术对建筑物及设备进行系统性评估。针对鉴定中发现的结构隐患、设备老化等问题，及时启动除险加固工程，确保工程始终处于良好技术状态，筑牢安全防线。

(2)综合效益发挥。基于水资源的多功能属性,科学调控工程设施。在防洪减灾中精准拦蓄洪水,在灌溉季保障农田用水,在能源领域高效发电,同时兼顾航运、生态修复等需求,实现水资源的价值最大化。

(3)规范运行保障。严格执行各种相关管理规程,规范闸门启闭、机电设备操作等关键环节。通过建立操作前检查、操作中监控、操作后复核的全流程管控机制,杜绝人为失误,提升运行效率。

(4)管理效能提升。持续推进技术革新与设备升级,引入物联网、大数据等前沿技术。通过优化管理流程、创新管理模式,构建现代化管理体系,实现管理效能的持续跃升。

运行管理的主要工作内容包括:①开展水利工程检查与观测,实时掌握工程性态;②依据水文气象变化与用水需求科学开展水利调度;③实施精细化养护修理,及时修复设施损害和病害。

1.6.2 水利工程的检查

水利工程检查包括日常巡查、定期检查与特别检查相结合的立体化监测。日常巡查由一线岗位人员按既定路线与标准每日执行,重点关注明显异常现象;定期检查(汛前检查、年度检查)由管理单位负责人统筹组织,全面排查防汛隐患与年度运行问题;特别检查在遭遇极端灾害或重大事件(如暴雨、洪水、地震及工程发生异常等)后启动,上级主管部门全程参与指导,确保检查深度与专业性。

检查手段包括传统方法与现代技术:常规检查采用眼看、耳听、手摸等直观方法,配合锤、尺等简易工具,快速识别表面缺陷;特别检查运用钻孔取样、水下机器人探测、孔内成像等先进技术,深入剖析隐蔽性问题,实现检查无死角。

1.6.3 安全鉴定

为筑牢水利工程安全防线,需对水库大坝、水闸等核心建筑物开展安全鉴定。以水库大坝为例,依据规模与重要性实施差异化鉴定周期:对于坝高 15 m 以上或库容 100 万 m^3 以上的水库,在竣工验收后 5 年内进行首次鉴定,后续每 6~10 年开展一次;对于库容 10 万~100 万 m^3 且坝高小于 15 m 的水库,在蓄水验收或投用后 5 年内进行首次鉴定,之后每 10 年复检。遭遇特大洪水、地震等重大事件后,立即组织专项鉴定。

水库大坝安全鉴定的内容包括:基础资料的收集及整编、现场安全检查及安全检测、工程质量评价、运行管理评价、防洪能力复核、渗流安全评价、结构安全评价、抗震安全评价、金属结构安全评价。其鉴定结果分为三类:一类坝防洪能力达标、运行状态良好;二类坝存在一般缺陷,需局部整治;三类坝存在严重安全隐患,必须立即采取除险加固、降等或报废措施。对于二、三类坝,需开展溃坝风险评估,制定应急保坝方案,限制运行直至隐患消除。水闸、泵站等工程参照相应技术规程,实施安全鉴定流程。

1.6.4 水利工程的调度运行

工程调度运行以多目标协同为导向,基于水文气象预测、防洪需求与用水部门计划,构建动态优化调度模型,实现防洪保安与资源利用的效益最大化。水利工程需按规范编制控制运用计划,包含防洪调度、兴利调度及生态调度,北方地区的水库可能还需编制防凌调度运用计划。这些控制运用计划经严格审批后执行。

1.6.4.1 防洪调度

防洪体系依托堤防、水库等多要素协同作战,水库作为关键节点,依据设计防洪标准与下游防护要求,精准调控入库洪水。面对超标准洪水,优先保障大坝安全,同步降低下游洪灾损失。工程管理单位建立快速响应机制,接防汛指令后,严格执行操作票制度,闸门操作双人复核、全程记录,开启状态下实行24 h不间断巡查值守,确保防洪调度精准执行。

1.6.4.2 兴利调度

兴利调度以安全为前提,遵循"民生优先、统筹兼顾"原则。编制调度计划时,优先保障城乡生活用水,科学核定各部门用水指标,推广"一水多用"模式。依据水库调节性能与用水特性,制定差异化调度策略,将库内引水纳入统一调配体系,实现水资源的精细化管理。

1.6.4.3 生态调度

(1)水量调度:一方面确保河流最小生态流量,维持河道基本生态功能;另一方面通过模拟自然洪水过程,在汛期科学加大下泄流量,为鱼类产卵、湿地生态修复创造条件。

(2)泥沙调度:推行"蓄清排浑"运行模式,汛期降低水位排沙,非汛期蓄水兴利,促进库区泥沙冲淤平衡,延长水库使用寿命。

(3)水质调度:通过水库群联合调度,优化水体流动,为污染物降解提供有利的水力条件,控制水质指标在自然阈值内,改善区域水环境质量。

1.6.5 水工建筑物的养护和修理

水工建筑物长期承受水流冲刷、温度应力及运行荷载等复杂作用,需构建预防性养护与精准化修理相结合的维护体系。日常养护针对建筑物表面污垢、金属结构锈蚀等问题,制订月度清理、年度保养计划;对机电设备实施定期润滑、部件检测,确保设备性能稳定。

修理工作分为应急与定期两类:应急修理遵循"先控险、后根治"原则,如大坝裂缝渗水时,立即采用沙袋封堵、引流减压等临时措施;定期修理结合无损检测技术,对建筑物进行深度诊断,针对性实施加固补强,恢复结构性能。

1.6.6 水利工程白蚁防治

白蚁危害是水利工程防洪安全的重大隐患之一,其活动可能引起堤坝渗水、散浸、管涌和跌窝,情况严重时可能导致溃坝决堤。白蚁在土质堤坝内筑巢,主巢和副巢之间的通道非常发达,蚁道网络可导致堤坝渗漏、塌陷,甚至溃决。因此,认真做好土质堤坝白蚁防治工作,是水利工程安全管理的重要任务。

白蚁防治的任务包括蚁情检查和监测、危害等级评定、防治工作实施等。新建、改建、扩建、除险加固堤坝工程中,白蚁防治应与主体工程同步设计、同步施工、同步验收。

1.6.6.1 预防措施

(1)选择合适的坝址和坝型。在水利工程规划中,应尽量避开白蚁易滋生的区域,如靠近山林、草地等白蚁栖息地的地方。同时,选择合理的坝型和结构,如采取混凝土护坡、防蚁墙等措施,减少白蚁进入坝体的机会。

(2)做好施工管理。在工程施工过程中,要确保坝体土料的质量,避免使用含腐殖质较多的土料,因为这些土料容易吸引白蚁。要及时清除主体工程区域内含有木质纤维素的废旧材料。

(3)设置防蚁设施。在堤坝周围设置防蚁沟、防蚁墙等物理屏障,阻止白蚁进入坝体。也可在坝体表面埋设白蚁监测装置,定期监测白蚁活动情况,以便及时发现和处理白蚁危害。

1.6.6.2 治理方法

(1)化学防治。这是目前应用较为广泛的一种方法。通过在白蚁活动区域喷洒或灌注化学药剂,如氯丹、灭蚁灵等,毒杀白蚁。化学药剂的使用要注意安全,避免对环境和水源造成污染。

(2)生物防治。利用白蚁的天敌,如蚂蚁、鸟类、穿山甲、蜘蛛等捕食白蚁,或使用生物制剂如球孢白僵菌、绿僵菌等微生物来感染和杀死白蚁,这种方法对环境友好,但效果相对较慢。

(3)物理防治。采用挖巢、诱杀等物理方法治理白蚁。挖巢是直接找到白蚁的主巢并将其挖出,但由于白蚁巢通常隐藏较深,寻找难度较大。诱杀则是利用白蚁的取食习性,设置诱集坑或诱集箱,放入白蚁喜欢的食物如松木、甘蔗渣等,引诱白蚁前来取食,然后将其集中杀灭。

另外,还要加强对水利工程的维护,建立白蚁定期检查制度,特别是在每年的白蚁活动高峰期(春季和秋季),组织专业人员对水利工程进行全面检查,对发现的白蚁危害部位要及时处理。

1.6.7 水利工程标准化运行管理

1.6.7.1 标准化运行管理的目的

水利工程标准化运行管理的目的是通过规范化、系统化的管理手段,确保水利工程安全、高效、可持续运行,充分发挥其防洪、供水、灌溉、发电等综合效益。

(1)保障工程安全。预防工程隐患,降低溃坝、渗漏、结构损坏等风险,确保工程在设计寿命内安全运行。

(2)提升运行效率。通过标准化流程优化资源配置,提高工程调度和应急响应效率。

(3)延长使用寿命。科学维护,减少设备磨损和老化,延长工程设施使用寿命。

(4)规范管理行为。明确管理职责、操作流程和技术标准,避免人为管理漏洞。

1.6.7.2 标准化运行管理的基本要求

(1)制度体系建设。制定日常巡查、维护保养、应急管理、档案记录等全流程的规章制度。依据各类工程的管理技术规范等文件,明确管理标准和技术要求。

(2)人员与责任落实。配备专业管理人员,定期开展技术培训,提升操作技能和应急能力。实行岗位责任制,明确管理单位、负责人和一线管理人员的职责。

(3)设施设备管理。定期检查工程主体、闸门、启闭机、监测仪器等关键设施,确保设备完好率达标。建立维护台账,记录设备运行状态和维护历史。

(4)信息化与智能化。应用物联网、大数据等技术,构建智能监控系统,实时监测水位、渗流、位移等参数。推广“数字孪生”技术,实现工程运行状态的动态模拟与预警。

(5)安全与应急管理。编制应急预案,定期开展防汛抢险、设备故障等应急演练。对病险工程实施动态监控,及时采取除险加固措施。

1.6.8　水工建筑物安全监测

码 1-20　微课:水工建筑物安全监测

水工建筑物在各种环境作用量(如水、天气、荷载等)影响下,结构会发生一系列变化,如变形或沉降、结构开裂、渗漏等,结构内部的应力也会发生变化。为了保证工程的正常运行,要对其运行状态及其变化进行监测。监测方法除常规的人工巡查外,还要依赖仪器设备。

1.6.8.1　变形监测

变形监测是水工建筑物安全监测的主要内容,过大的变形会造成建筑物的破坏,甚至失事。变形监测是指用仪器和设备对水工建筑物及地基变形的时空变化规律进行监测,如混凝土建筑物水平和竖向的变形与裂缝、土石坝的沉降等。

1.6.8.2　渗流监测

由于各种因素(如结构开裂、防渗体失效)或结构本身不能完全防渗(如均质土坝),水流会通过水工建筑物或建筑物周边的地基基础向下游渗流,这是造成水工建筑物事故的主要原因之一,所以必须对水工建筑物进行渗流监测。水工建筑物渗流监测的主要项目包括坝体浸润线、渗流量、渗透压力、扬压力、绕(坝、闸等)渗、渗流水质等。

1.6.8.3　应力(压力)监测

水工建筑物应力(压力)监测是了解其在不同工作条件下的应力分布和变化,判断结构的安全状态。应力(压力)监测一般是在水工建筑物施工中预先埋设监测设备,对施工过程中和建成以后的应力(压力)状态进行监测。常用的监测设备有应变计、压应力计(压力盒)、孔隙水压力计等。

1.6.8.4　温度监测

温度监测主要是用于混凝土结构,如混凝土重力坝浇筑以后,由于水化热、水温、气温和太阳辐射等作用引起坝体内部温度变化。因此,必须对混凝土结构进行温度监测,防止产生过大的应力或裂缝。混凝土坝内部温度的监测可采用电阻式温度计,在坝(闸)体施工期间埋设在混凝土内,由电缆引到监测站的集线箱上,用比例电桥测定温度计的电阻,通过电阻和温度的关系求出温度。

1.6.8.5　水流监测

水流监测的目的在于掌握水工建筑物的水动力特性,水流对结构的影响(如空蚀破坏),下泄水流对下游生态、航运等方面的影响,确保工程安全和正常运用,并发挥其各方面的作用。水流监测的主要项目包括:水位、流量、流速、流态等,以及水流诱发的振动监测,水流脉动压力监测,负压监测,进气量监测,空蚀监测,过水面压力分布等。

1.6.8.6　监测资料整编与分析

监测资料整编与分析包括监测资料整编、监测资料分析。

1. 监测资料整编

监测资料整编是在监测资料整理的基础上，定期对监测资料进行归纳、处理、编辑、生成标准格式电子文档和刊印等。监测资料应及时整理和整编，包括施工期、初期运行期和运行期的日常整理及定期整编。监测资料整编内容应包括现场检查、环境量、变形、渗流、压力(应力)等监测项目。当监测资料出现异常并影响工程安全时，应及时分析原因，并上报主管部门。监测资料应按数字孪生工程数据底板要求，建立标准化数据库进行有效存储和管理。

2. 监测资料分析

监测资料分析是基于整编后的监测资料，定性和定量分析监测物理量变化发展与空间分布规律，解析异常，评价工程安全性态。监测资料分析分为初步分析和综合分析。其分析方法有比较法、作图法、特征值统计法及数学模型法等。监测资料分析的规律性成果应按数字孪生工程要求，纳入相应的业务规则知识库，支撑其安全智能分析和预警应用。

任务 1.7　智慧水利的提出

1.7.1　智慧水利的背景

在经济社会持续快速发展的进程中，水资源领域面临着全方位的深刻变革，对水资源的合理开发利用、水旱灾害的精准防治，以及水环境的有效保护与改善，都被赋予了更高标准与更严要求。党的二十大报告明确指出，要“加快发展数字经济，促进数字经济和实体经济深度融合，打造具有国际竞争力的数字产业集群。优化基础设施布局、结构、功能和系统集成，构建现代化基础设施体系”。水利行业作为传统基础性产业，其数字化转型势在必行，这不仅是顺应时代发展潮流的必然选择，更是提升自身管理效能与服务水平，实现高质量发展的关键路径。

步入 21 世纪，信息化技术蓬勃兴起，云计算、大数据、物联网、移动终端、人工智能等新兴技术如雨后春笋般涌现，为各行业的发展注入了强大动力，水利行业也深受影响。在此背景下，水利管理部门面临着全新的挑战与机遇，亟须借助这些先进技术，对传统水利管理模式进行全方位革新。

为深入践行习近平总书记提出的“节水优先、空间均衡、系统治理、两手发力”治水思路，全面贯彻习近平总书记关于网络强国的重要思想，切实落实《中华人民共和国国民经济和社会发展第十四个五年规划和 2035 年远景目标纲要》中“构建智慧水利体系，以流域为单元提升水情测报和智能调度能力”的明确要求，必须推进智慧水利建设，这是实现新阶段水利高质量发展的重要路径之一。水利部相继发布了《水利部关于印发加快推进智慧水利的指导意见和智慧水利总体方案的通知》《关于大力推进智慧水利建设的指导意见》《“十四五”期间推进智慧水利建设实施方案》等一系列重要文件，为智慧水利建设指明了方向。

这些文件明确要求，立足新发展阶段，完整、准确、全面贯彻新发展理念，构建新发展格局，推动高质量发展。按照“需求牵引、应用至上、数字赋能、提升能力”的总体要求，以数字化、网络化、智能化为主线，以数字化场景、智慧化模拟、精准化决策为实施路径，以构建数字孪生流域为核心任务，全面推进算据、算法、算力建设，加速构建具备“四预”（预报、预警、预演、预案）功能的智慧水利体系，为新阶段水利事业的高质量发展提供坚实有力的支撑与强劲持久的动力。同时，文件还明确了具体的工作目标与详细的工作任务，确保智慧水利建设有序推进、落地见效，为我国水利事业的现代化转型奠定坚实基础。

1.7.2 智慧水利的概念与内涵

智慧水利是运用云计算、大数据、物联网、移动互联网和人工智能等新一代信息技术，对水利对象，如河流、湖泊、地下水等自然对象，水库、水电站、水闸、堤防、灌区等水利工程对象，以及挡水、蓄水、泄水、取水、输水、供水、用水、耗水和排水等水利管理活动进行透彻感知、网络互联、信息共享和智能分析，为水旱灾害防范与抵御、水资源开发与配置、水环境监管与保护、河湖生态监督与管理等水利业务提供智能处理、决策支持和泛在服务，支撑水利现代化发展。

（1）透彻感知。智慧水利的基石在于构建全面的感知网络，包括各类水质监测站、水位站、雨量站、流量计等传感设备，以及无人机、遥感卫星等“天空地”一体化监测手段。这些设备能够实时、准确地采集水量、水质、水位、流速、水温等水文信息，为后续的数据处理和分析提供坚实的基础。

（2）网络互联。依托高速、稳定、安全的通信网络，将感知层收集的海量数据传输至数据中心或云端，实现数据的互联互通和共享。这一过程中，物联网感知技术发挥关键作用，它使得各种设备能够无缝对接，形成统一的数据传输体系，为后续智能化处理提供可能。

（3）信息共享。通过建立统一的信息平台和数据标准，将水利系统内各个环节（如水资源管理、水利工程建设与管理、防洪减灾、水环境监测等）所产生的信息进行整合、存储，并在授权范围内实现不同部门、机构和用户之间的信息交换和共用。

（4）智能分析。在数据中心或云端，运用大数据、云计算、人工智能等技术，对收集到的数据进行深度挖掘、分析和处理，揭示水资源时空分布规律、变化趋势及潜在问题。

（5）智能决策。建立智能决策支持系统，根据分析结果自动或半自动地生成水资源管理方案，为决策者提供科学依据。

1.7.3 智慧水利的总体目标

充分运用云计算、大数据、物联网、移动互联、人工智能等新一代信息技术，强化水利业务与信息技术深度融合，深化业务流程优化和工作模式创新，构建覆盖全国江河水系、水利工程设施体系、水利管理运行体系的基础大平台，建立水利部、流域管理机构和省三级物理分布、逻辑统一、服务于各层级和各领域水利业务应用的水利大数据，建立涵盖洪水、干旱、水利工程安全运行、水利工程建设、水资源开发利用、城乡供水、节水、江河湖泊、水土流失和水利监督等水利主要业务的应用大系统，建立多层级、一体化、主动感知、智能防御的网络大安全，加快推进智慧水利建设，促进水利信息化提档升级，为国家水治理体系和治理能力现代化提供有力支撑与强劲动力。

1.7.4 智慧水利及数字孪生水利总体框架

智慧水利框架如图 1-11 所示，由数字孪生流域、业务应用、网络安全体系、保障体系等组成。

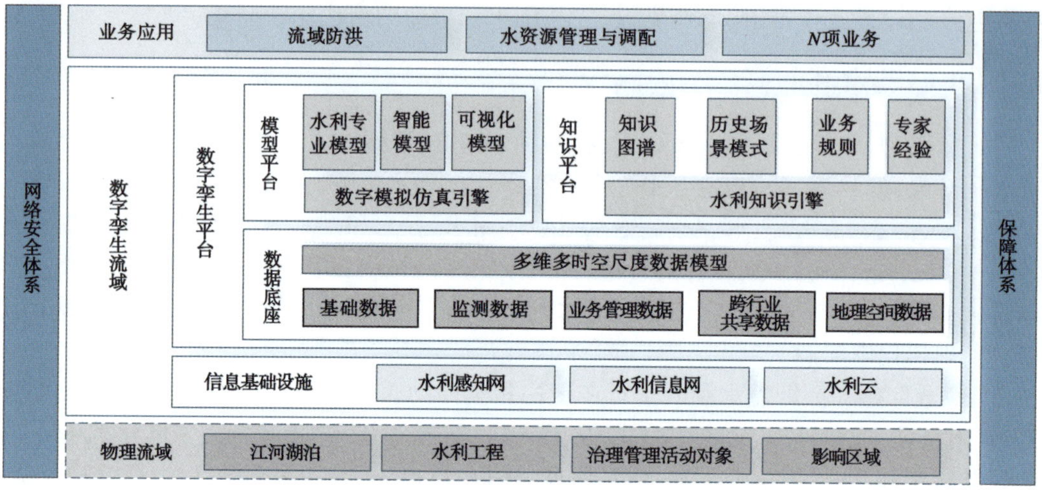

图 1-11 智慧水利总体框架

数字孪生流域是物理流域在数字空间的映射，通过数字孪生平台和信息基础设施实现与物理流域同步仿真运行、虚实交互、迭代优化。其中，物理流域主要包括江河湖泊、水利工程、治理管理活动对象等水利对象及其影响区域；业务应用调用数字孪生流域提供的算据、算法、算力等资源，支撑流域防洪、水资源管理与调配以及 *N* 项业务应用。网络安全体系为智慧水利建设提供安全管理、安全防护、安全监督等方面的支撑。保障体系为智慧水利建设提供体制机制、标准规范、技术创新、运维体系、人才队伍、宣传与交流等方面的支撑。

水利部将推进数字孪生水利建设作为推动智慧水利建设和水利高质量发展的六条实施路径之一，围绕数字孪生水利建设，于 2021 年和 2022 年，用 2 年时间完成了顶层设计，持续开展技术攻关，2022 年和 2023 年率先全面开展数字孪生流域建设先行先试，2023 年 7 月又启动数字孪生水网建设的先行先试。数字孪生水利建设分为数字孪生流域、数字孪生水网、数字孪生工程三个层面。

数字孪生水利作为一个体系，其中“三算”(算据、算法、算力)是重要建设内容，“四预”是主要实现功能，网络安全和保障体系是支撑。在“三算”中，算据是基础，算法是关键，算力是支撑；在“四预”中，预报是基础，预警是前哨，预演是关键，预案是目的。

数字孪生水利需要围绕实现业务“四预”目标，重点夯实算据和预报两大基础，突破算法和预演两个关键，做实算力和网络安全两项支撑，并强化数字孪生水利建设在水利建设项目全生命周期的管理。

作为智慧水利的“智能决策”，数字孪生技术将提供精准的模拟支撑。在构建“天空地水工”[1]一体化监测网络的基础上,在物理机制模型与算力方面突破,同时确保数据的共享与安全。

复习思考题

1. 什么是水资源?
2. 简述我国水资源的分布特点。
3. 水利工程建设有哪些程序?
4. 水利工程建设实施阶段的工作内容是什么?
5. 简述招标投标制。哪些项目必须公开招标?
6. 简述建设监理制。
7. 水库主要由哪些建筑物组成?
8. 水利工程如何进行防洪调度?
9. 简述施工导流和施工截流。
10. 简述水利工程运行管理的任务。
11. 什么是智慧水利?
12. 简述数字孪生水利的总体技术框架。

[1] “天空地水工”是立体化水利监测体系。“天”以卫星等做流域大尺度监测;“空”靠无人机、高塔实现中小尺度高精度监测;“地”通过雨量站等精准测点位要素;“水”用声光电、无人船监测水体数据;“工”借传感器和机器人实时掌握水利工程渗流、位移等工情险情。

项目 2　认识水利物联网

【学习目标】

1. 掌握物联网的概念。
2. 掌握水利工程常用传感器的组成、分类和基本特性。
3. 掌握射频识别(RFID)技术,熟悉其他类型的自动识别技术。
4. 熟悉传感器网络技术和物联网通信技术。

【技能目标】

1. 能够认识水利工程常用的传感器。
2. 能说出在水利工程中如何应用物联网技术。

码 2-1　水利物联网知识图谱

任务 2.1　什么是物联网

2.1.1　物联网的定义

物联网(internet of things,简称 IoT)是指通过信息传感器、射频识别技术、全球定位系统、红外感应器、气体感应器、激光扫描器等各种装置与技术,实时采集任何需要监控、连接、互动的物体或过程,采集其声、光、热、电、力学、化学、生物、位置等各种需要的信息,并通过各类可能的网络接入,实现物与物、物与人的泛在连接,进而实现对物体和过程的智能化感知、识别和管理。

2.1.2　物联网的基本特征

物联网作为继计算机、互联网与移动通信网之后的第三次信息技术革命,其本质是通过数字化手段构建物理世界与虚拟空间的深度交互网络。相较于传统互联网以“人”为核心的信息传递模式,物联网的突破性在于实现了“人-物-环境”的全域互联,其核心特征可归纳为全面感知、可靠传输、智能处理三大维度,并通过“4A 连接”(任何人、任何时间、任何地点、任何物体互联)构建无缝覆盖的智能生态。

全面感知是指通过射频识别(Radio Frequency Identification,RFID)、摄像头、全球导

航卫星系统(GNSS)、传感器、二维码和网络等技术手段,实时动态采集和获取物体的信息。这一层面的目标是突破感知能力的限制,实现更加敏感、准确和全面的信息捕获。

可靠传输是指通过各种通信网、广电网与互联网的融合,将物体信息接入网络,随时随地进行可靠的信息交互和共享。物联网是一种建立在互联网上的泛在网络。它通过各种有线网络和无线网络与互联网融合,将物体的信息实时准确地传递出去。物联网上的传感器实时采集的信息需要通过网络传输,由于其数量极其庞大,形成了海量信息,在传输过程中,为了保障数据的正确性和及时性,还必须适应各种异构网络和协议。

智能处理是指利用云计算、数据挖掘等各种智能计算技术,对海量的跨地域、跨行业、跨部门的同构、异构数据和信息进行分析处理,提升对物理世界、经济社会各种活动和变化的洞察力、实现智能化的决策和控制。物联网不仅提供了传感器的连接,其本身也具有智能处理的能力,能够对物体实施智能控制。物联网从传感器获得的海量信息中分析、加工和处理出有价值的数据,以适应不同用户的不同需求,发现新的应用领域和应用模式。

2.1.3　物联网的结构体系

物联网的结构体系通常被划分为三个主要层次:感知层、网络层和应用层,如图 2-1 所示。这三个层次各自承担着不同的功能,各个层次之间既相对独立又紧密联系,共同构成了物联网的完整架构,确保了物联网系统的稳定运行和高效管理。

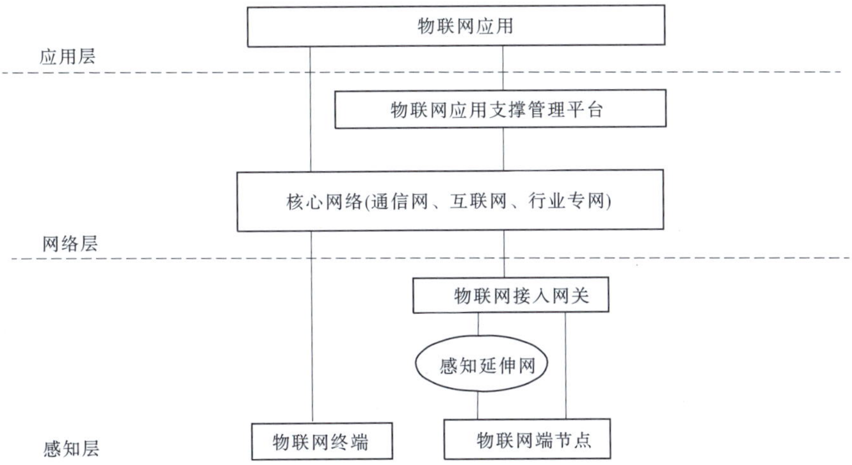

图 2-1　物联网结构体系示意图

2.1.3.1　**感知层**

感知层是物联网系统的“触角”,负责识别和采集物理世界中的各种信息,并将物理世界中的物理量、化学量、生物量转化为数字信号。感知层由各种传感器以及传感器网关构成,包括水位传感器、流量传感器、应力应变传感器、二维码标签、RFID 系统、摄像头、GNSS 等感知终端,实时获取物体的状态、属性以及环境参数等信息。传感和识别技术是物联网感知物理世界获取信息和实现物体控制的首要环节,也是物联网发展和应用的基础。

感知层涉及的主要技术包括传感器技术、RFID 技术、自组织网络技术、传感网技术等。

2.1.3.2 **网络层**

网络层是物联网系统的“神经中枢”，负责将感知层采集的数据传输到应用层，并实现物联网设备之间的互联互通。它通过各种有线和无线通信网络，如互联网、移动通信网、蓝牙、Zigbee 等，实现数据的可靠传输和高效管理。

网络层包括接入网和核心网。接入网为物联网终端提供网络接入、移动性管理等功能，包括有线网、互联网、WiFi 等各种接入技术。核心网是基于接口的统一、高性能、可扩展的网络，支持异构接入以及终端的移动性，其技术实现目前在很大程度上主要依托已有的电信网和互联网。

2.1.3.3 **应用层**

应用层是物联网系统的“大脑”，负责将网络层传输的数据进行分析、处理和决策，实现智能化的管理和服务。它根据行业需求和用户指令，对接收到的信息进行分析、处理和决策，为用户提供个性化的服务和应用。

应用层可分为应用支撑平台子层和应用服务子层。应用支撑平台是应用层的核心子层，它提供各种通用支撑服务和能力调用接口，支持物联网应用的快速开发和部署，主要实现信息数据的存储、处理、分析和事件触发等，为物联网应用提供强大的技术支持。

物联网应用服务子层涵盖了智慧水利、智能交通、智慧农业等诸多领域。在智慧水利领域，可应用于水文信息的远程监测和智能化管理；在智能交通领域，可应用于提高交通系统的运行效率和安全性；在智慧农业领域，可应用于农产品高效生产和品质把控。这些应用大大提高了人们的生活质量和工作效率，推动了相关产业的快速发展。

物联网结构体系的三个层次之间相互作用、紧密协作，共同构成了物联网系统的完整架构。感知层负责采集数据，为物联网系统提供丰富的信息源；网络层负责数据传输和通信，确保数据的可靠传输和高效管理；应用层则负责数据的分析和处理，实现智能化的管理和服务。这三个层次之间通过标准化的接口和协议进行通信和协作，确保了物联网系统的稳定运行和高效管理。

随着物联网技术的不断发展和完善，其应用前景将会更加广阔和美好。未来，物联网将有望成为一个连接万物、智能协同的庞大网络，为人们的生活和工作带来更加便捷、高效和智能化的体验。

2.1.4 物联网国内外发展现状

2.1.4.1 **国外物联网发展概况**

全球物联网发展呈现出明显的区域特色和技术路径差异。美国作为物联网概念的发源地，一直保持着技术创新的领先优势。2009 年 IBM 提出的“智慧地球”战略得到了美国政府的高度重视，并将物联网上升为国家战略，极大地推动了物联网及相关产业的发展。美国在传感器技术、M2M 通信和云计算等基础技术领域持续投入巨资，形成了以硅谷为核心的创新生态圈。在产业应用方面，美国形成了智能电网、智慧医疗和车联网三大支柱产业。2017 年美国商务部发布《推动物联网发展》绿皮书，从政策层面为物联网的长期发展提供了制度保障，该绿皮书中还强调要加强物联网基础设施建设和标准化制定工作。

欧盟在物联网发展上更注重标准化建设和跨行业协同。通过数字欧洲计划和“地平线 2020”计划等重大科研计划,欧盟投入超过 200 亿欧元用于物联网技术的研发和应用。欧盟电信标准化协会主导制定了多项国际标准,其中包括 M2M 通信协议、数据安全标准,这些标准为全球物联网的互通打下了坚实的基础。在应用领域,欧盟成员国在智慧城市、智能农业和环境监测等方面取得了显著成效。荷兰的智能水管理系统通过部署全国范围的传感器网络,实现了对水质、水量的实时监测,水资源利用效率提升了 40%以上。

日本在 2004 年实施“u-Japan”战略,旨在建设泛在物联网,服务信息化建设。近年来,日本企业将物联网技术与民生领域深度融合,特别是在智能家居和工业物联网方面取得了突破性进展,如 Panasonic 开发的智能家居系统实现了家电设备的互联互通和远程控制,日本市场占有率超过 30%。韩国则通过“u-Korea”战略重点发展智慧交通和公共安全应用。首尔市政府部署的智能交通系统整合了 10 万余个传感器节点,通过智慧化管理使城市交通拥堵率下降了 25%。同时,日韩两国在 M2M 通信技术方面具有明显优势,相关专利数量占全球总量的 35%以上。

2.1.4.2 中国物联网的发展现状

20 世纪 90 年代,我国就开始了传感网的研究,研发水平一直位于世界前列,是国际标准主导国之一,拥有大量的专利,同时具备完整的产业链。我国政府高度重视物联网的研究和发展,出台了一系列的政策和规划。《物联网“十二五”发展规划》《国务院关于推进物联网有序健康发展的指导意见》《中国制造 2025》等相继出台,逐步明确了物联网作为战略性新兴产业的地位,并为推动我国经济发展方式从要素驱动到创新驱动的转变提供了战略支撑。近年来,随着国家支持力度不断加大,物联网技术创新成果涌现,各领域应用持续深化,产业规模保持快速增长,并形成了以北京—天津、上海—无锡、深圳—广州、重庆—成都为核心的四大产业集聚区。与之前相比,中国在物联网关键技术研发、应用示范推广、产业协调发展和政策环境支持等方面取得了显著成效,成为全球物联网发展最为活跃的地区之一。当前,物联网已由概念炒作、碎片化应用、闭环式发展进入跨界融合、集成创新和规模化发展的新阶段,与中国新型工业化、城镇化、信息化、农业现代化建设深度交会,在传统产业转型升级、新型城镇化和智慧城市建设、人民生活质量不断改善方面发挥了重要作用,取得了明显的成果。

在技术创新方面,中国企业在 RFID、传感器和 5G 通信等领域取得了重大突破。华为深度参与研发并主导推动的 NB-IoT 技术,已成为全球低功耗广域网络的核心技术之一,在 100 多个国家实现商用。中兴通讯的智能传感器精度达到 0.01%,处于国际先进水平。在产业发展方面,据工业和信息化部统计,2023 年中国物联网产业规模突破 3 万亿元,移动物联网连接数达 21.7 亿户,应用领域覆盖制造、交通、医疗、民生等方向。以无锡国家传感网创新示范区为例,截至 2022 年,该区域已集聚物联网企业超 2 000 家,无锡物联网产业营业年收入超过 4 000 亿元,并在工业互联网、车联网等领域形成了领先的技术成果。

标准化建设是中国物联网发展的重要成果之一。全国现行的物联网相关国家标准有百余项。2024 年,工业和信息化部、国家标准化管理委员会联合印发《物联网标准体系建设指南(2024版)》,提出到2025年,新制定物联网领域国家标准和行业标准30项以上,引导社会团体制定先进团体标准,加强标准宣贯和实施推广,参与制定国际标准10项以上,引领物联网产业高质量发展的标准体系加快形成。

2.1.5 水利物联网的应用现状

国际上水利物联网应用十分广泛,其中最具代表性的有:荷兰的智慧水利管理系统,该国累计投入25亿欧元建成了覆盖全国的物联网监测网络,部署了10万余个传感器节点,实时监测堤坝安全、水质变化和水量分配。该系统在2018年极端降雨事件中发挥了关键作用,通过精准调度避免了重大经济损失;美国加州开发的智能灌溉系统整合了土壤湿度传感器、气象站数据和作物生长模型,实现了按需精准灌溉,节水效果达到30%以上,已推广应用到200多万英亩(1英亩=4 046.86 m^2)农田;日本的水灾害预警系统在全国主要河流流域部署了5 000多个监测站点,结合地震、降雨等多源数据,构建了精确的洪水预测模型。在2019年台风“海贝思”袭击期间,系统提前36 h发出预警,减少了人员伤亡;以色列将物联网技术应用于非常规水资源利用,其智能污水回收系统通过2 000多个在线水质监测点,实现了85%的污水回收利用率。

中国水利物联网发展始于“十二五”时期,经过十余年建设已取得显著成效。2024年7月,水利部发布《数字孪生水利“天空地水工”一体化监测感知夯基提能行动方案(2024—2026年)》,计划到2026年底基本建成“点线面体”监测网络。目前,我国已基本形成涵盖31颗遥感卫星、100余部测雨雷达、4 800余架无人机、13.3万处地面水文报汛站、30多万处工程安全监测点的“天空地水工”一体化监测感知体系。南水北调东线工程应用物联网技术后,实现了对1 467 km输水干线的实时监控,调度响应时间从小时级缩短至分钟级。长江水利委员会建设的“智慧长江”系统整合了1 500多个水文站3 000多个视频监控点和50多颗遥感卫星的数据,形成了全流域的数字孪生平台。华为为黄河水利委员会开发的5G+物联网解决方案,实现了1秒级的数据传输延迟和99.99%的系统可靠性。阿里云研发的水质预测AI模型,通过分析历史数据和实时监测信息,预测准确率达到92%以上,已在全国20个重点湖库推广应用。大疆创新推出的水利专用无人机,单次飞行可完成50 km^2水域的巡检任务,效率是人工的100倍。这些案例充分证明,水利物联网已成为提升水治理能力现代化的关键支撑。

2.1.6 水利物联网的未来展望

未来5年,水利物联网将迎来技术创新的井喷期和技术应用的重要机遇期。5G网络的全面商用将突破数据传输的瓶颈,其毫秒级时延和百万级连接密度特性可以支持大规模传感器网络的实时通信。边缘计算技术的成熟使得数据处理能力向网络边缘迁移,某试点项目显示,采用边缘计算后,洪水预警的响应时间从30 s缩短至3 s。人工智能技术的深度融合将提升系统的智能化水平,通过机器学习算法分析历史水文数据,可以提前72 h预测流域洪水风险,准确率达到85%以上。区块链技术则有望解决水资源交易中的信任问题,可实现水权交易的全程可追溯和不可篡改。数字孪生技术将成为水利物联网发展的新引擎。通过构建物理流域的虚拟映射,可以实现对水资源系统的仿真模拟和优化调度。长江水利委员会、三峡集团等开发的数字孪生三峡 1.0 版，整合了 40 多年的历史水文数据和实时监测信息，2024 年长江 1 号洪水防御中发挥了重要作用。

随着技术的不断成熟，水利物联网的应用范围将持续扩大。在空间维度上，监测范围将从重点流域向全国所有水系扩展。在功能维度上，系统将从单一监测向综合管控演进，实现水资源配置、水灾害防御、水生态保护等多目标协同。特别是在气候变化背景下，水利物联网在应对极端天气事件方面将发挥更大作用。在跨行业协同方面，水利物联网将与农业、生态、气象等领域深度融合，构建“水生态大脑”，这种跨领域协同能够显著提升用水效率和环境保护效果。

任务 2.2　传感与检测技术

水利工程作为国家基础设施的重要组成部分，其安全性和高效性依赖于精准的实时监测与控制。传感与检测技术作为物联网的“感官”，承担着从物理世界采集数据的关键任务。

2.2.1　传感器技术基础

2.2.1.1　传感器的定义与功能

国际电工委员会（IEC）对传感器的定义是：传感器是测量系统中的一种前置部件，它将输入变量转换成可供测量的信号。在水利物联网中，传感器充当着“感觉器官”的角色，负责实时、准确地获取水利相关的各种数据，如水位、流量、水质、水温、降雨量、应力、变形等。这些数据是实现水利智能化管理与决策的基础，通过传感器的感知功能，水利管理者能够及时了解水情和工情，为水资源的合理调配、水利工程的运行维护、水灾害的预警与防治等提供科学依据。

2.2.1.2　传感器的基本构成与工作原理

传感器通常由敏感元件、转换元件、信号调理电路和辅助电源等部分组成。敏感元件直接与被测量的物理量相互作用，感知外界信息的变化；转换元件则将敏感元件感知到的信息转换为电信号，如电压、电流、电阻等；信号调理电路对转换后的电信号进行放大、滤波、模数转换等处理，使其更适合于后续的传输与处理；辅助电源为传感器提供必要的能量支持。传感器的工作原理因测量对象和类型的不同而异，常见的有电阻式、电容式、电感式、压电式、热电式、光电式等，每种原理都具有其独特的优点和适用场景。

2.2.1.3　传感器的性能指标

了解传感器的性能指标对于传感器的正确选型和应用至关重要。主要的性能指标包括：

（1）灵敏度。传感器对被测量变化的响应程度，即输出信号变化量与被测量变化量之比。高灵敏度的传感器能够更精确地检测微小的变化，但在实际应用中也需要考虑抗干扰能力。

（2）精度。传感器的测量值与真实值之间的接近程度，通常用引用误差或相对误差表示。精度高的传感器能够提供更可靠的数据，但往往成本也相对较高。

(3)线性度。传感器输出与输入之间的线性关系程度,线性度好的传感器在测量范围内输出与输入呈良好的线性关系,便于数据处理和校准。

(4)稳定性。传感器在一定时间内保持其性能指标不变的能力,稳定性好的传感器能够长时间可靠地工作,减少维护和更换的频率。

(5)重复性。传感器在相同条件下多次测量同一被测量时,其输出值的一致性程度越高,越能保证数据的可靠性。

(6)响应时间。传感器对被测量变化做出响应所需的时间称为响应时间,响应时间短的传感器能够及时捕捉到被测量的瞬态变化,适用于动态监测场景。

2.2.2 传感器的分类与应用

2.2.2.1 按被测量对象分类

1. 水位传感器

水位传感器用于测量水体的水位,在水利物联网中应用广泛。常见的水位传感器有浮子式、超声波式、压力式、电容式等。浮子式水位传感器通过浮子的上下浮动带动机械装置变化,从而测量水位;超声波式水位传感器利用超声波在空气中的传播时间和速度来计算水位;压力式水位传感器根据水深产生的压力与水位的关系进行测量;电容式水位传感器则利用水的介电常数特性,通过测量电容的变化来确定水位。这些不同类型的水位传感器在精度、稳定性、适用环境等方面各有优劣,需根据具体应用场景选择合适的型号。

2. 流量传感器

流量传感器用于测量水流的流量,是水利物联网中实现水资源计量和调配的重要工具。流量传感器的种类繁多,常见的有电磁流量计、涡轮流量计、超声波流量计、文丘里流量计等。电磁流量计基于法拉第电磁感应定律,利用导电流体切割磁场产生感应电动势计算流体的流量;涡轮流量计通过测量涡轮的活塞、齿轮等的运动来计算流量,具有较高的精度和稳定性;超声波流量计利用超声波在流体中的传播时间差或频移来测量流量,无须插入流体内部,对流体流动影响小;文丘里流量计则基于流体动力学原理,通过测量流体在文丘里管中的压力差来计算流量。

3. 水质传感器

水质传感器用于监测水体的水质参数,如酸碱度(pH)、溶解氧(DO)、化学需氧量(COD)、氨氮(NH_3-N)、浊度等。水质传感器能够实时获取水体的污染状况,为水资源保护和水环境治理提供数据支持。常见的水质传感器有 pH 电极、溶解氧电极、COD 传感器、氨氮传感器等,这些传感器通过不同的化学或物理原理与水中的特定物质发生作用,从而测量出相应的水质参数。由于水质监测的复杂性和多样性,往往需要多种水质传感器联合使用,以实现对水体水质的全面监测。

4. 水温传感器

水温传感器用于测量水体的温度,在水利物联网中可用于监测水体的热状况,对水产养殖、水生态系统研究等具有重要意义。常见的水温传感器有热电偶、热敏电阻、铂电阻、红外测温仪等,它们利用温度与电学参数之间的关系来测量水温。热电偶由两种不同的金属导体组成,当两端温度不同时会产生热电势,通过测量热电势可得到温度值;热敏电阻的电阻值随温度变化而变化,具有较高的灵敏度和响应速度;铂电阻则具有良好的稳定性和线性度,适用于高精度的温度测量;红外测温仪通过被检物体辐射的红外能量测量水温,特点在于无须接触。在选择水温传感器时,需考虑测量范围、精度要求、响应时间以及是否适用于水下环境等因素。

5. 降雨量传感器

降雨量传感器用于测量降雨量,在水利物联网中是水文监测和洪水预警的重要设备。常见的降雨量传感器有翻斗式雨量计、称重式雨量计、光学雨量计等。翻斗式雨量计通过翻斗的翻转来计量降雨量,具有结构简单、成本较低的优点;称重式雨量计通过称量雨水的重量来计算降雨量,精度较高,但体积较大、成本较高;光学雨量计利用光学原理检测降雨量,具有响应速度快、无须机械运动部件等优点,但容易受到环境光干扰。降雨量传感器在水文站、气象站、山洪灾害预警点等场所广泛应用,为水文气象预报和防洪减灾提供基础数据。

6. 位移传感器

位移传感器是保障水利工程安全运行的重要设备,主要用于监测大坝、边坡、隧洞、闸门等关键结构形变和位移变化。常用的变形、位移监测传感器有激光准直仪、卫星定位系统、位移计、测缝计和沉降仪等。激光准直仪利用高精度激光束测量结构位移,特别适用于大坝和长隧洞的变形监测;卫星定位系统通过北斗/GPS信号实现大范围地表位移监测,广泛应用于大型水利工程的自动化监测;静力水准仪则通过液体连通管原理测量高差变化,主要用于坝体沉降监测;测缝计可精确监测混凝土结构裂缝扩展情况;测斜仪则能测量结构倾斜角度,广泛用于土石坝,也非常适合闸门和边坡稳定性监测。

7. 渗流传感器

渗流传感器主要通过测量渗透压力、渗流量等关键参数来评估坝体、坝基及周边岩体的渗流状态。水利工程中渗压传感器主要包括振弦式渗压计、光纤光栅渗压计、压阻式渗压计等类型。振弦式渗压计通过测量钢弦振动频率变化来获取渗透压力数据,具有精度高和长期稳定的特点,适用于坝基和廊道渗压监测。光纤光栅渗压计通过测量光纤光栅反射波长的偏移量来感知压力变化,实现渗压的实时监测。压阻式渗压计通过半导体压力敏感元件受压形变导致电阻变化,经内部电路转换为电信号并处理输出,实现水压测量。渗流量监测主要依靠量水堰、流量计等设备。量水堰利用水位-流量关系实现明渠流量的测量,具有低成本、可靠性高的特点。流量计直接测量流体流速或体积,通过流速-流量关系计算渗流量。

8. 应力应变传感器

应力应变传感器主要用于实时测量混凝土、钢材等建筑材料的应力应变状态,评估结构受力安全性。在水利工程领域,常用的应力应变传感器主要包括差动电阻式应变计、钢弦式应变计、混凝土应力计和土压力计等。差动电阻式应变计通常埋设在混凝土内或表面观测其应变,也可用来测量浆砌块石圬工建筑物或基岩内的应变。直接埋入混凝土内的钢弦式应变计,通常用于测量基础、桩、桥、坝、隧道衬砌等混凝土的应变值。混凝土应力计埋设在混凝土水工建筑物或其他大体积的混凝土建筑物内,可直接测量混凝土内部压应力,并可同时兼测埋设点的温度。土压力计按埋设方式分为埋入式和边界式两种,埋入式是埋入土中，测量土中应力；边界式是安装在刚性结构物表面，受压面面向土体，测量接触压力。

2.2.2.2 按工作原理分类

1. 电阻式传感器

电阻式传感器是利用导体或半导体材料的电阻值随外界物理量（如应变、位移、压力等）变化而变化的原理制成的传感器。在水利物联网中，电阻式传感器可用于测量水位、水流速度等参数。例如，应变片式压力传感器就是一种电阻式传感器，它通过测量弹性元件在压力作用下的应变来得到压力值，进而推算水深或水流速度。电阻式传感器具有结构简单、成本较低、灵敏度较高等优点，但其输出信号较弱，易受干扰，且在测量精度和稳定性方面可能不如其他类型的传感器。

2. 电容式传感器

电容式传感器是利用被测量的变化引起电容器的电容变化的原理制成的传感器。在水利物联网中，电容式传感器常用于测量水位、湿度等参数。电容式传感器具有结构简单、无机械磨损、响应速度快等优点，适用于动态监测场景。

3. 电感式传感器

电感式传感器是利用电磁感应原理，将被测量的变化转换为电感量变化的传感器。在水利物联网中，电感式传感器可用于测量水流速度、水位等参数。例如，涡轮流量计中的涡轮旋转时会在磁场中产生感应电动势，其大小与涡轮的转速成正比，而转速又与水流速度相关，从而实现对流量的测量。电感式传感器具有精度高、线性度好、抗干扰能力强等优点，但在高频场合可能存在涡流损耗和分布电容的影响，且传感器的尺寸相对较大，不利于微型化。

4. 压电式传感器

压电式传感器是基于某些晶体材料的压电效应制成的传感器，当这些晶体受到外力作用时，会在晶体的两个表面产生异性电荷，电荷量与所受外力成正比。在水利物联网中，压电式传感器可用于测量水压力、振动等参数。例如，在水坝的安全监测中，压电式压力传感器可以安装在大坝内部或表面，实时监测水压力的变化，为大坝的安全评估提供数据支持。压电式传感器具有频率响应宽、灵敏度高、结构简单等优点，但其输出信号为电荷或电压，需要特殊的测量电路进行放大和处理，且压电材料的压电效应具有温度依赖性，可能影响测量精度。

5. 热电式传感器

热电式传感器是利用热电效应制成的传感器，当两种不同的金属导体组成闭合回路时，若两个节点的温度不同，则会在回路中产生热电势，热电势的大小与温度差有关。在水利物联网中，热电式传感器可用于测量水温、气温等温度参数。例如，热电偶水温传感器可以插入水体中，通过测量热电势来得到水温值。热电式传感器具有精度高、响应速度快、测量范围广等优点，但其需要冷端补偿，且热电势较小，易受外界电磁干扰，需要采取有效的屏蔽和放大措施。

6. 光电式传感器

光电式传感器是利用光敏元件将光信号转换为电信号的传感器。在水利物联网中，光电式传感器可用于测量水位、水流流速、水质等参数。例如,超声波流量计中的超声波换能器就是一种光电式传感器,它通过发射和接收超声波信号,利用超声波在流体中的传播时间差或频移来测量流量。此外,光电式水质传感器可以利用光的吸收、散射等特性来检测水体中的污染物浓度。光电式传感器具有非接触测量、响应速度快、精度高、抗干扰能力强等优点,但其对光源的稳定性和光学元件的清洁度要求较高,且在复杂水体环境下可能受到水体颜色、悬浮物等因素的影响,需要进行适当的补偿和校正。

2.2.3　传感器网络

2.2.3.1　传感器网络的概念

传感器网络是在监测区域内部或附近许多传感器节点通过一定的组织方式构成的网络,这些节点能够相互协作实时感知、采集和处理被监测对象的信息,并将这些信息传送到互联网或移动通信网等网络中,最终传至远程监控中心或用户终端,从而实现人与物、物与物的互联。

传感器网络一般包括的对象有:被测目标、传感器节点、观测节点、外部网络、远程任务管理单元和用户,如图 2-2 所示。大量的传感器节点通过一定的组织方式构成网络,形成对被测目标的感知,测出的目标信号经简单处理后通过邻近传感器节点多跳传输到观测节点,远程任务管理单元和用户发送查询请求和控制命令后,通过外部网络与观测节点交互。

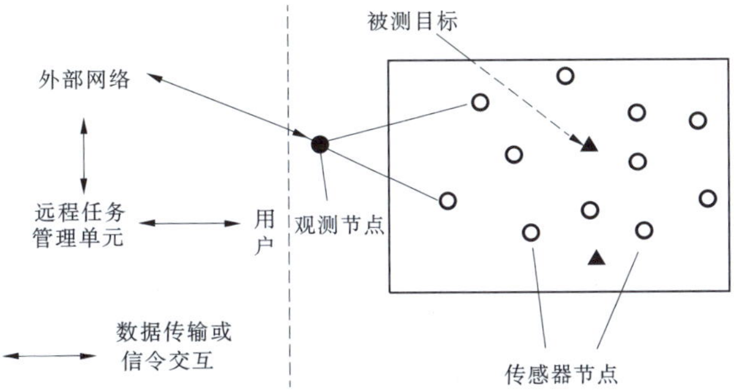

图 2-2　无线传感器网络体系结构

2.2.3.2　传感器网络的相关技术

传感器网络的关键技术涉及组网、通信、能耗优化、数据处理和安全等多个方面,其核心在于解决资源受限条件下的高效感知、可靠传输和智能处理问题,这些技术相互关联、相互支撑,共同构成了无线传感器网络系统的技术基础。

1. 网络拓扑结构[1]

传感器节点以自组织形式构成网络,其组网技术即传感网的网络拓扑结构。无线传

---

[1] 在几何中,所谓"拓扑"就是把实体抽象成与其大小、形状无关的"点",而把连接实体的线路抽象成"线",进而以图的形式来表示这些点与线之间关系,这种关系图被称为拓扑结构图。在计算机网络中,把计算机、终端、通信处理机等设备抽象成点,把连接这些设备的通信线路抽象成线,并将由这些点和线所构成的拓扑称为网络拓扑结构。

感网通常分为平面网络结构、分级网络结构、混合网络结构,以及 Mesh 网络结构。在传感网实际应用中,通常根据应用需求来灵活地选择合适的网络拓扑结构。良好的网络拓扑控制能够显著提升能源效率,延长节点和网络生命周期,优化网络性能,提高路由协议和 MAC 协议执行效率,同时可以增强网络可靠性,降低通信干扰。此外,良好的网络拓扑结构还为数据融合、时间同步和节点定位等上层功能提供了基础支撑。

2. 网络协议

网络协议为不同的工作站、服务器和系统之间提供了共同的用于通信的环节,是为网络数据交换而制定的规则和标准。网络协议主要研究路由协议和 MAC 协议。路由协议的设计以能量效率为首要优化目标,旨在最大化网络生命周期。MAC 协议的设计准则则首先考虑能耗优化和网络可扩展性,其次要兼顾信道公平性、吞吐效率以及实时性等性能指标。

无线传感器网络的应用场景具有多样性,不同应用领域在监测对象、环境特征和服务质量要求等方面存在明显的差异,这种差异性决定了网络协议需要进行针对性设计。不存在某一种协议能够适配所有的应用场景,协议设计必须结合具体应用进行开发。

3. 定位与时间同步

传感器节点的精确定位和物理时间同步技术是支撑传感网高效运行的核心基础。多数情况下传感器节点是随机分布的,要准确感知被测目标的位置,必须首先明确各个传感器节点自身的位置,定位技术解决的就是“节点在哪里”的问题,而时间同步则解决“何时发生”的问题。

传感网由于其节点具有资源受限、可靠性较低、随机部署和通信易受干扰等特点,其定位机制必须满足以下核心要求:要具备自组织能力,能够适应网络的动态变化;要实现能量高效,以延长网络生命周期;要支持分布式计算,避免单点故障和通信瓶颈。在实际定位过程中,系统通常采用三边测量法、三角测量法或极大似然估计法等技术手段来精确计算节点位置。

无线传感器网络时间同步机制的研究主要围绕两个关键维度展开:单广播域内时间同步和多跳范围内的时间同步。在算法层面,RBS(reference broadcast synchronization,RBS)算法利用无线信道广播特性,使接收节点间实现相互时间校准;而 TPSN(timing-sync protocol for sensor network,TPSN)算法则采用层次化拓扑结构,通过建立发送者-接收者节点对的递阶同步机制,实现全网时间同步。此外,基于 RBS 算法演进发展的 DMTS(延时测量时间同步)和 FTSP(泛洪时间同步协议)等改进算法,进一步拓展了时间同步技术在不同网络环境下的适用性,为复杂场景下的网络同步需求提供了多样化解决方案。

任务 2.3 标识与定位技术

标识与定位技术是水利物联网感知层的关键技术之一,负责为水利相关的物体、设备、数据等提供唯一的身份标识和精确的空间位置信息。这些标识和位置信息是实现水利物联网中信息准确采集、传输、处理和应用的基础,通过标识与定位技术,水利管理者能够及时了解水利设施的状态、位置和运行情况,为水资源的合理调配、水利工程的运行维护、水灾害的预警与防治等提供科学依据。

2.3.1 标识技术

标识技术是指利用特定的标识装置,通过被标识物体和识别装置之间的接近活动,自动地获取被标识体的相关信息,并提供给后台处理计算机来完成相关后续处理的一种技术。简单来讲,标识技术是一种高度自动化的信息读取和数据采集技术。

2.3.1.1 条形码标识技术

条形码是一种由一组规则排列的条、块、空以及对应的字符组成的标记,用于表示一定的信息。条形码识别技术是通过光学原理对条形码进行扫描和解码,从而获取其中所包含的信息。常见的条形码有一维条形码、二维码等。在水利物联网中,条形码标识技术可用于对水利设备、材料、物资等进行标识和管理,方便快速准确地获取其相关信息,提高管理效率。

2.3.1.2 磁卡标识技术

磁卡是一种利用磁性材料存储信息的卡片,其内部的磁条可以记录一定的数据。磁卡标识技术通过读取磁卡中的磁条信息来获取卡片所标识对象的相关信息。在水利物联网中,磁卡标识技术可用于对水利工作人员的身份识别、门禁管理等,确保水利设施的安全和管理的规范性。

2.3.1.3 IC 卡标识技术

IC 卡是一种内置集成电路芯片的卡片,具有较高的存储容量和数据处理能力。IC 卡标识技术通过与读卡器进行通信,读取卡内的信息来实现对被标识对象的识别和管理。在水利物联网中,IC 卡标识技术可用于对水利用户的用水信息管理、水费缴纳等,提高水利服务的质量和效率。

2.3.1.4 射频识别技术

射频识别(RFID)技术是一种非接触式的自动识别技术,其基本原理是利用射频信号和空间耦合(电感或电磁耦合)传输特性,实现对被识别物体的自动识别,是物联网的重要支持技术。与条形码、磁卡、IC 卡标识技术相比,它具有识别距离远、穿透能力强、多物体识别、抗干扰能力强、数据安全可靠性高、不易磨损、使用成本低等优点,现已广泛应用于工业、农业、水利、交通、电网、环保、家居、医疗等众多领域。在水利物联网中,RFID 技术可用于对水利设施、设备、水表等进行标识和管理,实现对水资源的精细化管理和高效利用。

RFID 系统由电子标签、读写器以及中间件(应用软件)组成,如图 2-3 所示。电子标签一般包含天线、调制器、编码器以及存储器等单元。读写器一般由天线、射频收发模块和控制单元构成。

RFID 系统工作时,读写器先释放特定频段射频信号,电子标签进入磁场后接收读写器的无线电波,利用获得的能量向外界传输芯片内的数据,读写器按时序对收到的数据解调和解码,再传给应用程序处理。具体工作流程如下:

(1)读写器经发射天线向外发送无线电载波信号。

(2)电子标签进入发射天线覆盖区,获得读写器发出的无线电波能量,随后向外发送自身信息代码。

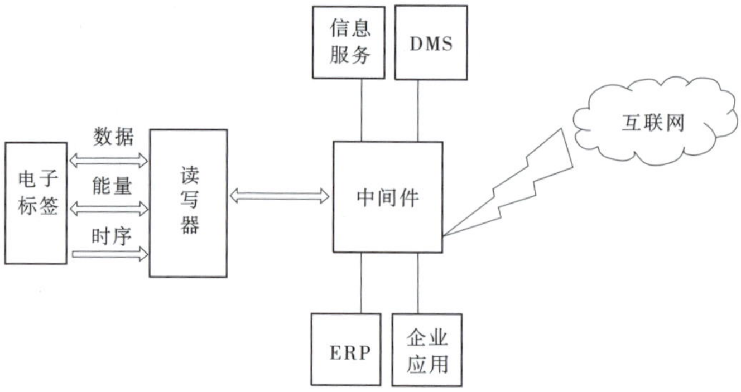

图 2-3 RFID 系统组成

(3)系统接收电子标签载波信号,经天线调节器传输到读写器,读写器解读后传给后台应用软件系统处理。

(4)应用软件判定电子标签的合法性,依据不同设定执行相应处理和控制。

在实际应用中,通常把标签安装在需跟踪管理物品的表面或内部。当贴有标签的物品进入读写器信号覆盖区,读写器就能读取标签数据。读写器把数据传给中间件,中间件对原始数据清洗、整理后,将处理后的事件数据交给后台应用系统软件管理操作。

2.3.2 定位技术

随着智慧水利对数据业务和多媒体业务需求的迅速增加,水利工作者对位置信息感知的需求也日益增多。定位的核心功能是精确获取水利物联网节点的时空位置信息,以便为后续基于位置信息的应用与服务提供基础。如今,定位技术已经被广泛应用在水文监测、水资源管理、防汛抗旱、水利工程安全监测、河湖管理、农村供水等多个领域。

2.3.2.1 定位与位置服务

定位的目的就是确定节点的位置,并把节点的位置标注在地图上。位置的确定离不开参照物,依据不同的参照物,位置可分为相对位置与绝对位置。相对位置紧密关联周围环境或空间条件,如某大厦一楼、某街道某号等;绝对位置则具备唯一性,通常在统一空间关系下标注,如经纬度、海拔高度等。实质上,绝对位置也可视为一种特殊的相对位置,只是其参照前提统一且被广泛共识。准确的定位是水利领域开展相关业务与服务的关键前提,像水库水位计位置、洪水淹没范围标定、非法采砂查处、排污追踪等都依赖精准的定位来实现。

位置服务(location based services,LBS)又称定位服务,是通过通信网络获取移动终端用户的位置信息(如经纬度坐标),在电子地图平台的支持下,为用户提供了一个与位置相关的丰富服务体系。位置服务在水利领域的应用也十分广泛,如 2015 年,水利部发布全国水利一张图(2015 版),面向所有水利业务领域提供了统一的专业化位置服务,后经不断升级迭代,实现了水库、河道堤防、蓄滞洪区等多种水利对象位置信息动态汇聚,包含 26.2 亿条业务管理数据,该图在水利工作管理决策、水灾害应急处置、水资源管理、河长制湖长制的建立等方面发挥了较大作用。

2.3.2.2 无线定位系统

1. 卫星定位系统

卫星定位系统是利用卫星导航定位技术对地球表面的物体进行定位的一种技术。常见的卫星定位系统有GPS定位系统、伽利略定位系统、北斗卫星导航系统、GLONASS定位系统等。在水利物联网中,卫星定位技术可用于对水利设施的位置信息获取、水利工程的施工监测、水文监测站点的定位等,为水利业务的开展提供精确的空间位置数据支持。

美国在20世纪70年代研制GPS定位系统,旨在为陆海空领域提供实时、全天候、全球性的定位导航服务。该系统由卫星星座、地面控制网站和用户设备三部分组成。卫星星座由24颗卫星组成;地面控制网站包括5个监控站、3个上行注入站和1个主控站;用户设备即GPS接收机。该系统可以保证地球上任意一点都可以同时观测到4颗卫星,保证卫星可以采集到该观测点的经纬度和高度,以便实现导航、定位、授时等功能。

伽利略卫星导航系统是欧洲研制的民用中高轨道多模式全球卫星导航定位系统。系统由空间部分、地面部分、用户部分组成。空间部分由分布在3个轨道上的30颗中等高度轨道卫星构成;地面部分包括全球地面控制段、全球地面任务段、全球域网、导航管理中心、地面支持设施、地面管理机构;用户部分主要是用户接收机。伽利略定位系统是世界上第一个基于民用的全球卫星导航定位系统,实现了完全非军方控制、管理,可以进行覆盖全球的导航和定位功能。

苏联于1976年开始研制GLONASS定位系统,1996年建成并投用使用。其系统由卫星星座、地面监控设施和用户设备部分组成。卫星星座由21颗工作星和3颗备份星组成,分布在3个近圆形轨道平面;地面监控设施包括系统控制中心、中央同步器、遥测遥控站和外场导航控制设备;用户设备能接收卫星信号并测量伪距等数据,计算用户位置、速度和时间信息,其定位精度等系统性能指标与GPS定位系统相当,在高纬度地区可见性较好。

北斗卫星导航系统是我国自主研发的全球卫星导航系统,与美国的GPS定位系统、俄罗斯的GLONASS定位系统和欧盟的伽利略定位系统并列为全球四大卫星导航系统。系统由空间段、地面段和用户段三部分组成。空间段由35颗卫星组成,包括5颗静止轨道卫星、27颗中地球轨道卫星、3颗倾斜同步轨道卫星;地面段包括主控站、注入站、监测站、时间同步站、地基增强系统;用户段即各类终端设备。北斗卫星导航系统兼顾了全球覆盖和区域增强,尤其短报文通信功能是其独特优势,广泛应用于民生、军事和应急领域。

2. 蜂窝基站定位系统

蜂窝定位技术是利用移动通信网络中的蜂窝基站对移动设备进行定位的一种技术。蜂窝基站定位系统通过测量移动台与基站之间的信号特征来确定移动台的位置。主要技术包括CELL-ID定位(蜂窝小区识别定位)、A-GPS定位、GPS-One定位等。CELL-ID定位技术是一种基于移动通信网络的粗粒度定位技术,通过识别设备当前连接的基站及其覆盖范围(小区)来估算位置。它是成本最低、覆盖最广的定位方式,但精度较低。A-GPS定位技术适用于GPS信号覆盖不佳的区域,利用电信运营商的基站辅助移动台进行GPS定位。通过手机与位置服务器、参考GPS接收机等的协同工作,在室外等空旷地区定位精度可达 10 m 左右，首次捕获 GPS 信号时间短，但无法很好地解决室内定位问题，且占用较多空中资源。GPS-One 定位技术是一种结合了 GPS 和蜂窝网络技术的混合定位技术，主要用于提高定位精度和覆盖范围，尤其在 GPS 信号较弱的环境（如室内、城市峡谷等）中。

3. 其他定位技术

除上述定位技术外，还有一些其他的定位技术，如红外线定位技术、超声波定位技术、RFID 定位技术、蓝牙定位技术、WiFi 定位技术、WSN 定位技术、ZigBee 定位技术等。这些技术在不同的应用场景中具有各自的优势和特点，可满足水利物联网中对室内定位的多样化需求。例如，WSN 定位技术通过在监测区域内部署大量的无线传感器节点，利用节点之间的通信和测距技术，实现对目标物体的定位和跟踪，适用于水利室内环境监测、水利设施巡检等场景。

典型案例：标识与定位在水利领域中的应用

1. 水利设施管理中的标识与定位技术应用

在某大型水利枢纽工程的管理中，通过在各个水利设施上安装 RFID 电子标签，对设施的编号、类型、位置、运行状态等信息进行标识和存储。管理人员使用手持式 RFID 读写器对设施进行定期巡检，读取标签中的信息，及时了解设施的运行情况，并通过卫星定位技术获取设施的精确位置，实现对水利枢纽工程的精细化管理和维护，提高了管理效率和设施的运行可靠性。

2. 水资源监测中的标识与定位技术应用

在某流域的水资源监测项目中，利用 GPS 定位技术对各个水文监测站点进行精确定位，确保监测数据的地理位置信息准确无误。同时，在水质监测设备上安装条形码或二维码标识，记录设备的编号、监测参数、校准日期等信息。监测人员通过扫描设备上的条形码或二维码，快速获取设备的相关信息，并结合定位技术获取设备的实时位置，确保水质监测工作的准确性和规范性，为流域水资源的保护和管理提供有力支持。

3. 水利工程施工中的标识与定位技术应用

在某大型水利工程施工现场，采用 IC 卡对施工人员进行身份识别和管理，记录人员的出入时间和权限等信息，确保施工区域的安全和人员管理的规范性。同时，利用蜂窝定位技术对施工车辆和设备进行实时定位和跟踪，掌握其运行轨迹和工作状态，优化施工调度和资源配置，提高施工效率和工程质量。

任务 2.4　物联网通信

物联网通信技术是水利物联网的关键组成部分，负责将感知层获取的水利数据进行可靠的传输和交互。这些数据的传输效率和质量直接影响到水利物联网系统的性能和应用效果，通过物联网通信技术，管理者能够及时、准确地获取水利设施的状态信息、水资源的动态变化以及水环境的监测数据,从而实现对水利业务的智能化管理和决策。

2.4.1 物联网通信基础

2.4.1.1 物联网通信的概念与特点

物联网通信是指通过各种通信技术和网络,实现物联网设备之间、物联网设备与用户之间以及物联网设备与云平台之间的信息交互。其主要特点包括:

(1)海量设备连接。物联网系统中通常存在大量的设备和传感器,这些设备需要同时与网络进行连接和数据传输,对通信网络的连接容量和管理能力提出了很高的要求。

(2)低功耗传输。许多物联网设备部署在野外或难以频繁更换电池的环境中,需要采用低功耗的通信技术,以延长设备的使用寿命。

(3)数据传输的多样性。物联网应用中的数据类型丰富多样,包括实时监测数据、控制指令、多媒体信息等,不同的数据类型对通信的带宽、时延、可靠性等要求各异。

(4)网络的异构性。物联网通信往往需要综合利用多种通信技术和网络资源,如无线传感器网络、移动通信网络、卫星通信网络等,形成异构网络环境,这就要求通信技术能够实现不同网络之间的无缝切换和协同工作。

2.4.1.2 物联网通信体系架构

物联网通信体系通常采用分层架构,主要包括感知层、网络层和应用层。

(1)感知层。负责收集和感知物理世界中的各类信息,是物联网通信的数据源。感知层设备包括各种传感器、RFID 电子标签、摄像头等,它们将物理量转换为数字信号,并通过短距离通信技术(如 ZigBee、Bluetooth、WiFi 等)将数据传输到网络层。

(2)网络层。承担着数据传输和路由选择的功能,是物联网通信的核心。网络层可以利用现有的各种通信网络,如移动通信网络(4G、5G)、固定电话网络、卫星通信网络等,实现感知层与应用层之间的数据传输。此外,网络层还需要对传输的数据进行管理和控制,包括数据的加密、解密、认证等安全措施,以及数据的存储、转发、拥塞控制等操作。

(3)应用层。为用户提供各种具体的物联网应用服务,如智能交通、智能家居、智能医疗等。应用层通过接收和处理网络层传输来的数据,实现对物理世界的智能化管理和控制。同时,应用层还负责向用户展示相关信息,并接收用户的操作指令,将其转换为适合网络传输的格式后发送回网络层。

2.4.2 几种常用的通信技术

2.4.2.1 短距离无线通信技术

随着物联网的快速发展,短距离无线通信技术因其低成本、易部署和灵活性强等特点,成为实现设备间互联的重要手段。常见的短距离无线通信技术包括:蓝牙技术、ZigBee 技术、WiFi 技术和 LiFi 技术。这些技术在不同的应用场景中发挥着重要作用,满足了人们对便捷、高效通信的需求。

1. 蓝牙技术

蓝牙技术是一种灵活安全、低功耗、低成本的短距离无线通信技术,旨在通过无线连接替代传统线缆,构建全球通用的无线传输环境。它工作在 2.4 GHz ISM 频段,已广泛应用于耳机、可穿戴设备、智能家居等领域。

蓝牙的工作原理是:蓝牙主设备通过查询扫描周围的设备,发现周围可连接的蓝牙设备后通过业务发现协议(现链接的设备或主机功能的应用规范)识别其服务类型。随后,主设备发起连接请求,建立射频链路并形成蓝牙微网。连接建立后,设备间可进行数据传输和语音通信。

2. ZigBee 技术

ZigBee 技术是一种低功耗、低速率的短距离无线通信技术,主要面向低数据量、低功耗的物联网应用。它具有自组网、低成本、高可靠性等特点,广泛应用于智能家居、工业控制、传感器网络等领域。

ZigBee 技术依据 IEEE 802.15.4 标准,在大量的传感器之间相互协调实现通信。这些传感器只需要很少的能量,就能以接力的方式通过无线电波将数据从一个节点传到另一个节点,从而在 2.4 GHz ISM 频段实现高效通信。ZigBee 设备具有能量检测和链路质量指示的功能,并采用了碰撞避免机制,以避免发送数据时产生数据冲突。在网络安全方面,ZigBee 设备采用了密钥长度为 128 位的加密算法,对所传输的数据信息进行加密处理,从而保证数据传输时的高可靠性和安全性。

ZigBee 网络拓扑结构主要有星状、树状和网状三种,如图 2-4 所示。星状结构中,只有一个中心节点,所有消息都经它传输,如果发生链路中断,那么数据通信也将中断。树状结构中,每一个节点都只能和它的父节点和子节点之间通信,缺点就是信息只有唯一的路由通道,信息的路由过程完成由网络层处理,对于应用层是完全透明的。网状结构是一种特殊的点到点的网络结构,其路由可自动建立和维护。网状结构具有"自恢复"能力,它可为传输的数据包提供多条路径,一条路径出现故障,则存在另一条或多条路径可供选择。

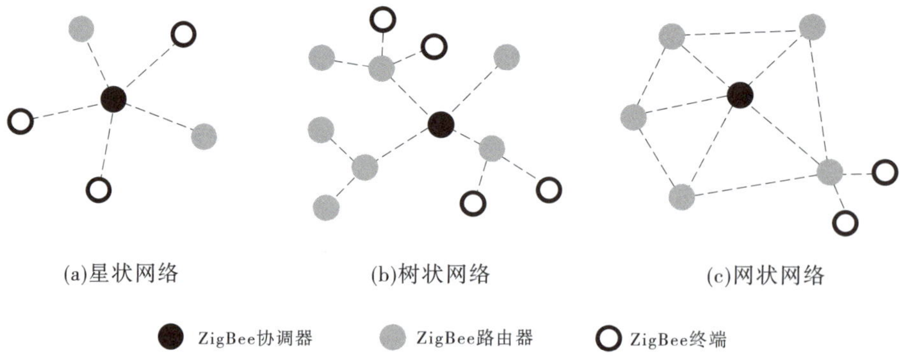

图 2-4 ZigBee 网络拓扑结构

3. WiFi 技术

WiFi 的英文全称为 wireless fidelity,在无线局域网里是指"无线相容性认证",它是一种可以将个人电脑、手持设备等终端以无线方式互相连接的短距离无线通信技术。WiFi 技术是基于 IEEE 802.11 标准的无线局域网技术,具有覆盖范围广、传输速率高、部署灵活等显著优势。其发射功率低(60~70 mW),远低于手机辐射水平,且采用非接触式使用方式,具有良好健康安全性。WiFi 网络组建简单,仅需无线网卡和接入点(AP)即可实现组网。但该技术也存在无线通信质量易受干扰、数据安全性相对较弱等不足,随着技术发展,新一代 WiFi 标准通过引入更先进的调制技术和安全协议,正逐步改善这些缺陷。

4. LiFi 技术

LiFi(light fidelity)技术是一种利用可见光进行数据传输的无线通信技术。简单来讲,LiFi 可见光通信就是以各种可见光源作为信号发射源,不使用光纤等传统波导,直接在空气中传输信号的一种通信。其原理是通过控制 LED 灯的光强度变化来编码数据,实现高速、稳定的数据传输。LiFi 技术具有频谱资源丰富、传输速度快、抗干扰能力强、信息安全性高、绿色健康和建设便利等优点。利用 LED 灯具作为信号发射源,LiFi 技术可实现室内定位、信息下载、井下人员定位、智能交通与车联网以及医疗环境通信等应用。

2.4.2.3 低功耗广域网技术

低功耗广域网(low power wide area network,LPWAN)是一种面向远距离、低成本、低功耗、大范围的无线通信技术,专为连接大量分布在广阔范围内的物联网设备而设计。它旨在实现低功耗、低成本的大规模物联网部署,满足物联网应用对通信距离、功耗、成本和连接规模的需求。

1. LoRa 技术

LoRa 技术是由美国 Semtech 公司推广的一种基于扩频技术的低功耗广域网解决方案,主要面向物联网和 M2M 通信应用。该技术采用星状网络架构,工作在 433 MHz、868 MHz 和 915 MHz 等全球免许可 ISM 频段,具有 157 dB 的超高链路预算,可实现超过 15 km 的远距离通信,同时保持极低功耗,使终端设备电池寿命可达 10 年以上。

LoRa 的独特优势包括:远距离覆盖、低功耗、大容量组网(单网关支持百万级节点)以及内置地理位置服务功能,已广泛应用于智慧农业、智能建筑、智慧养殖、智能交通、智能计量和智能电网等领域,特别适合需要广域覆盖、低数据量和长电池寿命的物联网应用部署。

2. SigFox 技术

SigFox 技术是由法国 SigFox 公司开发的超窄带低功耗广域网技术,专为低数据量物联网应用设计。它工作于 1 GHz 以下 ISM 频段,采用 BPSK/DBPSK 调制技术,以极低的速率发送数据,每个载波占用 100 Hz 的极窄频带,这使得它具有出色的覆盖能力,允许路径损耗可达 160 dB,适用于深埋地下的传感器节点的数据传输。

SigFox 只面向物联网中的短信息类业务,其数据包大小限制在 12 个字节,满足如温度、湿度和位置等简单信息的传输需求。该技术采用超窄带调制,频谱效率高,占用信道资源少,网络部署灵活。

3. NB-IoT 技术

NB-IoT(窄带物联网)是一种基于蜂窝网络的低功耗广域网技术,专为物联网应用设计。NB-IoT 技术具有以下优势:强连接能力,其穿墙能力比 LTE Cat. 4(4 G LET 网络中终端设备能力等级标准)提升 20 dB 增益,单个扇区可支持 10 万个连接;超低功耗特性,设备续航时间可达数年;深度覆盖能力,实现了比 GSM 高 20 dB 的覆盖增益,相当于覆盖能力提升了100倍;低成本优势,其可直接部署于现有蜂窝网络(如GSM、UMTS或LTE网络),从而降低了部署成本,同时其低速率、低功耗和低带宽的设计也使得芯片和模块成本降低。

2.4.2.4 **卫星通信技术**

卫星通信技术作为现代通信领域的重要组成部分,具有覆盖范围广、通信容量大、传输质量好以及组网方便迅速等诸多优势。在防汛抗旱、水利工程安全监测、水土保持、水利执法等领域卫星通信技术的作用正日益凸显

卫星移动通信是指利用人造地球卫星作为中继站,转发移动用户间或移动用户与固定用户间用于进行通信的无线电波,实现两点或多点之间的移动通信。卫星通信系统主要由空间分系统、通信地球站、跟踪遥测及指令分系统以及监控管理分系统构成,如图2-5所示。空间分系统由多颗卫星组成,负责在太空中接收和转发信号,是卫星通信的核心载体;跟踪遥测及指令分系统的任务是通过地面站对卫星进行实时跟踪测量,确保卫星能够准确进入并保持在预定的静止轨道位置;监控管理分系统主要负责对定点卫星的通信性能进行监测和控制,确保正常通信;通信地球站是地面与卫星之间的关键接口,作为微波无线电收、发信台,用户通过它们接入卫星通信线路,实现信息的传输和交换。

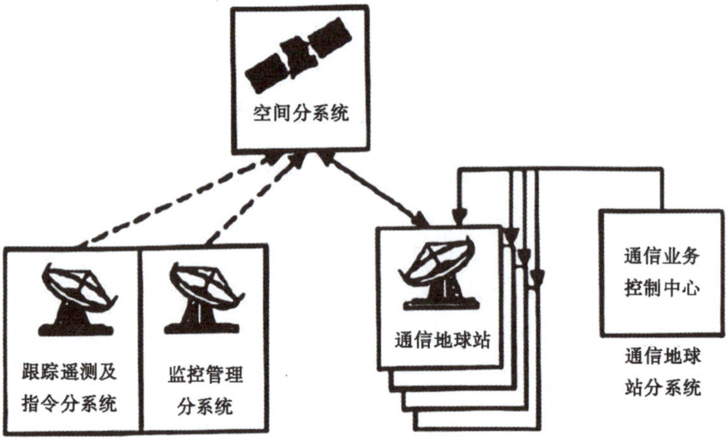

图2-5 卫星通信系统组成

2.4.2.5 **光纤通信技术**

光纤通信技术是现代通信领域中的一种重要通信方式,它利用光导纤维传输信号,实现信息的高效传递。光纤通信具有许多显著特点:它拥有极大的传输容量,能够同时传输大量信息,一根光纤的传输能力相当于成千上万根铜缆之和。光纤通信的抗干扰能力强,因为光信号不受电磁干扰影响,能够提供高质量的通信服务。此外,光纤的传输损耗低,能够实现长距离通信。例如,石英光纤在1.55 μm波长附近的传输损耗可低至0.2 dB/km左右。光纤的体积小、重量轻,便于安装和维护。同时,光纤的主要原料石英在地球上储量丰富,具有可持续发展的优势。

光纤通信系统主要包括发送端、接收端和光纤信道三个部分。发送端通过电/光转换

器(如激光器或发光二极管)将电信号转换为光信号。转换后的光信号在光纤信道中传输,光纤由纤芯、包层和涂覆层组成,纤芯负责传输光信号,包层确保光信号在纤芯内通过全反射前进,而涂覆层则起到保护作用。在接收端,光信号通过光/电转换器(如光电探测器)转换回电信号。

任务2.5　物联网的数据处理

物联网中的信息来源、种类及形式多种多样,信息数据量非常庞大。我们需要对这些海量数据进行存储、查询、融合与数据挖掘,以此对人、物、事的状态进行评估,并进行决策,从而提高治水效率和水平。

2.5.1　水利行业业务数据

2.5.1.1　数据类型

在水利行业的业务中,需要通过物联网等技术,对气象、水文、工程安全、洪水演进、预案等数据进行实时采集、传输与应用,形成智能化监测体系。

(1)气象数据。包括基础气象要素,如降雨量、气温、气压、风速、风向、湿度、日照时长等,以及极端天气数据(如台风路径、雷暴预警、高温/低温预警等衍生数据)。

(2)水文数据。包括水量数据,如水位、流量、流速、蓄水量(水库/湖泊)等;水质数据,如pH、溶解氧、电导率、浊度、氨氮、重金属离子(如Cu^{2+}、Pb^{2+});泥沙数据,如含沙量、颗粒级配等。

(3)工程安全数据。结构安全方面的数据,如位移(坝体水平/垂直位移)、裂缝宽度、渗流压力、扬压力、应力应变(钢筋应力、混凝土应变)等;工程环境安全方面的数据,如库区边坡倾角、土体含水量、地震动参数(加速度、烈度)等。

(4)洪水演进数据。包括动态过程数据,如洪水传播速度、淹没范围、水深分布、洪峰到达时间等;模型输入数据,如上游来水量、河道糙率、地形高程(DEM数据)、水利工程调度参数(如闸门开度)。

(5)预案数据。首先是基础预案数据,如防洪预案、抗旱预案、工程抢险预案的文本、流程图、物资清单、责任人信息等;其次是动态联动数据,如预案触发条件(如水位超警戒值)、应急物资调配指令、人员转移路线实时反馈等。

通过物联网技术"全域感知+智能传输+数据驱动",将水利业务中海量碎片化数据(气象、水文、工程等)转化为可操作的决策信息,可以显著提升水利行业的监测效率、预警能力和应急响应速度,是智慧水利建设的核心底座。

2.5.1.2　数据特点

物联网运行过程中,会产生海量的数据,这些数据具有如下特点:

(1)海量性。物联网设备数量庞大,每个设备都在持续不断地产生数据。据估算,全球物联网设备每年产生的数据量将达到ZB(泽字节,$1\ ZB=10^{21}$ Byte)级别。海量的数据对存储系统提出了很高的要求。传统的数据存储方式难以满足物联网数据的存储需求。需要采用分布式存储系统或云存储服务来存储这些数据。同时,还需要考虑数据的备份和恢复策略,以防数据丢失。

(2)多样性。物联网数据包括结构化数据、半结构化数据和非结构化数据。结构化数据具有明确的格式和固定的字段,方便存储和分析;半结构化数据包含一些标记和结构,但不像结构化数据那样严格;非结构化数据则包括图像、音频和视频等。这种多样性使得数据处理和分析变得复杂。另外,数据来自各种各样的物联网设备,涵盖不同的行业和应用场景。不同来源的数据在格式、语义和质量上都可能存在差异。

(3)时效性。许多物联网设备以高频率产生数据,快速产生的数据要求及时处理,否则可能会因为数据过时而失去价值。对于一些应用场景,如智能交通中的实时路况监测和自动驾驶辅助系统,需要对数据进行实时处理和反馈。数据从传感器采集后,必须在极短的时间内完成传输、处理和决策。这就需要高效的通信网络和强大的实时数据处理平台[如流处理系统(如 Apache Kafka 和 Apache Flink)]来支持。

(4)准确性。由于物联网设备的多样性和复杂的工作环境,数据质量可能受到多种因素的影响。传感器的精度、设备的老化、环境干扰(如电磁干扰、恶劣天气)等都可能导致数据出现误差或错误。为了确保数据的准确性,需要进行数据清洗和验证。数据清洗可以去除噪声、异常值和重复数据。数据验证则是通过与其他可靠数据源或已知的规则进行对比,验证数据的真实性和合理性。

(5)价值密度。在海量的物联网数据中,有价值的数据可能只占一小部分。例如,在长时间的环境监测数据中,可能只有在发生异常事件(如环境污染事故、自然灾害)时的数据才具有较高的决策价值。这就需要通过有效的数据挖掘和分析方法,从大量的数据中提取有价值的信息。虽然部分数据的价值密度较低,但通过数据融合、关联分析等手段可以挖掘出潜在价值。

2.5.2 数据存储

物联网的数据存储是一种新形式的数据储存处理体系结构。其任务不仅是简单地数据存放,还要对海量数据进行有效的组织和管理,并根据用户需求及时提供统计、分析、挖掘后的相关信息。在数据存储领域,数据中心、数据中台、数据库与数据湖,各自承担着不同的角色和功能。

2.5.2.1 数据中心

1. 数据中心定义

数据中心是一个集中存放计算机系统和相关组件(如服务器、存储设备、网络设备等)的物理设施,其目的是对数据进行集中处理、存储、管理和分发。它就像是一个数据的"仓库",但这个"仓库"不仅存储数据,还包括了让数据能够有效处理和流通的各种设备和技术。

2. 数据中心组成

数据中心由服务器、存储设备、网络设备、冷却和电力系统等组成。

(1)服务器。这是数据中心的核心组件,用于运行各种应用程序、操作系统和数据库等,负责数据的计算和处理。服务器可以根据其用途分为多种类型,如文件服务器用于存储和共享文件,应用服务器用于运行特定的软件应用程序,数据库服务器用于存储和管理结构化数据。

(2)存储设备。包括硬盘驱动器(HDD)、固态硬盘(SSD)阵列、磁带库等,用于存储大量的数据。常见的存储架构有直接附加存储(DAS)、网络附加存储(NAS)和存储区域网络(SAN)。DAS 是将存储设备直接连接到服务器;NAS 是通过网络连接,允许多个用户共享存储资源;SAN 则是提供高速的存储网络,主要用于企业级的存储需求。

(3)网络设备。包括路由器、交换机等,它们负责将服务器和存储设备连接起来,实现数据在数据中心内部以及与外部网络之间的传输。路由器用于在不同的网络之间转发数据,确定数据的最佳传输路径;交换机则用于连接同一网络中的多个设备,提高网络的连接效率。

(4)冷却和电力系统。数据中心的服务器和网络设备在运行过程中会产生大量的热量,因此需要强大的冷却系统来维持设备的正常工作温度。冷却系统通常包括空调机组、冷却塔等设备。同时,为了保证数据中心的不间断运行,可靠的电力系统是必不可少的,包括市电接入、不间断电源和备用发电机等,以防止因电力故障导致数据丢失或服务中断。

3. 数据中心的类型

在水利领域,常见的数据中心有传统数据中心、云数据中心和智能计算中心等。

(1)传统数据中心。以物理服务器为核心,通过集中式架构存储与处理水利数据,支持基础业务系统运行。该技术成熟但面对高密度数据需求(如实时监测、模型计算)时,存在性能瓶颈突出、扩展成本高、能耗高、运维复杂等问题。

(2)云数据中心。依托云计算技术,通过虚拟化实现资源池化,提供弹性可扩展的计算资源与自动化运维能力,显著降低水利信息化建设成本。该平台支持水利业务系统的快速部署与动态扩展,有效支撑了洪水预测、设施智能运维等关键场景应用。

(3)智能计算中心。是以人工智能算力为核心的新型基础设施,专为高密度计算任务设计,具有计算能力强、模拟分析精准、决策支持智能等特点。在水利领域可用于洪水预测模型训练、大坝安全智能诊断、数字孪生创新应用等。

2.5.2.2　数据库

数据库是按照特定数据模型组织、存储和管理数据的仓库,用于高效地进行数据的增删改查操作。它强调数据的结构化存储和事务一致性,通常针对特定应用场景设计。

数据库的典型类型:①关系型数据库:MySQL、Oracle、SQL Server(适合结构化数据,如业务记录);②非关系型数据库(NoSQL):MongoDB、Redis(适合非结构化数据,如日志、缓存)。

2.5.2.3　数据湖

数据湖是一个集中式存储库,用于存储结构化、半结构化和非结构化的原始数据(如日志、图片、视频、JSON 文件等),数据以原生格式存储,不强制预先定义模式(Schema-on-Read)。

数据湖的特点是:支持存储任意类型数据,无须提前清洗或结构化处理;保留数据原始状态,便于后续灵活分析(如机器学习、数据挖掘);通常基于分布式文件系统(如 Hadoop HDFS、AWS S3),适合海量数据长期存储。

数据湖的典型架构分为三层。①存储层:为分布式存储系统,支持 PB 级数据存储;

②处理层:通过 ETL 工具或大数据框架(如 Spark、Flink)对数据进行清洗、转换;③分析层:对接 BI 工具、机器学习平台进行数据分析。

2.5.2.4 数据中台

数据中台是位于业务系统和数据应用之间的一层“能力中间件”,通过整合、清洗、加工全域数据,形成标准化的数据资产,并以 API 等形式提供给上层应用,解决数据孤岛问题,提升数据复用效率。

数据中台能将分散的数据整合为统一的“数据资产”,如用户标签、业务指标库,且能通过数据服务接口(如 API)为多个业务场景提供共享数据能力。

2.5.3 数据挖掘

2.5.3.1 数据挖掘定义

数据挖掘是从大量的、不完全的、有噪声的、模糊的、随机的数据中,提取隐含在其中的、人们事先不知道的但又是潜在有用的信息和知识的过程。它融合了数据库技术、统计学、机器学习、人工智能等多学科的理论和方法,是一种深层次的数据分析技术。

数据挖掘与数据分析有区别也有联系。数据分析主要侧重于对现有数据进行描述和分析,如计算平均值、标准差等统计指标,以及通过数据可视化展示数据的分布和趋势。而数据挖掘更强调发现数据中的隐藏模式和关系,挖掘出有价值的知识用于决策支持、预测等目的。数据挖掘是数据分析的延伸和深化,数据分析为数据挖掘提供了基础和预处理,数据挖掘的结果也需要通过数据分析方法进行验证和评估。

2.5.3.2 数据挖掘的主要流程

1. 数据收集与预处理

在水利领域,数据挖掘的来源可分为传统观测数据、现代感知数据、模型与再分析数据、社会与工程数据四大类,涵盖水文、气象、地质、工程、生态、社会经济等多维度信息。例如,在预测长江中下游某河段的洪水风险时,需要从气象雷达、水文站点、遥感卫星、历史洪水案例库中获取相关数据。在预处理阶段,首先需要对原始数据进行清洗,剔除因传感器故障或传输中断导致的异常值和缺失值。例如,对于非结构化数据如监控视频,需要通过图像识别技术提取有效特征并转化为结构化数据。

2. 特征选择与提取

(1)特征选择。从原始数据的众多属性中选择对数据挖掘任务最有价值的特征。在应用中,要注重选择能够反映水利专业知识的特征,这些水利知识的融入能显著提升数据挖掘效果。例如,计算相邻时段的水位变化率、构建流域内站点数据的空间相关性特征等。

(2)特征提取。当原始数据的特征不能直接用于数据挖掘任务时,需要进行特征提取,将其转换为更有代表性的特征。

3. 选择数据挖掘算法

根据数据挖掘的任务类型(关联规则、分类、聚类、异常检测等)、数据的特点和预期实现的功能,选择对应的算法和模型。不同的数据特点和功能需求需要不同的算法。例如,如果数据具有明显的分类特征,可以选择分类算法,如决策树、支持向量机等;如果数据没有明确的类别标签,但希望将数据分成不同的群组,可以选择聚类算法,如 K-均值聚类、DBSCAN 等。可选方法包括回归分析、分类、聚类、决策树、神经网络和 Web 挖掘等,它们各自侧重于以不同的角度对数据进行分析和挖掘。

4. 结果评估与解释应用

(1)结果评估。使用合适的评估指标来衡量数据挖掘结果的质量。对于分类模型,可以使用准确率、召回率等指标;对于聚类模型,可以使用轮廓系数、簇内距离和簇间距离等指标。

(2)结果解释应用。对数据挖掘的结果进行解释,使其能够被用户理解和应用。

2.5.4　数据融合技术

(1)数据层融合。直接对来自多个传感器的原始数据进行融合处理。例如,在目标跟踪应用中,多个传感器同时监测目标的位置信息,将这些原始位置数据进行加权平均等数学运算,得到一个更准确的目标位置估计,然后将融合后的数据发送出去。

(2)特征层融合。先对各个传感器采集的数据提取特征,然后对特征进行融合。例如,在图像传感器和声音传感器协同工作的场景中,图像传感器提取目标的形状、颜色等特征,声音传感器提取目标的声音频率、响度等特征,然后将这些特征进行融合,用于更准确地识别目标。

(3)决策层融合。各个传感器先独立地做出决策,然后将这些决策进行融合。例如,在火灾监测中,温度传感器判断温度是否超过阈值,烟雾传感器判断烟雾浓度是否超标,然后将这两个传感器的决策结果进行融合,如采用投票法(当两个传感器都判断有火灾时才发出火灾警报),提高火灾报警的准确性。

2.5.5　新一代信息技术在水利物联网的数据处理中的应用

水利物联网作为智慧水利的核心载体,通过部署各类智能传感设备,实现了对水文、气象、工程设施等要素的全天候、立体化监测。然而,海量异构数据的实时处理与价值挖掘,对传统技术体系提出了严峻考验,新一代信息技术(大数据、云计算、人工智能、边缘计算等)的融合发展,为水利物联网数据处理提供了创新解决方案。

(1)大数据又称为巨量资料,指需要新处理模式才能具有更强的决策力、洞察力和流程优化能力的海量、高增长率和多样化的信息资产。大数据具有“5V”特征:大体量(volume)、多样性(variety)、时效性(velocity)、准确性(veracity)、大价值(value)。利用大数据技术,可以解决水利数据海量化、多源化、异构化的存储、处理与分析难题,如整合气象、水文、水质、工程监测、卫星遥感等多源数据(结构化 + 非结构化),建立统一的数据标准和共享平台,从而构建水利数据中台。

(2)云计算是一种计算模式,它是将计算与存储资源、软件与应用作为服务,通过网络提供给用户。用户可以像使用水、电一样按需购买和使用云计算资源。云计算是水利智能应用的“算力底座”,能提供弹性计算资源、存储资源和开发平台,支撑高并发、高算力需求的水利业务。在云计算中,用户所面对的不再是真实的物理设备,不再针对某一用户而设计,而是可以为多个用户(租户)服务。具体的计算环境、信息存储都在云端。通过云计算技术,水利物联网可以实现对海量数据的高效存储、处理和分析,降低数据处理成本,提高处理效率。

(3)通过机器学习(ML)可以利用结构化数据的规律建模,尤其是数据特征明确、样本量适中的预测与分类任务。在水文预测、设备运维等结构化数据场景中,机器学习通过统计建模实现规律提取与风险预判。水文动态预测:用 LSTM、Prophet 等时序模型分析历史降雨、径流数据,提前 72 h 预测洪水演进趋势,如珠江流域利用 XGBoost 模型将洪水峰值预测误差率降低至 12%,为应急调度争取黄金时间;工程安全预警:随机森林算法可以整合大坝渗流压力、位移数据,识别渗漏、裂缝等早期隐患,如三峡大坝部署的智能监测系统通过梯度提升决策树(GBDT),将坝基异常检测准确率提升至 95%,较人工巡检效率提升 60%。

(4)深度学习(DL)可以对非结构化数据深度解析,尤其是针对遥感影像、视频监控等非结构化数据,深度学习通过自动特征提取实现场景化应用。视觉智能监测方面:智能处理无人机/卫星影像,自动识别河道违建、蓝藻水华等,如浙江“智慧河湖”系统利用 CNN 将水面漂浮物检测速度提升至 200 ms/帧,识别准确率达 98%;边缘智能控制方面:轻量化深度学习模型(如 MobileNet)部署于灌区闸门控制器,实时分析土壤墒情与气象数据,自动调节灌溉量;自然语言处理(NLP)方面:可用于解析水利应急预案、维修工单,自动生成处置建议,可将工单处理时间大大缩短,实现“监测-预警-处置”闭环管理。

任务 2.6　水利物联网应用案例

2.6.1　水资源监测与管理

在某大型灌区的水资源监测与管理实践中,通过在灌区干支渠道、水库、泵站等核心节点,密集部署水位传感器、流量传感器、水质传感器等设备,构建起全域覆盖的传感器网络。这些传感器如同敏锐的“神经末梢”,实时捕捉水位涨落、流量变化、水质指标等数据,并借助 ZigBee 短距离无线通信技术与 GPRS 远程通信技术,将数据精准传输至灌区管理处的监控中心。

监控中心依托强大的数据处理系统,对接收数据进行存储、深度分析与智能处理,实现了灌区水资源的实时动态监测、科学优化调配与精准智能灌溉。例如,结合土壤湿度传感器反馈的墒情数据、气象站提供的天气预测信息,联动农作物需水模型,系统可自动精准计算各田块的最佳灌溉水量与时间。随后,通过远程操控渠道闸门开度,实现水资源的精细化分配,不仅显著提升了水资源利用效率,更有效减少了灌溉用水浪费,降低土壤盐碱化风险,为农业高效节水灌溉提供了科技支撑。

2.6.2　水环境监测与保护

在某城市内河的水环境监测与保护项目中,沿河道科学设置多个水质监测点,部署 pH 值传感器、溶解氧传感器、化学需氧量传感器、氨氮传感器等多种设备,并配套自动采样器与便携式水质检测仪器。水质传感器持续监测水体各项参数,实时将数据传输至城市水务管理部门监控平台。一旦监测数据触发异常阈值,系统立即启动预警机制,同步通知工作人员赶赴现场采样复核,并开展污染源溯源排查。

这种"在线监测预警+现场精准检测"的双轨模式,成功揪出多起污水偷排、漏排事件,有力遏制内河水质恶化趋势。此外,项目还融合遥感技术与地理信息系统,对内河沿岸污染源分布、土地利用变化等情况进行综合分析,为制订水环境综合治理方案提供翔实的科学依据,推动城市水环境质量持续向好发展。

2.6.3 水利工程运行监控与安全评估

在某大型水库大坝安全监测项目中,大坝坝体与坝基布设应变片、振弦式压力计、渗压计、位移计等多类型传感器,构建起全方位的安全监测体系,实时监测大坝应力、应变、渗流、位移等核心安全指标。传感器采集的数据经有线通信网络稳定传输至水库管理处监控中心,专业大坝安全分析软件对数据进行深度处理与分析,定期生成权威安全评估报告。

基于长期监测数据积累与分析,系统及时发现大坝坝体局部应力集中、渗流异常等潜在隐患。水库管理部门迅速组织专家现场勘查论证,针对性实施加固与防渗处理措施,成功消除安全隐患,保障水库安全运行。此外,在水库泄洪闸、发电机组等关键设备上加装状态监测传感器,实现水利工程运行状态的全域监控与智能化管理,大幅提升水库运行效率与综合效益,为水利工程安全稳定运行筑牢科技防线。

2.6.4 水旱灾害防御与应急管理

某流域机构利用物联网技术构建"天空地"一体化立体监测网。天基:用北斗卫星导航系统短报文传输偏远地区雨情、水情数据;空基:用气象卫星(如风云系列)监测降水云系,SAR 雷达卫星动态捕捉洪水淹没范围;地基:将翻斗式雨量计、超声波水位计等密集部署于流域内,分钟级采集降雨、水位数据。

通过大数据平台融合气象、水文、工程数据,利用水动力学模型(如 HEC-RAS)模拟洪水演进,提前 72 h 发布预警,这将使得淹没范围预测误差小于 5%,紧急转移人数减少 30%。

此外,水灾很容易导致交通、通信等联系中断。部署应急通信终端(如 5G 应急基站、卫星电话)保障灾区数据传输,通过物联网控制设备(如远程智能闸门)实时调整水库、河道水位,实现洪水错峰调度。整合应急物资、救援队伍位置数据(通过北斗卫星导航系统定位终端),利用强化学习算法优化物资调配路径,应急响应时间从小时级缩短至分钟级,物资调度效率提升 50%,这样更利于有效地组织抢险救援。

复习思考题

1. 简述物联网的基本架构。
2. 按被测量对象分类,传感器有哪些类型?
3. 简述传感器的组成。

4. 水利工程常用传感器有哪些？
5. 简述 RFID 系统组成。
6. 简述 RFID 系统工作流程。
7. 简述无线传感器网络组成。
8. 简述物联网数据中心的组成。
9. 简述数据挖掘的主要流程。

项目3　数字孪生水利

【学习目标】

1. 理解数字孪生水利的基本概念和应用场景。

2. 理解物联网、大数据、云计算和人工智能等技术在数字孪生水利中的应用。

3. 了解数字孪生流域、数字孪生水网和数字孪生水利工程的构建要点和相关应用。

【技能目标】

1. 能够识别和理解数字孪生水利的类型和作用。

2. 熟悉常见的数字孪生水利相关重要支撑技术。

码 3-1　数字孪生水利知识图谱

任务 3.1　认识数字孪生水利

3.1.1　数字孪生技术

3.1.1.1　数字孪生的定义

数字孪生(digtal twin),亦称数字映射、数字镜像,是在虚拟空间中构建的与物理实体高度契合的数字化“分身”。它深度融合物理模型、传感器实时数据、运行历史记录等多元信息,借助多学科交叉、多物理量耦合、多尺度协同、多概率推演的仿真手段,实现对实体装备或系统全生命周期的动态呈现与实时监测。

3.1.1.2　数字孪生技术的核心特征

数字孪生技术以其独特的能力在多个领域中展现出其重要性,其核心特征可以概括为以下五个主要方面,这些特征共同构成了数字孪生技术的基础,并使其在模拟、预测和优化物理系统方面具有显著优势。

(1)实时同步与虚实映射。数字孪生技术通过实时数据采集和处理,实现了物理实体与数字模型的精确映射和状态同步。这种虚实映射能力使得数字孪生能够全面、精准地反映物理实体的实时状态和历史变化,为后续的分析和决策提供准确的数据支持。

(2)数据驱动与决策支持。数字孪生技术的核心在于其数据驱动的特性。它基于从物理实体收集的大量实时数据,通过深度分析这些数据来优化物理实体的性能和效率。数据不仅用于描述实体的当前状态,还用于预测未来的行为和趋势,从而实现更加精准的决策支持。

(3)模型支撑与环境模拟。数字孪生技术依托于集成化的模型,这些模型包括物理模型、几何模型、数据模型和行为模型等。这些模型共同支撑起数字孪生的框架,使其能够模拟物理实体在不同条件下的行为,为测试、验证和优化提供虚拟试验环境。

(4)动态更新与闭环优化。数字孪生技术能够根据实时数据动态更新其模型,确保数字模型与物理实体的一致性。此外,数字孪生通过模拟和分析,形成对物理实体的优化指令或策略,实现决策优化功能的闭环,从而实现对物理系统的持续改进和优化。

(5)可扩展性与互操作性。数字孪生技术具有很好的可扩展性和互操作性,可适应不同尺度、不同复杂度的物理实体,支持数字模型的动态集成、扩展与替换,以适应不断变化的需求和环境,实现跨系统、跨平台的信息共享和协作。

数字孪生技术的这些关键特征使其成为连接物理世界与数字世界的桥梁,为各行业提供了一种全新的视角和工具,以实现更高效、更智能的系统管理和运营。通过这些特征,数字孪生技术正在推动工业 4.0、智能制造、智慧城市等领域的快速发展。

数字孪生技术在很多领域有着广泛的应用,如制造业、智慧城市、医疗保健、能源行业、汽车行业、航空航天、建筑和基础设施、供应链管理、农业、环境监测、教育和培训、军事和国防、零售业和娱乐等。

3.1.2 数字孪生水利

数字孪生水利是充分运用物联网、云计算、大数据、人工智能、虚拟现实等新一代信息技术,统筹建设数字孪生流域、数字孪生水网、数字孪生水利工程等新型基础设施,实现流域防洪、水资源管理与调配等“2+N”业务应用“四预”功能的综合体系,提升水利治理管理数字化、网络化、智能化水平,为新阶段水利高质量发展提供有力支撑和强力驱动。

数字孪生水利体系通过虚实结合的方式,实现水利设施的实时监控、模拟试验、预测评估和科学决策,从而减少风险,提升管理效率,实现从“被动应对”到“主动防控”的转变,极大地提升水利管理的科学性和精准度。

数字孪生技术作为新兴力量,为水利工程建设、管理以及水资源调配提供了全新思路。它通过构建虚拟模型,将物理实体与数字世界紧密相连,在提升水利工程管理水平、优化水资源配置、增强水利系统安全性、提高决策科学性以及促进水利行业创新等方面发挥着关键作用,驱动水利事业迈向深刻变革。

3.1.3 数字孪生水利的关键技术

数字孪生水利通过创建物理水利系统的虚拟模型,实现对水利工程设施、水资源动态变化及水生态环境等方面的实时映射、模拟分析和优化决策。这一创新理念的实现依赖于一系列先进的关键技术,它们相互融合、协同作用,犹如构建数字孪生水利大厦的基石,为水利系统的数字化转型提供了坚实支撑。从数据精准采集到模型精确构建,从智能决策制定到保障高效运行,每一项关键技术都在各自的领域发挥着不可或缺的作用,共同推动着数字孪生水利从概念走向实践,从理论迈向应用,为解决复杂的水利问题、提升水利管理效能、保障水资源可持续利用开辟了新的途径,以下将详细阐述数字孪生水利所涉及的各项关键技术及其应用价值。

3.1.3.1 物联网技术

物联网是通过各种感知设备,按照约定协议,连接物(物理实体)、人、系统和信息资源,实现对物理和虚拟世界的信息进行处理并做出反应的智能服务系统。我们在项目2中已经学习了物联网技术的基础知识,本项目中不再赘述。

3.1.3.2 大数据技术与云计算技术

大数据技术是指用于处理和分析规模庞大、类型多样且生成速度快的数据集的技术体系,核心是通过分布式架构和复杂的数据分析方法,从海量数据中提取有价值的信息,为决策与应用提供支持;云计算技术则是借助网络“云”将庞大的数据计算处理程序分解成无数个小程序,然后通过多部服务器组成的系统对这些小程序进行处理分析,最终将结果返回给用户,具有超大规模、虚拟化、高可靠性、通用性等特点。

水利系统运行过程中会产生海量、多源、异构的数据,包括水文数据、气象数据、地理空间数据、水利工程运行数据等。传统的数据处理技术难以对这些数据进行高效存储、快速分析和深度挖掘;而大数据技术能够对海量水利数据进行有效的整合、存储和管理,从中提取有价值的信息和知识;云计算技术则为数据的处理和分析提供强大的计算能力,确保系统能够快速响应用户的数据请求和模型运算需求,保障数字孪生水利平台的高效运行。

3.1.3.3 建模与仿真技术

建模与仿真技术是指利用数学、物理、计算机科学等多学科知识,对实际系统进行抽象简化,构建能反映系统本质特征和行为规律的数学模型,并通过计算机程序对模型开展模拟运行和试验分析的技术方法体系。其目的是通过虚拟模型的构建和试验,深入了解系统的性能、行为和响应机制,为实际系统的设计、优化、决策提供科学依据和技术支持,同时规避在真实系统上进行试验所带来的高成本、高风险和不可逆性等问题。

水利系统是一个复杂的、动态的大系统,涵盖了水资源的循环、调配,水利工程的建设、运行,以及水生态环境的演变等多个相互关联的过程和要素。传统的研究方法往往难以全面、准确地把握其内在规律和相互作用关系。而建模与仿真技术能够对水利系统进行数字化的抽象和模拟,将复杂的物理现象和过程转化为可计算、可分析的数学模型,通过在虚拟环境中的仿真试验,实现对水利系统全方位、多角度的研究和评估,为水利工程的规划、建设和管理提供更加科学、高效、精准的决策支持,同时有效降低成本和风险,提高水利系统的安全性、可靠性和可持续性。

3.1.3.4 人工智能技术

人工智能,又称AI,是计算机科学的重要分支,是一门研究、开发用于模拟、延伸和扩展人的智能的理论、方法、技术及应用系统的技术科学。它通过计算机程序和算法来实现智能感知、推理、学习、决策等能力,使机器能够像人类一样处理复杂任务,具体涵盖机器学习、深度学习、自然语言处理、计算机视觉等多个研究领域。

在数字孪生水利中,人工智能技术具有重要作用。水利系统产生的数据量庞大且复杂,传统的分析方法难以快速、准确地从海量数据中提取有价值的信息并做出智能决策。人工智能技术具有强大的数据处理、模式识别和智能决策能力,能够自动从复杂的数据中挖掘规律,对水利系统的运行状态进行智能诊断和预测,优化水利资源的管理和调配,提升水利工程的运行效率和安全性,为水利行业的智能化发展提供关键支撑。

3.1.3.5 地理信息系统(GIS)技术

地理信息系统(GIS)技术是基于计算机系统的空间信息处理技术,核心功能包括采集、存储、管理、分析和显示与地理空间位置相关的数据,以支持地理决策、科学研究等各类应用。它能够将地理空间信息与属性信息相结合,通过数字化地图、三维模型等直观形式呈现出来,并提供强大的空间查询、分析和决策支持功能,涵盖数据获取、数据存储与管理、数据处理与分析、数据可视化等多个环节,涉及多种专业技术和算法,如地图投影、空间数据插值、叠加分析、网络分析等。

GIS 技术在数字孪生水利中发挥着重要作用。它能够对水利相关的地理空间数据进行全面采集与精准存储,涵盖地形地貌、水系分布、水利设施的地理位置等,为数字孪生水利构建基础地理框架;通过强大的空间分析功能,GIS 技术可助力分析洪水淹没范围、评估水资源分布合理性及水利设施的空间关联等。同时,利用其可视化能力,GIS 技术可将复杂的水利数据以直观、生动的地图形式呈现,为水利工程规划、调度、灾害预警与应急管理等提供精准、直观且高效的支持。

3.1.3.6 可视化动态渲染技术

可视化动态渲染技术是依托计算机图形学、渲染引擎及数据可视化算法,将多源异构数据(如地理空间数据、实时监测数据、仿真计算结果等)转化为动态交互式可视化场景的技术体系,核心是通过对数据的实时解析与图形渲染,构建可动态更新、沉浸式交互的虚拟环境,使用户能够沉浸式地观察、分析和理解复杂系统的实时状态、历史变化与未来趋势。

可视化动态渲染技术是数字孪生水利实现"虚实交互、动态映射、直观认知"的关键桥梁,它将海量数据、复杂模型和抽象分析结果转化为可沉浸体验、可交互探索的视觉语言,极大地提升了用户对水利系统全要素、全过程、全状态的感知能力与理解深度,驱动数字孪生价值落地,赋能智慧水利决策。

任务 3.2 数字孪生流域

3.2.1 走进数字孪生流域

3.2.1.1 数字孪生流域的定义

数字孪生流域是以物理流域为单元、时空数据为底座、数学模型为核心、水利知识为驱动,对物理流域全要素和水利治理管理活动全过程进行数字映射、智能模拟、前瞻预演,与物理流域同步仿真运行、虚实交互、迭代优化,实现对物理流域的实时监控、发现问题、优化调度的新型基础设施。

3.2.1.2 数字孪生流域的技术框架

数字孪生流域作为智慧水利建设的核心，包括数字孪生平台和信息化基础设施。它通过整合水利感知网、水利信息网、水利云等基础资源，运用大数据、人工智能、虚拟仿真等技术，实现流域防洪、水资源管理与调配等功能，整体技术框架见图 3-1。

码 3-2 文档：数字孪生流域建设技术大纲（试行）

1. 数字孪生平台

数字孪生平台主要由数据底板、模型平台、知识平台等构成。数据底板汇聚水利信息网传输的各类数据，经处理后为模型平台

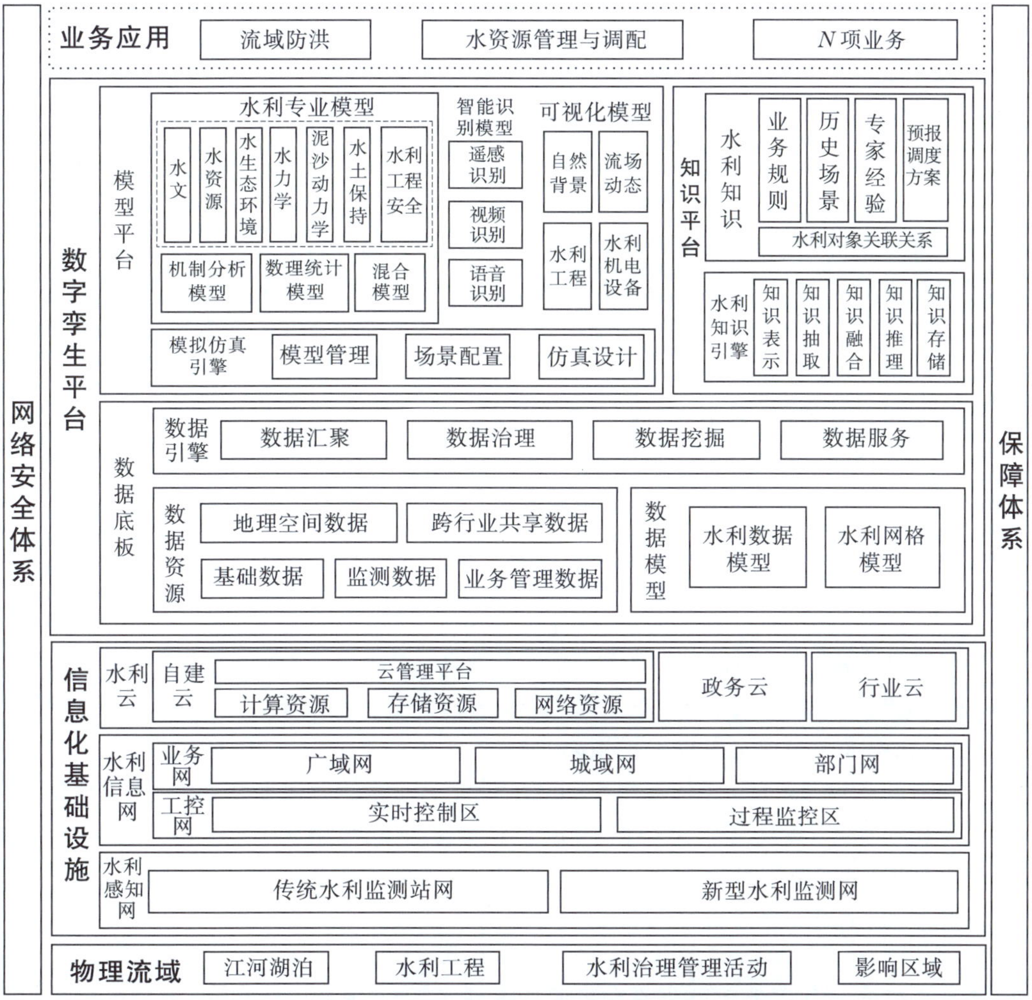

图 3-1 数字孪生流域技术框架

和知识平台提供数据服务；模型平台利用数据底板成果，以水利专业模型分析物理流域的要素变化、活动规律和相互关系，通过智能识别模型提升水利感知能力，利用模拟仿真引擎模拟物理流域的运行状态和发展趋势，并将以上结果通过可视化模型动态呈现；知识平

台汇集数据底板产生的相关数据、模型平台的分析计算结果，并融合业务规则与专家经验，经水利知识引擎处理形成知识图谱服务水利业务应用。

2. 信息化基础设施

信息化基础设施主要由水利感知网、水利信息网、水利云等构成。信息化基础设施各组成部分功能与关联为：水利感知网负责采集数字孪生流域所需各类数据，通过水利信息网将数据传输至数字孪生平台数据底板，水利云平台负责提供数据计算和存储资源。

3.2.1.3 数字孪生流域的主要特点

数字孪生流域作为一种创新的流域管理理念和技术手段，具有数字映射、智能模拟、前瞻预演、实时监控、问题发现和优化调度等显著特点，这些特点使其在流域水资源管理、防洪减灾、水生态保护等方面具有广阔的应用前景和巨大的发展潜力。

1. 数字映射

数字孪生流域的首要特点是实现了物理流域与虚拟数字模型之间的精准映射。首先对流域的地形地貌、河流水系、水利工程设施、气象条件、水生态环境等物理实体进行建模，再通过流域内广泛分布的各类高精度传感器，如水位计、流量计、水质传感器及遥感和地理信息采集设备等，对物理实体进行全方位、全天候、高分辨率的数据采集。这些海量的实时数据借助高速稳定的通信网络，快速传输并存储到云端或数据中心，与基础数据模型融合，形成与现实流域高度一致的虚拟数字模型。这个模型不仅能够精确还原流域内的地理空间特征，实时反映流域及工程设施的详细参数，还具备实时监控能力，持续接收并可视化展示关键参数（如水位、流量、水质、工程状态等），系统自动比对实时数据与模型，一旦检测到异常或超出安全阈值范围，立即触发预警。这种精准的动态映射与监控，为后续分析决策提供了可靠的状态感知基础。

2. 智能模拟

基于数字映射所构建的虚拟模型，依托多学科的理论和方法，包括水文学、水力学、环境科学、生态学、固体力学、岩土力学、计算机科学等，运用先进的数学模型和仿真算法，对流域内的复杂物理过程和生态过程进行精细化模拟，平台通过持续关联分析实时监控数据、历史数据与模拟结果，借助数据挖掘技术，可敏锐识别系统异常、潜在风险与问题根源。例如，利用水文模型可以准确模拟降水在流域内的转化过程，包括地表径流、壤中流和地下径流的产生及汇流机制，预测不同降水条件下河流的流量变化；借助水质模型可以预测污染物在水体中的扩散、迁移和转化过程，评估不同污染源对水环境质量的影响程度。通过这些智能模拟，数字孪生流域能够为管理者提供深入了解流域系统运行机制的手段，帮助其制定更加科学合理的管理策略和决策方案。

3. 前瞻预演

数字孪生流域利用大数据分析和机器学习技术，对历史数据和实时数据进行深度挖掘和学习，结合气象预报、水文预测等多源信息，能够对流域未来的发展态势进行前瞻性预演。例如，在水资源管理方面，可以根据历史水资源供需数据和经济社会发展趋势，预测未来不同时间段内流域内的水资源需求情况，提前规划水资源的调配方案，确保水资源的可持续利用；在防洪减灾领域，通过输入不同强度和时空分布的降雨预报数据，结合流域的地形地貌和水利工程布局，利用洪水演进模型对洪水在流域内的淹没范围、水深分布、流速变化等进行模拟预测,明确高风险区域(如低洼居民区、重要基础设施)的受淹时序与程度,提前评估洪水可能造成的灾害损失,并制定相应的防洪应急预案和人员疏散方案。这种前瞻预演能力使得流域管理能够从被动应对转变为主动预防,有效降低各类风险和损失。

4. 优化调度

基于数字孪生流域的数字映射、智能模拟和实时监控功能,通过运用优化算法和智能决策系统,能够对流域内的水资源分配、水利工程运行调度及水生态修复措施等进行优化配置。在水资源调配方面,根据不同地区的用水需求、水资源存量、水利工程的供水能力及实时的水情变化,利用线性规划、动态规划等优化算法,制订出最优的水资源分配方案,实现水资源在时间和空间上的高效利用,提高水资源的利用效率和效益;在水利工程运行管理中,依据工程设施的实时状态、水流条件和运行目标,通过智能调度系统对水库的蓄泄、泵站的启停、水闸的开合等进行合理安排和优化控制,确保水利工程在安全运行的前提下,最大程度地发挥其防洪、灌溉、供水、发电等综合效益。

3.2.2 数字孪生流域的构建要点

3.2.2.1 数据采集与传输

1. 传感器网络部署

在流域的不同区域广泛布设各类传感器,包括水位传感器、流量传感器、水质传感器、气象站、土壤湿度传感器等,以获取水文、气象、水质、生态等多方面的数据。传感器的选型和布局应根据流域的特点和监测目标进行科学规划,确保能够全面、准确地反映流域的实际状态。例如,在河流的关键断面设置高精度的流量和水位传感器,在易发生污染的区域重点布置水质监测设备,在山区等气象条件复杂的地区加密气象站的分布;对于大坝、泵站、水闸等水工建筑物,安装应力应变传感器、位移传感器、设备运行状态监测仪等,可实时监测工程结构的安全状况和设备的运行参数,为水利工程的管理和维护提供数据支持。

2. 数据传输技术

采用有线和无线相结合的通信方式,将传感器采集到的数据实时传输到数据中心或云平台。有线通信方式如光纤网络,具有传输稳定、带宽高的优点,适用于数据量大、对传输可靠性要求高的监测站点;无线通信方式包括 4G/5G 网络、WiFi、LoRa 等,具有部署灵活、成本低的特点,适合于偏远地区或移动监测设备的数据传输。通过建立可靠的通信网络,确保数据能够及时、准确地传输,为后续的数据分析和模型构建提供实时的数据支持。

3.2.2.2 数据处理与管理

1. 数据清洗与预处理

由于传感器采集到的数据可能存在噪声、异常值和数据缺失等问题,需要进行数据清洗和预处理。采用数据滤波、异常值检测与修复、数据插值等方法,去除数据中的干扰因素,提高数据的质量和可用性。例如,对于水位传感器采集到的明显偏离正常范围的数据,通过与周边站点数据对比或历史数据趋势分析进行修正;对于因设备故障导致的短期数据缺失,采用线性插值或基于时间序列模型(如 ARIMA)、空间关联模型(如克里金插值)的方法进行填补。

2. 数据存储与管理

利用大数据存储技术,如分布式文件系统(HDFS)和非关系型数据库(如 MongoDB、HBase 等),对海量的流域数据进行高效存储和管理。建立数据目录和元数据管理系统,对数据的来源、采集时间、数据格式、数据质量等信息进行详细记录和管理,方便数据的查询、检索和调用。同时,采用数据备份和恢复策略,确保数据的安全性和完整性,防止数据丢失。

3. 数据融合与分析

将来自不同传感器、不同数据源的数据进行融合,以获取更全面、准确的流域信息。例如,将水文数据与气象数据相结合,分析降水与径流的关系,为短期洪水预报提供基础关联依据;将水质数据与水动力数据融合,研究污染物的扩散和迁移规律。运用数据挖掘、机器学习等技术,对融合后的数据进行深度分析,提取流域系统的特征和规律,如通过聚类分析识别不同的水生态区域,利用时间序列分析预测水资源的变化趋势等,为数字孪生模型的构建和应用提供数据支持。

3.2.2.3 数字孪生模型构建

1. 水文模型构建

基于水文学原理与流域产汇流机制,融合分布式建模方法与数据同化技术构建水文模型,模拟降水在流域内的转化过程及水文要素时空演变。确定模型边界条件(流域拓扑结构、下垫面属性、气象边界)与初始条件(土壤含水量、初始河道水位),通过求解流域产流方程(如 SCS-CN 模型)与汇流方程(如单位线法、Muskingum-Cunge 法),或采用分布式水文模型(如 SWAT、VIC)进行数值计算,得到流域径流过程、蒸散发量、土壤水动态等水文参数的时空分布。该模型可用于洪水预报、水资源量估算、面源污染负荷分析及气候变化对水文过程的影响评估,为流域防洪减灾与水资源合理开发提供基础数据支撑。

2. 水资源模型构建

基于水资源系统分析理论与多目标优化方法,整合水文过程、用水需求、工程调控及生态约束构建水资源模型,实现流域水资源供需平衡与优化配置的系统模拟。确定模型边界条件(区域用水定额、生态需水阈值、工程供水能力)与初始条件(现状水资源量、用水结构、工程运行状态),通过构建水资源供需平衡方程、引入线性规划(LP)或系统动力学(SD)模型进行耦合求解,得到不同规划期内生活、生产、生态用水的时空分配方案及水资源承载能力评估结果。该模型可用于流域水资源规划、跨区域调水方案设计、用水效率评估及水安全风险预警,为水资源可持续管理与区域经济社会协调发展提供决策支持。

3. 水动力模型构建

基于物理模型,运用水力学原理和计算流体力学(CFD)方法构建水动力模型,模拟水流在流域内的运动过程。确定模型的边界条件和初始条件,如流域的入流流量、水位、流速等,通过数值求解 Navier-Stokes 方程或简化的水动力方程,得到流域内各点的水位、流速、流量等水动力参数的时空分布。水动力模型可以用于洪水演进模拟、水资源调配分析、水利工程对水流影响评估等方面,为流域的防洪减灾和水资源管理提供重要的决策支持。

4. 水质模型构建

结合水动力模型和流域内的污染源分布、污染物迁移转化规律建立水质模型,模拟水质在流域内的变化过程。考虑不同类型的污染物,如化学需氧量、氨氮、总磷等,以及其在水体中的物理、化学和生物降解过程，通过建立质量守恒方程和反应动力学方程，预测水质在空间上和时间上的分布情况。水质模型可以帮助管理者评估流域内的水污染状况，制定水污染防治措施，优化水资源的保护和利用策略。

5. 水生态模型构建

考虑流域内的水生态系统结构和功能，构建水生态模型，模拟水生生物的生长、繁殖、迁徙等生态过程及水生态系统与水文、水质等因素的相互作用关系。例如，建立鱼类栖息地模型，分析水流、水温、水质等因素对鱼类生存和繁殖的影响；构建湿地生态系统模型，研究湿地的水文过程、植被生长与水质净化之间的关系。水生态模型为流域的水生态保护和修复提供科学依据，有助于实现流域水生态系统的健康和可持续发展。

6. 模型耦合与集成

将水文模型、水资源模型、水动力模型、水质模型、水生态模型及其他相关模型进行耦合和集成，形成完整的数字孪生流域模型。通过模型之间的数据交互和协同计算，实现对流域系统的全面、综合模拟。例如，水动力模型为水质模型提供水流场信息，水质模型的计算结果又反馈给水生态模型，影响水生生物的生存环境，从而实现各模型之间的紧密联系和相互作用。模型耦合与集成需要解决不同模型之间的数据接口、时间步长、空间分辨率等兼容性问题，确保模型系统的稳定运行和准确模拟。

3.2.2.4 平台搭建与应用开发

1. 数字孪生平台架构设计

数字孪生平台由数据底板、模型平台、知识平台三部分构成。数据底板整合基础数据、监测数据、业务管理数据等多源数据，构建水利数据模型与水利网格模型，通过数据汇聚、数据治理、数据挖掘和数据服务引擎实现数据全生命周期管理；模型平台集成机制分析模型、数理统计模型、混合模型等水利专业模型，结合智能识别模型、可视化模型及模拟仿真引擎，实现流域物理过程模拟与态势可视化呈现；知识平台借助知识图谱和机器学习技术，完成水利对象关联关系、业务规则等知识的抽取、融合与推理，形成支撑决策的知识服务体系。

2. 可视化界面开发

利用虚拟现实（VR）、增强现实（AR）、三维可视化等技术，开发数字孪生流域平台的可视化界面，为用户提供直观、沉浸式的交互体验。通过可视化界面，用户可以实时查看流域的物理状态、模型模拟结果、数据分析图表等信息，实现对流域的全方位了解和掌控。例如，在可视化界面中以三维地图的形式展示流域的地形地貌、河流水系、水利工程设施等，用动态图标和颜色变化表示水流、水质、气象等数据的实时变化情况，用户可以通过传统设备（如鼠标点击、缩放、旋转）或 VR/AR 设备（如 VR 手柄操控、AR 手势交互）进行交互查询和分析，方便快捷地获取所需信息。

3. 应用功能开发与集成

根据流域管理的实际需求，在平台上开发一系列应用功能模块，并将其与数字孪生模型和数据进行深度集成。例如，开发洪水预警与调度应用模块，利用数字孪生模型实时模拟洪水演进过程，结合气象预报数据和水库、堤防等水利工程的运行状态，提前预测洪水灾害风险，并制订科学合理的防洪调度方案；开发水资源管理应用模块，基于水资源供需平衡分析和优化调配模型,实现水资源的合理分配和高效利用;开发水生态监测与修复应用模块,通过生态模型评估水生态系统的健康状况,制订针对性的生态修复措施,并对修复效果进行实时监测和评估。通过应用功能的开发与集成,使数字孪生流域平台能够真正服务于流域管理的各个环节,提高流域管理的科学性和精细化水平。

典型案例:数字孪生曹娥江流域

曹娥江作为钱塘江的最大支流,流经浙江省金华、绍兴等市,下游受海潮影响较大,防洪形势严峻。传统的流域防洪依赖经验性判断,缺乏科学、精准的决策支持。为了提高防洪减灾能力,曹娥江流域开展了数字孪生流域先行先试的建设,以期实现更高效的洪水管理和水资源调度。

曹娥江流域数字孪生应用聚焦于“降多少雨、涨多少水、风险在哪里、该如何调度、风险如何管控”等关键环节,整合气象、水利、应急、自然资源等部门的数据资源和业务流程,构建流域二、三维一体化数据底板。自主研发预报调度及风险研判全过程耦合模型,为决策者和技术人员分别搭建“驾驶舱”和“工作平台”,实现“气象预报—洪水预报—工程调度—风险研判—风险提示—信息反馈”防汛全链条一体化融合。

该应用开发了多用户、多模式的流域防洪“四预”场景,包括一键模式、专家模式、智能模式、单站模式等四种预报调度模式,以及驾驶舱 + 预报、预警、预演、预案场景等“一舱四场景”,实现概化图、剖面图、风险图、风险清单等“三图一清单”在线分析,满足不同用户在防洪场景下的多样化需求。图 3-2 为曹娥江数字孪生流域主界面。

图 3-2　曹娥江数字孪生流域主界面

在 2022 年防御轩岚诺台风、梅花台风实战运用中,绍兴市水文管理中心和技术支撑单位 20 多个用户在线同步作业预报,生成 200 多个计算方案,流域预报作业时间由 0.5~1 h 缩短至 2~5 min,预见期由 3~12 h 延长至 72 h,效率提升显著,动态预演“降雨在哪里，洪水在哪里，风险在哪里"，有力支撑防汛决策。根据前期干旱和水库蓄水率低的特点，平台通过预报调度研判分析，果断发挥大中型水库拦洪蓄水作用，保障了干流沿线水位基本不超警，仅汤浦水库，其削峰率、洪水利用率近 100%，累计拦蓄水量近 1 亿 m^3，有效降低了流域防洪压力，高温干旱期间为绍兴、慈溪两地 300 余万群众提供"生命之水"，实现了雨洪资源高效利用。

数字孪生曹娥江流域防洪应用的成功实施，不仅提升了流域防洪的科学性和精准性，还为其他流域的防洪减灾提供了可复制、可推广的经验。通过整合多部门数据、构建高精度模型和实现全链条融合，曹娥江流域的数字孪生应用显著提高了防洪预报的准确性和决策的科学性，为应对极端天气和洪水灾害提供了有力的技术保障，有效减轻了灾害损失，保障了人民生命财产安全。随着技术的不断发展和应用的深入，数字孪生流域将在流域管理中发挥越来越重要的作用。

任务 3.3　数字孪生水网

3.3.1　数字孪生水网的定义与技术框架

码 3-3　文档：数字孪生水网建设技术导则（征求意见稿）

3.3.1.1　数字孪生水网的定义

数字孪生水网是以物理水网为单元、时空数据为底座、数学模型为核心、水利知识为驱动，对物理水网全要素和水利治理管理活动全过程进行数字映射、智能模拟和前瞻预演，与物理水网同步进行仿真运行、虚实交互和迭代优化，实现对物理水网的实时监控、联合调度、风险防范的新型基础设施。具体来说，数字孪生水网通过收集和整合物理水网的相关数据，将其数字化并建立对应的数学模型，以实现对物理水网的准确描述和模拟。

3.3.1.2　数字孪生水网的技术框架

数字孪生水网的技术框架是一个综合性的体系，它涉及多个层面和组件，以实现对物理水网的全面数字化映射和智能化管理，整体技术框架见图 3-3。

1. 数字孪生平台

数字孪生平台是构建数字孪生水网的核心组成部分，它包括数据底板、模型平台和知识平台三个关键子系统。数据底板负责汇聚和处理来自水利信息网的各类数据，为模型平台和知识平台提供准确的数据服务。模型平台则利用这些数据，通过水利专业模型分析物理水网的要素变化和活动规律。知识平台包括水网知识库、智能模型、水网人工智能引擎等，知识平台进一步将数据底板和模型平台的成果整合，形成知识图谱，以服务于水利业务应用。这三个平台相互协作，共同构成了数字孪生水网的数据处理和分析中心，为水网的智能化管理提供决策支持。

2. 信息化基础设施

信息化基础设施为数字孪生水网提供了必要的物理和技术基础。监测感知网通过部署在水网中的传感器实时收集数据，捕捉水网的动态变化。水利信息网则作为数据传输

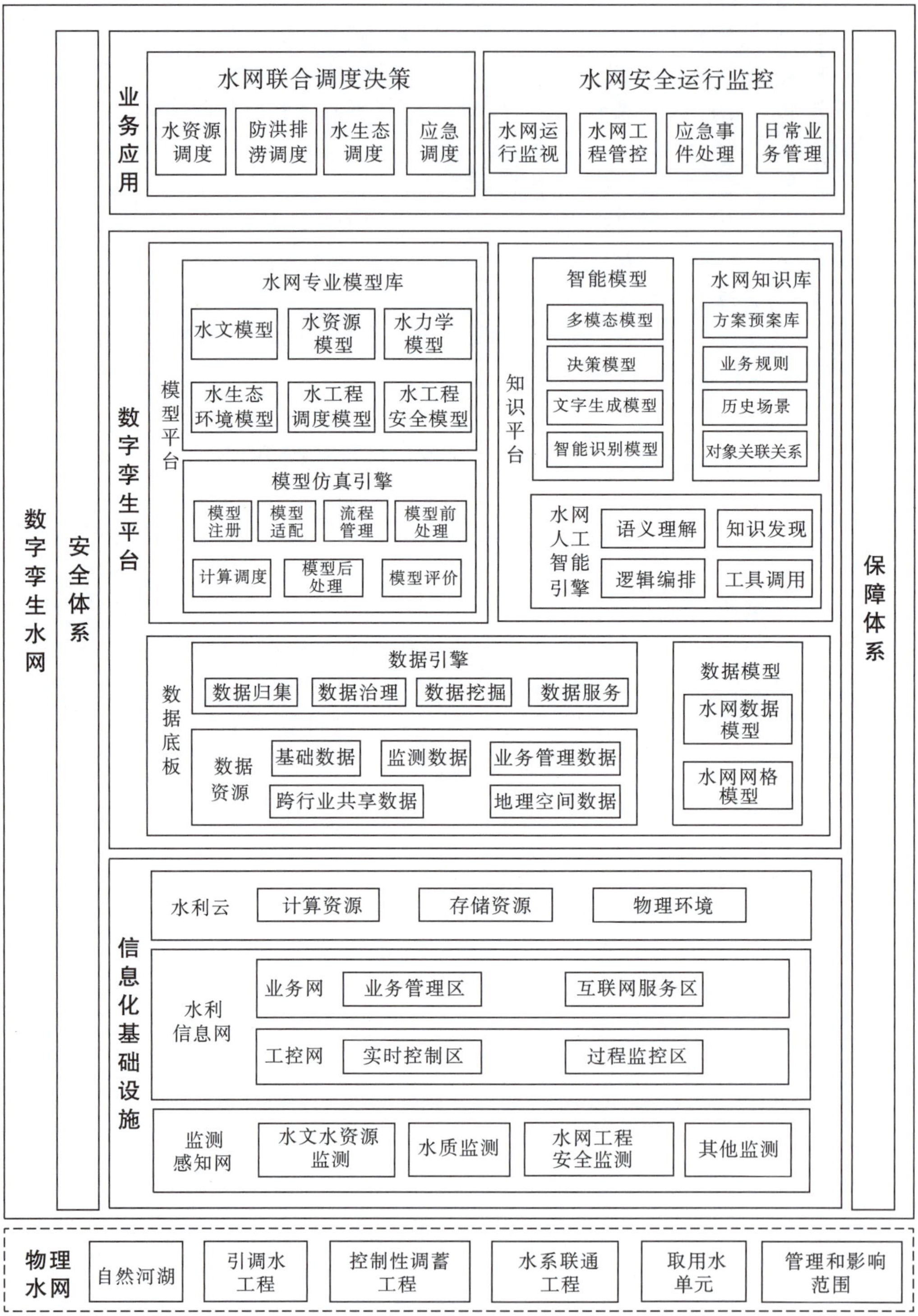

图 3-3　数字孪生水网技术框架

的通道，确保信息在水网边缘计算节点与数字水网平台之间高效流动。水利云提供强大的云计算资源，包括数据存储、计算能力和云边协同，支撑数字孪生水网的数据处理和模型运行。

3. 典型应用

数字孪生水网的典型应用体现在实时监控、联合调度和风险防范三个方面。实时监控应用能够全面监测水网工程的运行状态，确保工程安全。联合调度应用支持从单节点到多库群的水资源优化配置，实现水资源的高效利用。风险防范应用则通过预测和分析，识别潜在的问题和风险，为制订优化方案和决策提供依据。这些应用共同提升了数字孪生水网的管理效率和安全保障能力。

4. 网络安全体系

网络安全体系是数字孪生水网稳定运行的保障。它包括数据安全和网络安全两个方面。数据安全措施保护数字孪生水网的数据不被非法访问、泄露或篡改，确保数据的完整性和保密性。网络安全措施则防止网络攻击和入侵，保障数字孪生水网不受外部威胁，确保平台的安全稳定运行。这个体系是数字孪生水网不可或缺的部分，为水网的数字化转型提供了安全保障。

5. 保障体系

保障体系是数字孪生水网建设成功的基础，包括政策支持、技术标准和人才培养等方面。政策支持为数字孪生水网的建设提供了方向和动力，技术标准确保了建设过程中的技术和服务质量，人才培养则为数字孪生水网的发展提供了必要的人才储备。这些保障措施共同为数字孪生水网的顺利建设和长期发展提供了坚实的基础。

数字孪生水网作为一种先进的水网管理模式，以其高度仿真、实时交互、数据融合、智能决策、全生命周期管理以及可视化展示等特点，为水网管理带来了全新的理念和方法，推动着水网管理的智能化、高效化发展，未来将成为提升水网管理效率与质量的关键手段。

3.3.2 数字孪生水网的构建要点

3.3.2.1 需求分析与规划

1. 明确业务需求

深入分析水网管理在水资源调配、防洪排涝、水质监测、工程运行维护等方面的业务需求，确定各业务环节的关键指标、数据需求及管理目标，为数字孪生水网建设提供方向。

(1)分析水资源调配需求。深入了解不同区域、不同用户在不同时段对水资源量和质的需求，确定水资源分配的公平性、合理性与高效性指标，明确需采集的数据类型，如不同水源的水量、水质数据，各用水区域的用水需求数据，以及相关的地理信息数据等，为水资源的科学调配提供依据。

(2)明确防洪排涝需求。详细掌握流域内洪水的发生频率、洪峰流量、淹没范围等关键数据，以及现有防洪排涝设施的运行状况和承载能力，确定防洪排涝的安全标准和预警指标，如水位警戒值、洪水演进时长等，为防洪调度决策提供支持。

(3)确定水质监测需求。精确界定监测的水质指标种类、精度要求和监测频率，考虑不同水体功能区的水质标准差异，明确对污染源的监测与分析需求，包括工业污染源、农业面源污染和生活污染源等，确保水质安全。

(4)梳理工程运行维护需求。全面掌握各类水利工程设施的结构特点、运行参数、维护周期和故障模式，确定工程运行状态的评估指标，如设施完好率、设备故障率、运行效率等，为工程的有效维护和安全运行提供保障。

2. 制定建设规划

依据业务需求，制定全面且系统的数字孪生水网建设规划，明确建设目标、技术路线、实施步骤及时间节点，确保建设过程有条不紊。规划涵盖数据采集与整合、模型构建与仿真、平台开发与应用、安全保障与运维等各个方面，为数字孪生水网的全面建设提供指导。

(1)建设目标确定。依据业务需求，制定数字孪生水网建设的总体目标，如实现水网全要素的实时精准监测、模拟预测与优化调度，提升水网运行管理的智能化水平和决策科学性。

(2)技术路线选择。综合考虑水网特性、数据可用性和技术可行性，确定数据采集技术，如物联网传感器、卫星遥感、无人机监测等；选择合适的模型构建方法，包括基于物理原理的水动力学模型、水质模型等，以及数据驱动的机器学习模型；规划平台架构，采用云计算、大数据、人工智能等技术，构建具有扩展性、灵活性和可靠性的数字孪生平台。

(3)实施步骤规划。将建设过程划分为多个阶段，明确各阶段的主要任务和时间节点。例如，第一阶段完成监测感知网的建设与数据采集系统的搭建；第二阶段进行模型平台的初步构建与验证；第三阶段整合数据底板、模型平台和知识平台，实现数字孪生平台的基本功能；第四阶段开展业务应用系统的开发与试点应用；第五阶段根据试点反馈进行优化完善，全面推广应用。

(4)资源需求评估。全面评估建设所需的人力、物力和财力资源。确定专业技术人员的数量和技能要求，包括水利工程、计算机科学、数据科学等领域的专业人才；规划硬件设备的采购与部署，如服务器、传感器、通信设备等；估算软件开发、系统集成、人员培训、运维管理等方面的费用，确保资源的合理配置和有效利用。

3.3.2.2 数据采集与处理

1. 数据采集

利用物联网、遥感、水文监测等多种技术手段，全面采集水网的各类数据，包括水位、流量、水质、气象、工程运行状态等实时数据，以及地理信息、水文地质、社会经济等基础数据，确保数据的准确性、完整性和时效性。

运用多源数据采集手段，在水网关键节点广泛部署各类传感器，如采用高精度压力式传感器或超声波式传感器进行水位采集，运用多普勒超声波流量计或电磁流量计完成流量数据采集等；利用卫星遥感和航空遥感获取水网区域的宏观数据，并进行定期监测和数据分析；同时，在水网全域按照“天空地水工”一体化理念，构建全方位、多层次的监测感知体系，实现对水网的立体监测，确保数据的全面性和连续性。

2. 数据处理

对采集到的多源异构数据进行数据处理，建立统一的数据标准和格式，消除数据孤岛，实现数据的互联互通。构建数据资源池，为后续的数据分析和模型构建提供支撑。同时，建立数据更新和维护机制，保证数据的持续性和一致性。

3.3.2.3 模型构建与仿真

1. 物理模型构建

（1）水网物理过程建模。包括水流运动模型、水质模型、工程运行模型等。水流运动模型基于水力学原理构建，用于模拟水流在河流、河道、湖泊、水库等水体中的流动过程，输出水位、流速、流量等参数变化；水质模型是运用物质守恒定律和化学反应动力学原理，针对化学需氧量、氨氮等主要污染物构建模型，模拟其在水体中的迁移、转化和扩散过程，预测水质变化趋势，为水质监测和污染治理提供决策支持；工程运行模型针对泵站、水闸、水库等水利工程设施，根据其结构特性、运行原理和控制策略，建立工程运行模型，模拟工程设施的运行状态和调节效果，为工程调度和运行管理提供参考。

（2）模型集成与验证优化。将水文模型、水力学模型、水质模型、工程运行模型等进行集成，实现水网全要素的综合模拟，通过模型之间的数据交互和协同计算，模拟水网系统中复杂的物理过程和相互关系；利用历史监测数据和实际观测数据对构建的物理模型进行验证和校准，通过对比模型计算结果与实际数据，评估模型的准确性和可靠性，根据验证结果对模型参数进行调整和优化，提高模型的模拟精度。

2. 仿真模型开发

（1）仿真引擎核心功能开发。开发仿真引擎，负责管理和调度计算资源，实现并行计算和分布式计算，提高模型计算的效率和速度，确保在大规模水网模拟计算中能够快速准确地得到结果；设计仿真引擎与物理模型之间的集成接口，实现模型的无缝接入和交互，同时预留与用户界面、数据底板、知识平台等其他组件之间的交互接口，实现整个数字孪生水网的互联互通。

（2）仿真流程与功能实现。提供用户友好的界面，方便用户设置模拟场景的参数，如模拟时间、边界条件、初始条件等，根据用户设定的参数对模型进行初始化，启动模拟计算；在仿真计算过程中，仿真引擎根据设定的时间步长逐步推进模拟计算，实时更新模型的状态变量，将计算结果以直观的图表、动画、三维场景等形式展示给用户，帮助用户深入理解水网的运行规律；提供仿真结果分析工具，对模拟计算得到的结果进行统计分析、趋势分析、敏感性分析等，评估水网在不同工况下的性能和风险，为决策提供科学依据，同时将仿真结果与历史数据、实际观测数据进行对比，验证仿真模型的准确性和可靠性。

3.3.2.4 平台开发与应用

1. 平台开发

（1）平台架构分层设计。建设数据层，负责存储和管理各类数据，包括基础数据、监测数据、模型计算数据等，通过数据引擎实现数据的高效存储、查询和调用，确保数据的安全性和可靠性；构建服务层，提供各种服务接口，如数据服务接口、模型服务接口、知识服务接口等，将数据和模型的功能封装成服务，供应用层调用，实现业务逻辑与数据处理的分离，提高平台的灵活性和可扩展性；开发应用层，面向用户的各种业务应用系统，如水资源调配系统、防洪排涝系统、水质监测系统等，通过调用服务层的接口，实现业务功能的展示和操作，为用户提供便捷的服务。

（2）功能模块集成与优化。集成数据采集与接入、存储与管理、服务与可视化等功能模块，实现数据的全生命周期管理，为平台提供数据支持；整合模型库管理、运行与计算、评估与优化等功能模块，实现模型的构建、运行和管理，为业务应用提供模拟计算功能；融合知识获取与整合、推理与应用、智能决策支持等功能模块，实现知识的提取、应用和决策辅助，提升平台的智能化水平。

2. 典型应用开发

（1）水资源调配应用系统开发。接入数据底板中的相关数据，实现对水资源状况的实时监测和分析，计算水资源供需平衡指标，以图表形式展示水资源动态变化，为调度决策提供实时数据支持；结合模型平台中的水资源模型，根据实时监测和分析结果，制订多种调度方案，利用模拟仿真功能对方案进行预演和对比分析，选择最优方案，实现水资源的科学调配；将调度方案转化为操作指令，发送到水网工程设施的控制系统，实现远程控制和自动化调度，实时监测调度执行情况，对执行过程进行记录和反馈，确保调度方案的准确实施。

（2）防洪排涝应用系统开发。实时接收雨情、水情监测数据，利用洪水预警模型进行预测，根据预设阈值发出预警信息，包括洪水预计到达时间、洪峰水位、淹没范围等，帮助相关部门提前做好防洪准备；基于模型平台中的相关模型，生成防洪调度方案建议，通过模拟仿真展示洪水演进过程和各方案效果，辅助决策者选择最优方案，提高防洪决策的科学性和灵活性；在洪水过后，利用监测数据和实际调查资料，对洪水造成的损失进行评估，为灾后恢复重建提供决策支持，同时对洪水过程进行复盘分析，总结经验教训，优化防洪调度模型和预警系统。

（3）水质监测与管理应用系统开发。通过水质传感器网络获取实时数据，利用水质评价模型对水质状况进行评价，确定水质类别和污染程度，以地图形式展示水质监测结果，设置预警阈值，及时发现水质异常；结合水质模型和水动力模型，当水质异常时，追踪污染源的位置和排放强度，分析污染源类型和分布情况，为污染治理提供决策依据；根据水质监测和评价结果，制订水质改善和保护方案，利用水质预测模型模拟不同方案下的水质变化趋势、评估方案效果，选择最优方案，促进水网水质的持续改善。

典型案例：数字孪生浙东区域水网

浙东引水工程是浙江省有史以来跨流域最多、跨区域最广、引调水线路最长的水资源配置工程。工程引水干线总长 323 km，自建成以来总引水量 67 亿 m^3，惠及 1 750 多万人。近年来，浙东引水工程不断加强数字赋能，2023 年 7 月，数字孪生浙东区域水网入选水利部数字孪生水网建设先行先试，8 月在全国率先通过水利部方案审查，2024 年 12 月通过水利部中期技术评价；数字孪生浙东区域水网系统梳理物理水网的现状特点，紧紧围绕水资源调配核心业务，建设“天空地水工”一体化态势感知体系，自主研发跨流域复杂河网水资源预报调度一体化技术，协同区域内数字孪生流域、水网、工程建设成果，建设运行监视、联合调度、日常管理、应急处置等 4 大业务应用，初步建成具有“四预”功能的数字孪生水网（见图 3-4）。目前已深度应用到引水业务管理，支撑保障工程安全、供水安全、水质安全。

运行监视功能汇聚了 21 项基础数据、92 项业务数据、34 项监测数据、4 项共享数据，实现对浙东区域水网“供、需、调”三端全天候、全覆盖、全要素、全过程的态势感知，支撑引水管理和“四预”功能实现。联合调度功能针对实际业务需求，开发了日常调度、干旱调度、洪涝调度、生态调度、突发水污染调度、工程应急调度等六大业务场景，实现“四预”功能，为相应的调度决策提供技术支撑。日常管理应用通过监视闸站运行情况、主通道及河区水位变化情况，掌握沿线工程的调度执行情况和调度效果。为更充分发挥浙东引水工程效益，推进浙东灌区建设，并在这个业务应用中与数字孪生浙东区域水网融合建设数字孪生浙东灌区。

(a)运行监视界面

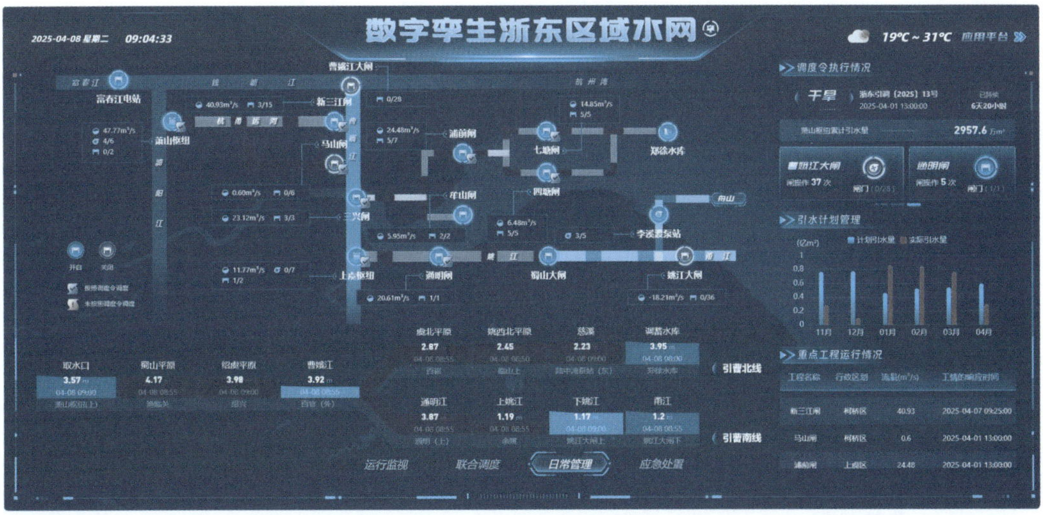

(b)日常管理界面

图 3-4　数字孪生浙东区域水网

2024 年 8 月 1 日，正值夏收夏种，余姚平原上河区水位低于低水位，灌溉取水困难，余姚启动抗旱应急响应。考虑最短时间满足该河区的用水需求，制订了“北线优先”方案，即萧山枢纽引水流量全部往引曹北线输送。通过预演该方案可以较快地解决旱情，余姚平原上河区水位较快恢复到中高水位，但舟山大陆引水预见期内会出现不能取水的情况。考虑适当保证南线供水的"南北均衡"方案，南北均衡的方案既能较快解决旱情，也可以保障舟山大陆引水的正常供水，综上推荐选择"南北均衡"的方案。

任务 3.4 数字孪生水利工程

3.4.1 走进数字孪生水利工程

码 3-4 文档：数字孪生水利工程建设技术导则（试行）等

3.4.1.1 数字孪生水利工程的定义

数字孪生水利工程是以物理水利工程为单元、时空数据为底座、数学模型为核心、水利知识为驱动，对物理水利工程全要素和水利治理管理活动全过程进行数字映射、智能模拟、前瞻预演，与物理水利工程同步仿真运行、虚实交互、迭代优化，实现对物理工程的实时监控、发现问题、优化调度的新型基础设施。

3.4.1.2 数字孪生水利工程的技术框架

数字孪生水利工程包括数字孪生平台和信息化基础设施，典型应用调用数字孪生水利工程提供的算据、算法、算力等资源，支撑水利工程安全智能分析预警、防洪兴利智能调度等业务。网络安全体系、保障体系支撑数字孪生水利工程、典型应用持续可靠发挥作用。图 3-5 为数字孪生水利工程技术框架。

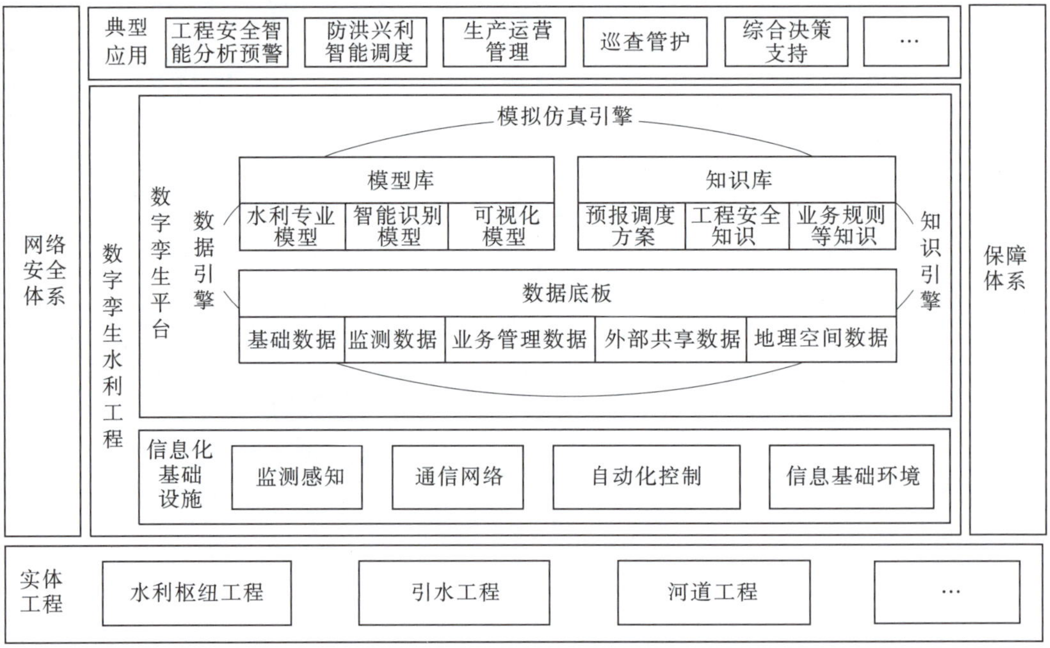

图 3-5 数字孪生水利工程技术框架

1. 实体工程

实体工程是数字孪生水利工程的基础，涵盖了水利枢纽工程、引水工程、河道工程等关键水利设施及其管理和保护范围。这些工程通过建筑信息模型(BIM❶)等技术手段，实现工程设计与施工的精确映射，确保工程的物理特性和空间位置在数字孪生平台中得到准确表达。实体工程的管理和保护范围采用高精度的地理信息数据，为数字孪生平台提供了坚实的物理基础。

2. 信息化基础设施

信息化基础设施是数字孪生水利工程的神经网络，包括监测感知设施、通信网络设施、自动化控制设施和信息基础环境。监测感知设施通过部署各类传感器，实时采集水利工程的关键数据。通信网络设施确保数据的高速、稳定传输。自动化控制设施实现水利工程的远程监控和自动化操作。信息基础环境则为数据的存储、处理和分析提供了必要的硬件和软件支持。

3. 数字孪生平台

数字孪生平台是水利工程智能化管理的核心，主要由数据底板、模型库、知识库和孪生引擎构成。数据底板整合了基础数据、监测数据、业务管理数据等，为模型库和知识库提供算据。模型库包含水利专业模型、智能识别模型、可视化模型等，模拟水利工程的各种专业场景和运行状态。知识库则集成了预报调度方案、工程安全知识、业务规则等知识，为决策提供知识支持。孪生引擎实现物理实体与虚拟空间的映射，通过仿真模拟水利工程的运行状态和行为。

4. 典型应用

典型应用是数字孪生水利工程价值实现的直接体现，包括工程安全智能分析预警、防洪兴利智能调度、生产运营管理、巡查管护、综合决策支持等。这些应用调用平台提供的算据、算法和算力资源，支撑起水利工程的智能化管理和优化调度。例如，工程安全智能分析预警应用通过分析监测数据，及时发现异常趋势并发出预警；防洪兴利智能调度应用则通过模拟仿真引擎，优化防洪和水资源调度方案。

此外，还要高度重视网络安全，包括网络安全组织管理、安全技术、安全运营、监督检查及数据安全等，其安全防护要满足国家和行业相关规范的要求。

3.4.1.3 数字孪生水利工程的主要特点

数字孪生水利工程深度整合了多种先进技术，依托建模精度高、实时数据驱动、多学科仿真、智能化决策、全周期管理、可视化呈现和自动化控制等技术特点，全方位、深层次地实现水利工程的全面、精准、高效管理，为水利工程的运行和管理带来了全新的理念与方法。

1. 建模精度高

数字孪生水利工程通过高精度建模过厚水利设施，针对大坝、水闸等水工建筑，细致

---

❶ BIM即建筑信息模型(building information modeling)，是一种数字化技术。它通过三维建模整合建筑全生命周期的信息，涵盖设计、施工、运维等阶段的几何数据、材料参数、工艺要求等。与传统二维图纸相比，具有许多优势，近年来在建筑、市政、水利等领域推广应用。

刻画其内部结构与材料特性，如大坝内部钢筋分布、混凝土强度等级。同时涵盖周边地形地貌，精确模拟河流走向、河床地形等。通过建立三维模型，使虚拟模型与实际工程高度一致，为后续的仿真分析提供基础。这种高精度建模能全面展示水利工程的结构与功能，提升工程设计与规划的科学性。

2. 实时数据驱动

通过在水利工程各关键位置部署大量传感器，实时采集水位、流量、水质等数据。这些数据通过稳定通信网络实时传输至数字孪生平台，平台依据数据动态更新模型状态。例如，当水库水位变化时，虚拟模型中的水位数值会同步更新，并通过三维场景动态呈现水位变化对周边区域的影响。实时数据驱动确保了数字模型与实际工程的同步，为水利工程的运行管理提供及时、准确的信息，助力实现高效的水利工程控制与决策。

3. 多学科仿真

集成水力学、结构力学、动力学、泥沙力学等多学科模型，实现多学科仿真应用。例如，在模拟大坝运行时，可综合考虑坝体受力与变形、渗流、地基变形等因素。多学科仿真全面模拟水利工程在不同工况下的运行情况，为工程的安全评估与优化提供有力支持。

4. 智能化决策

运用数据挖掘、机器学习等技术，对海量数据进行深度分析。例如，分析历史水文数据，预测水位变化趋势。根据分析结果制订决策方案，通过智能算法生成最优调度方案。智能化决策使水利工程管理更加科学、高效，提高水利工程的综合效益。

5. 全周期管理

在规划设计阶段，利用数字孪生技术对不同方案进行模拟评估，选择最优方案。施工过程中，实时监控施工进度与质量。在运行维护阶段，预测设备故障与潜在风险。通过全周期管理，保障水利工程从规划到运行的各个环节顺利进行，延长工程使用寿命。

6. 可视化呈现

通过三维可视化技术，将水利工程的结构与运行状态直观展示，如动态展示大坝内部结构、水流形态等，同时对模拟结果进行可视化处理。可视化呈现让工程人员能够直观地了解工程情况，辅助决策，提高工程管理的效率与准确性。

7. 自动化控制

基于数字孪生模型和实时数据实现远程操作，如远程控制水闸、泵站等设备。依据预设规则，自动调节工程运行参数，如当水库水位达到设定值时，自动控制泄洪设施。自动化控制提高了水利工程的运行效率，降低了人力成本，使水利工程运行更加智能、可靠。

3.4.1.4 数字孪生水利工程的重要支撑技术

1. “天空地水工”立体监测技术

“天空地水工”立体监测技术构建了一个全方位、多层次的水利工程监测体系，从不同范围、精度、频次对水利工程的各个要素进行动态、一体化监测，提升了水利对象全要素和治理管理全过程智能监测感知能力，为数字孪生水利工程的高保真建设运行提供有力算据保障。

(1)天基监测。利用光学遥感卫星、SAR 卫星、气象卫星及北斗等多方面卫星资源，对水利工程进行大尺度中低精度动态监测，获取全局性和前瞻性信息，为生态环境评估、水安全分析和资源调度提供关键支持。

(2)空基监测。以无人机、激光雷达、气象雷达、测雨雷达等为载体,对水利工程特定区域进行中尺度高精度动态监测,快速获取详细准确的局部信息。

(3)地基监测。通过在地面建设各类监测站点(如雨量站、地下水监测站、土壤墒情监测站、视频监测站等)和传感器网络,对水利工程关键参数进行小尺度精准实时监测,直接反映工程运行状态。

(4)水基监测。利用水位计、流速仪、水质监测仪、泥沙监测仪、无人船、多(单)波束测深仪等手段,对河湖水体的水位、流速流量、水质、泥沙含量、水下地形等要素进行精准自动化监测感知。

(5)工基监测。主要利用渗压计、分布式光纤、应变计、震动仪、测量机器人、水下机器人等手段,对水库大坝、堤防、水闸、隧洞等水利工程进行渗流渗压、位移形变、应力应变等实时精细监测感知。

2. 物联网感知技术

物联网感知技术是实现水利工程智能化监测的重要手段,通过在水利工程现场部署大量的传感器,构建起一个庞大而高效的信息采集网络,将水利工程的各种物理参数转化为数字信号,实时传输到数据中心进行分析和处理,包括雨水情测报系统、大坝安全监测系统、视频监控系统、水质监测系统等,北方地区可能还需要进行冰凌监测。

3. 智能模拟分析技术

智能模拟分析技术是数字孪生水利工程的核心技术之一,它通过建立各种数学模型和仿真算法,对水利工程的运行状态、水流运动、水资源调配、工程安全等方面进行模拟和分析,为水利工程的规划、设计、运行管理和决策提供科学依据。

(1)工程安全分析。基于有限元[1]分析等高精度计算方法,建立工程结构的力学模型,对大坝、水闸、堤防等工程设施在不同工况下(如正常运行、洪水冲击、地震作用等)的应力、应变、位移等力学响应进行模拟分析。通过设置合理的安全阈值,当监测数据或模拟结果超过阈值时,系统自动发出预警信号,提醒管理人员及时采取措施进行工程维护和加固,预防工程事故的发生,确保水利工程的安全稳定运行。

(2)溃坝分析。针对大坝可能发生的溃坝情况,运用溃坝模型模拟溃坝洪水的演进过程,分析溃坝洪水对下游地区的影响范围、淹没深度、流速分布等信息。溃坝分析结果对于制定下游地区的应急预案、评估溃坝风险、确定危险区域和人口疏散范围具有重要意义,能够有效降低溃坝灾害造成的损失。

(3)水资源优化调度模拟。以水资源系统为研究对象,综合考虑水资源的供需关系、水利工程的运行调度规则、生态环境需水要求等因素,建立水资源优化调度模型。通过模拟不同的水资源调配方案,寻求最优的调度策略,实现水资源的合理配置和高效利用,满足生活、生产、生态用水的需求,同时提高水利工程的综合效益。

---

[1] 有限元方法是针对连续介质(如大坝坝体、山体边坡等)内部的物理量(如变形、渗流、温度分布等)近似求解的一种数值方法。这个解虽然不是精确解,但由于大多数实际问题难以得到准确解,而有限元的计算结果基本能满足工程需要,因而成为行之有效且广泛应用的工程计算手段。

(4)水环境模拟预测。基于水质模型,结合水文水动力条件、污染源分布、水体自净能力等因素,对河流水体、湖泊水库等水环境的质量变化进行模拟和预测。模拟分析不同污染源排放情况下水体中污染物的浓度分布和迁移转化规律,评估水环境承载能力,为水污染防治和水资源保护提供决策支持,制定合理的水环境保护措施和污染治理方案。

(5)水利工程施工过程模拟。利用建筑信息模型技术和施工仿真技术,对水利工程的施工过程进行可视化模拟。通过模拟施工进度、资源配置、施工工艺、场地布置等方面,提前发现施工过程中可能出现的问题和风险,如施工进度延误、资源冲突、安全事故等,并进行优化调整,提高施工效率和质量,确保水利工程施工的顺利进行。

3.4.2 数字孪生水利工程的构建要点

3.4.2.1 规划与设计

(1)明确建设范围与目标。依据水利工程的实际管理和保护范围,结合上下游、干支流等流域特性,确定数字孪生工程的覆盖范围。以工程安全为核心目标,同时兼顾防洪、兴利、生态等多重功能需求,制定详细的建设目标,如实现工程设施实时监测覆盖率达到100%、洪水预报精度在特定误差范围内等,确保建设方向明确且符合实际需求。

(2)遵循建设原则。严格遵循"统筹集约、先进实用、安全可靠、迭代升级"的原则。在规划过程中充分整合现有水利信息化资源,避免重复建设,如利用已有的水文监测站点和数据采集设备,进行升级改造以满足数字孪生的数据需求;选用成熟且先进的新一代信息技术,如大数据分析、人工智能、物联网等,确保系统具备实用性和前瞻性;从网络安全、数据安全等多方面构建安全体系,保障系统稳定运行,并预留系统升级接口和扩展空间,以便后续根据技术发展和工程需求进行迭代优化。

(3)与相关规划衔接。深入研究水利部相关文件要求,确保与数字孪生水利工程建设文件精神契合。在数据标准、模型构建、平台架构等方面保持一致,实现与流域整体数字孪生体系的有机融合,形成从流域到工程的完整数字化链条,提升水利工程在流域水资源综合管理中的协同性和效能。

3.4.2.2 数据底板构建

1. 数据收集与整合

广泛汇聚多源数据,包括地理空间数据(如数字高程模型、正射影像图、倾斜摄影模型和水下地形等)、基础数据(工程设计参数、设备信息等)、监测数据(水文、工程安全、安防监控、设备运行状态等)、业务管理数据(工程调度记录、运维日志等)及外部共享数据(气象数据、地理信息数据等)。通过与水利部、流域管理机构及其他相关部门的数据对接,建立数据共享机制,确保数据的全面性和及时性,为数字孪生工程提供丰富的数据资源。

2. 数据处理

运用数据清洗、去噪、插值等技术手段,对收集到的数据进行预处理,去除无效和错误数据,填补缺失数据,提高数据的准确性和完整性。同时,通过数据融合技术,将不同格式、不同来源的数据进行整合,使其在统一的时空框架下呈现水利工程的全貌,为后续的模型构建和应用开发提供高质量的数据基础。

3. 构建高精度地理空间数据

利用卫星遥感、航空测绘、地面测量等多种技术手段，构建高精度、多时态的地理空间数据，精确反映水利工程及其周边环境的地形地貌特征。通过定期更新地理空间数据，及时掌握工程区域内的地形变化、土地利用变化等情况，为工程安全分析、洪水演进模拟、工程规划与建设等提供精准的地理信息支持，确保数字孪生模型空间的真实性和可靠性。

3.4.2.3 模型库建设

1. 水利专业模型开发

基于水循环规律和数理统计方法，开发一系列水利专业模型，包括工程安全模型（如变形分析、渗流分析、稳定分析等模型）和防洪兴利模型（如来水预报、洪水演进分析等模型）。通过对水利工程物理过程的深入研究和数学抽象，确定模型的参数和边界条件，并利用实际工程数据进行参数率定和模型验证，确保模型能够准确模拟水利工程在不同工况下的运行状态，为工程安全评估、调度决策提供科学依据。

2. 智能识别模型应用

引入机器学习技术，构建智能识别模型，实现对水流异常、设备运行异常等情况的自动识别和预警。通过对大量历史图像数据、设备运行数据的学习训练，使模型具备识别异常特征的能力，提高水利工程监管的效率和准确性，及时发现潜在的安全隐患和违规行为，为工程的维护管理提供有力支持。

3. 可视化模型搭建

依托数据底板和其他模型，搭建可视化模型，实现水利工程场景的三维可视化展示。通过虚拟现实（VR）、增强现实（AR）等技术手段，将水利工程的结构、设备、水流等信息以直观、生动的方式呈现给用户，满足模拟仿真和综合展示需求。同时，可视化模型应具备交互功能，用户可以通过鼠标、手势等方式对模型进行操作，查看不同部位的详细信息，进行虚拟巡检等，提升用户对水利工程的认知和管理能力。

3.4.2.4 知识库完善

1. 预报调度方案库更新

收集整理各类防汛预案、调度方案，并将其纳入预报调度方案库。结合实际工程运行经验和最新的工程参数、水文气象数据，定期对方案中的关键参数进行更新和优化，如洪水预警阈值、水库泄洪流量曲线等。通过对历史洪水事件和调度过程的复盘分析，不断完善方案库，确保在面对不同洪水情况和水资源需求时，能够快速提供科学合理的调度方案，提高水利工程的防洪兴利能力。

2. 工程安全知识库集成

将水利工程的风险隐患、事故案例、安全评估报告等知识进行集成，构建工程安全知识库。对各类安全事件进行分类整理，分析其发生原因、发展过程和处理措施，提取其中的关键知识和经验教训，为工程安全分析和风险预警提供参考依据。同时，将安全知识库与智能分析预警系统相结合，实现基于知识的风险自动识别和评估，提升工程安全管理的智能化水平。

3. 业务规则库制定

明确水利工程调度、设备运行、巡查管护等业务的规则和流程，制定详细的业务规则库。例如,规定水库在不同水位、不同来水情况下的调度规则,设备的操作规程和维护周期,巡查路线和检查内容等。通过将业务规则数字化和标准化,确保水利工程管理的规范化,提高管理效率和质量,减少人为因素导致的错误和风险。

3.4.2.5 孪生引擎搭建

1. 开发数据引擎

开发数据引擎,实现对多源异构数据的高效采集、存储、管理和分发。数据引擎应具备强大的数据接入能力,支持多种数据格式(如结构化数据、非结构化数据、实时数据、历史数据等)的接入和转换,能够对海量数据进行快速存储和检索。同时,通过数据缓存、数据索引等技术手段,提高数据的读取和处理速度,满足数字孪生水利工程对大容量、低时延数据处理的需求,为其他引擎和应用提供稳定可靠的数据支持。

2. 构建知识引擎

基于知识库构建知识引擎,实现知识的推理、应用和更新。知识引擎应具备知识表示、知识推理、知识检索等功能,能够根据工程实际情况和用户需求,从知识库中提取相关知识,并进行推理和应用,为工程决策提供智能支持。例如,在工程安全预警中,知识引擎可以根据监测数据和工程安全知识库,自动判断工程是否存在安全风险,并提供相应的处理建议。同时,知识引擎应具备学习能力,能够根据新的知识和经验不断更新和完善知识库,提高知识的准确性和时效性。

3. 打造模拟仿真引擎

打造模拟仿真引擎,集成水利专业模型、智能识别模型和可视化模型,实现对水利工程的全生命周期模拟仿真。模拟仿真引擎应具备高性能计算能力,能够快速求解复杂的数学模型,支持大规模数据的并行计算和分布式计算。通过模拟仿真引擎,可以对水利工程在不同工况下的运行状态进行实时预测和评估,如洪水演进过程、水资源调配效果、工程结构响应等,为工程规划、建设、运行管理提供可视化、定量化的决策依据,实现物理工程与数字孪生体的同步交互和迭代优化。

3.4.2.6 信息化基础设施建设

在要求上与数字孪生流域、数字孪生水网等基本相似,包括监测感知体系的完善、通信网络建设与优化、自动化控制系统升级、信息基础环境建设等。

3.4.3 典型应用开发

3.4.3.1 工程安全智能分析预警应用

基于数字孪生平台,开发工程安全智能分析预警应用,实现对工程安全隐患的实时监测、分析和预警。通过集成多源信息(如监测数据、工程结构模型、安全知识库等),利用数据分析和智能算法,对工程的安全性态进行预测和评估,如实时分析大坝的变形趋势、渗流状态等,判断是否存在安全风险。一旦发现潜在风险,系统应立即发出预警信息,并结合专家经验和知识库,提供风险处置预案和建议,为工程安全提供全方位的保障,实现从被动应对到主动预防的转变。

3.4.3.2 防洪兴利智能调度应用

在现有调度系统的基础上,完善数据和模型计算功能,开发防洪兴利智能调度应用,突出“四预”(预报、预警、预演、预案)环节。通过整合气象、水文、水利工程等多源数据,实现洪水的精准预报和预警通报;利用数字孪生模型进行洪水演进模拟预演,评估不同调度方案下的洪水影响范围和工程防洪效果;结合预报调度方案库和实际情况,优化调度方案,如合理安排水库的蓄泄水量、确定泄洪时机和流量等,实现水利工程在防洪、发电、供水等多目标之间的科学调度,提高水资源利用效率和工程综合效益。

3.4.3.3 生产运营管理应用

依托已有系统,打造生产运营管理应用,加强水利工程生产运营各业务环节的互联互通和数据共享。实现对工程建设、设备维护、物资管理、人员调度等业务的数字化管理,如通过信息化手段实时掌握工程建设进度、设备运行状态、物资库存情况等,优化生产计划和资源配置,提高生产管理效率。同时,利用数据分析和挖掘技术,对生产运营数据进行分析,发现潜在问题和优化空间,为管理层提供决策支持,推动水利工程生产运营的数字化、智能化转型,提升工程整体运营水平和效益。

3.4.3.4 巡查管护应用

基于已有巡查管护系统,拓展功能模块,开发巡查管护应用,加强对水利工程设施和周边环境的监管力度。利用信息化手段,如移动终端、卫星定位、图像识别等技术,实现巡查任务的智能化分配、巡查路线的优化规划、巡查结果的实时上传和分析处理。通过对巡查数据的整合和分析,及时发现工程设施的损坏、违规占用、非法采砂等问题,并快速进行处理,确保水利工程设施的安全和水事秩序的稳定,提高巡查管护工作的效率和质量。

3.4.3.5 综合决策支持应用

整合已有系统功能,开发综合决策支持应用,为水利工程的综合决策提供数据支持和分析工具。通过对工程安全、兴利除害、生产运营等多方面信息的统筹整合,利用数据可视化、报表生成、数据分析模型等技术手段,实现信息的全景可视化展示和专题调用,如以图表形式直观展示水库水位变化趋势、工程设施运行状态、水资源利用效益等。同时,提供数据分析功能,如趋势分析、对比分析、关联分析等,帮助决策者快速了解工程整体情况,发现问题和机遇,为制定科学合理的决策提供有力支持,提升水利工程管理的决策水平和科学性。

另外,在数字孪生水利工程的构建过程中,要高度重视网络的安全问题。

典型案例:数字孪生汤浦水库

汤浦水库位于浙江省绍兴市汤浦镇,距绍兴市区约 44 km,距上虞百官镇 19.5 km,是一座以供水为主,兼有防洪、灌溉和改善水环境功能的综合性水利工程。工程于 1997 年 12 月正式开工,2000 年 4 月下闸封孔蓄水。2001 年 1 月正式向绍兴市区、上虞区供水。

2023 年,汤浦水库根据水利部、水利厅统一部署,开展数字孪生汤浦水库建设,通过构建数据底板、孪生平台、孪生场景,赋能水利工程运行管理,实现了“智慧调水润泽万家、科学决策守护安澜、实时研判保障安全”多项业务的提质增效,在库区全面管理、高新技术应用与数字赋能等方面形成了具有特色的可复制、可推广的经验做法及数字化应用成果。

数字孪生汤浦水库数据底板汇聚了 15 项基础数据、22 项业务数据、14 项监测数据、4 项共享数据,构建了“天空地水工”五维感知网络与“气象-水文-工程”三道防线的多源数据体系，为数字孪生汤浦水库提供统一时空基准的数字化底座，支撑供水管理、安全监测预警和“四预”等功能实现。孪生平台针对实际业务需求，开发了运维协同管理、安全监测、供水管理、洪水预报调度等四大业务应用。运维协同管理包括水库日常巡查、生态巡查、维修养护、人员管理、仓库管理等功能；安全监测包括测点管理、数据分析、三维有限元工程安全“预演”、安全预警等功能；供水管理包括可供水量预报、供水调度跳转等功能；洪水预报调度包括预报、预警、预演、预案等功能。

孪生场景基于“GIS+BIM”技术构建虚实映射管理平台，集成雨量、水位、水质、闸门开度、供水量等十大类实时数据，形成涵盖流域到工程尺度的一体化融合场景，实现 460 km^2 集雨区要素动态更新，有效支撑运维协同管理、安全监测、供水管理、洪水预报调度等一系列功能数据展示预演。

数字孪生汤浦水库自 2023 年正式投用以来，全面革新了水利工程管理模式，实现工程检查、环保检查、安全检查等任务的全流程数字化管理。平台通过智能派发系统累计完成自动派发、智能化指导、线上审批及自动归档作业 2 000 余次，其中依托移动终端与大疆 M30T 无人机协同作业，年均巡查里程从 12 万 km 压缩至 8 万 km，巡查效率显著提升；同时，问题处置响应速度实现质的飞跃，问题发现至闭环时间由 72 h 缩短至 12 h 以内。无人机系统作为核心技术支撑，每日自主完成起降并执行环保巡查、违规垦殖监测等任务，2024 年全年飞行时长超过 300 h，累计巡检里程达 6 508 km，有效解决了传统人工巡查的盲区与效率瓶颈。在 2025 年 6 月的实战防汛中，平台更展现出精准决策能力：通过实时分析水库及下游洪水演化过程，对洪峰流量的预测误差仅 7%，峰现时差精确至 0 h，最高水位预测误差控制在 6 cm 以内，综合削峰率接近 100%，为科学调度提供了关键技术支撑，充分验证了平台在防洪减灾中的战略价值。

数字孪生汤浦水库日常巡查管理和防汛管理界面分别见图 3-6、图 3-7。

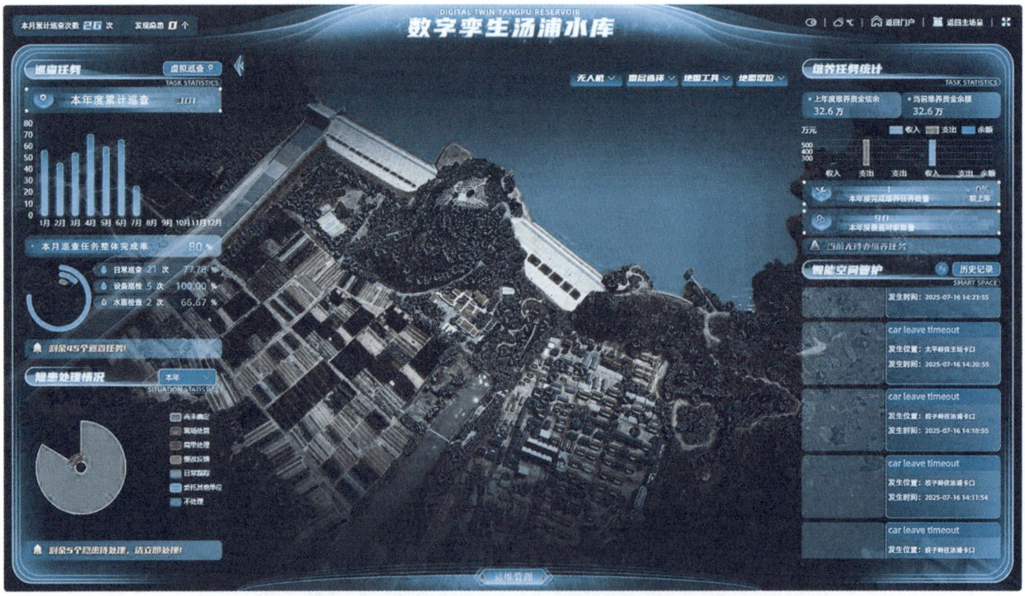

图 3-6　数字孪生汤浦水库日常巡查管理界面

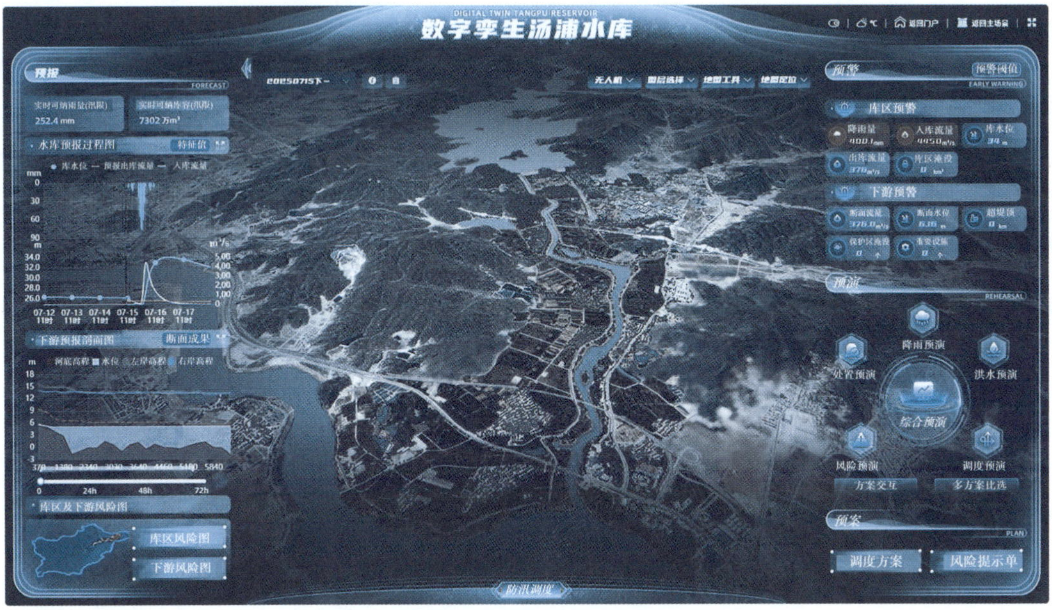

图 3-7　数字孪生汤浦水库防汛管理界面

复习思考题

1. 简述数字孪生的核心特征。
2. 什么是数字孪生水利?
3. 数字孪生水利的关键技术有哪些?
4. 简述数字孪生流域的技术框架。
5. 简述数字孪生流域的平台架构设计。
6. 简述数字孪生水网的技术框架。
7. 数字孪生水网的典型应用开发有哪些?
8. 简述数字孪生水利工程的技术框架。
9. 数字孪生水利工程的重要支撑技术有哪些?

项目4　水利行业数字化应用

【学习目标】

1. 掌握水利数字化应用建设的基本方法。
2. 掌握水资源智慧管理和水旱灾害智慧防御的内容。
3. 熟悉智慧河湖管理和工程管理的内容。

【技能目标】

1. 能够用智慧水利的理念指导行业管理工作。
2. 能提出水利数字化应用建设的基本思路。

码4-1　水利行业数字化应用知识图谱

水利部《关于大力推进智慧水利建设的指导意见》中提出，智慧水利建设的重点任务是构建数字孪生流域、建设“2+*N*”水利智能业务应用体系和完善水利网络安全体系。“2”是指在建成数字孪生流域的基础上建设流域防洪应用和水资源管理与调配应用；“*N*”是指建设*N*项业务应用，主要包括：水利工程建设和运行管理，河湖长制及河湖管理，水土保持，农村水利水电，节水管理与服务，南水北调工程运行与监管，水行政执法，水利监督，水文管理，水利行政，水利公共服务等。本项目介绍几种主要的数字化应用。

任务4.1　数字化应用开发方法

4.1.1　“V”模型概念

“V”模型是一种经典的软件开发模型，是传统瀑布模型的扩展和改进，它以系统化的方式将开发过程与测试活动紧密结合，强调验证和确认的对应关系，形成类似“V”字形的结构。它将软件开发过程分为用户需求、需求分析、总体设计、详细设计、编码和实现、单元测试、集成测试、系统测试、验收测试等阶段，并将这些阶段以“V”字形排列，左边是分析与设计阶段，右边是集成与测试阶段，最底层是编码和实现。

在浙江省数字化改革的过程中，结合政府部门数字化建设需求，根据浙江数字化改革的实际对“V”模型做了改进，提出了政务数字化应用“V”模型，更加聚焦数字化应用的需求分析和集成验证，提升了政务应用开发效率，有效实现了数字化改革系统重塑的目标。

政务数字化应用"V"模型,将政务应用开发建设分为系统分析与设计、子系统分析与设计、部组件分析与设计、最底层单元分析与设计、最底层单元调试与验证、部组件集成与调试验证、子系统集成与调试验证、系统集成与调试验证等阶段,见图 4-1。

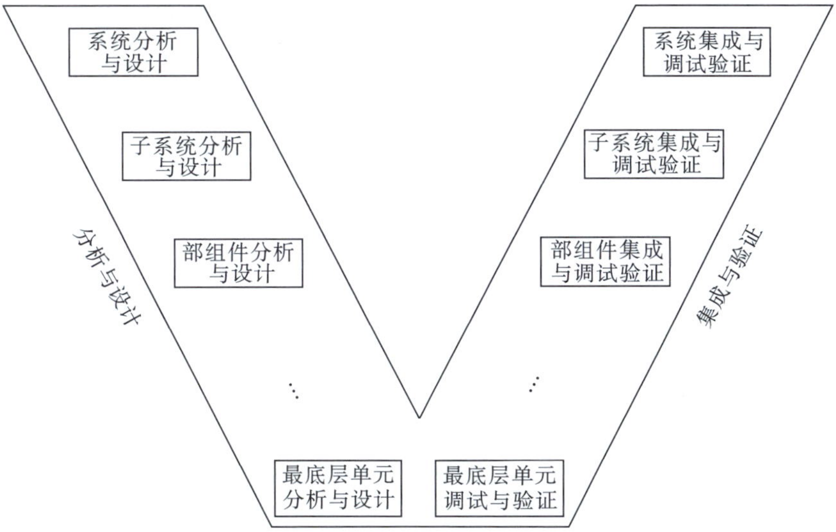

图 4-1 政务数字化应用"V"模型

4.1.2 "V"模型关键点

浙江省数字化改革实践中,创新地提出政务数字化应用"V"模型方法,将其作为实现数字化改革系统重塑的重要手段和工具,该方法核心思想的 5 个关键点如下:

(1)自上而下分析过程,即进行多跨协同系统的方案制订。通过逐级分析,寻找影响系统的关键子系统、关键部组件、关键单元和关键变量,从而合理地确定多跨协同系统的改进目标及各层级的主要指标,形成多跨协同系统目标体系、执行体系,并经过专班分析研讨反复迭代确定方案。

(2)自下而上集成过程,即对经过重构以后的新的系统进行集成,并开展新系统的运行实施。从最底层的实施、每个层级的实施直至多跨系统整体的实施,对方案确定的各层级指标、协同关系进行实践检验、指标确认,最终对多跨协同系统的目标进行验证、确认。

(3)以数据流为主线,整合系统的不同层次、不同单元,使其成为一个有机整体,建立定量化的系统各组成部分的协同关系。

(4)集智攻关。在"V"模型迭代过程中,要组建由各相关领域领导、专家组成的专班,进行系统分析推演,运用各类专家的知识、经验寻找解决具体问题的思路方法,层层放大细节,不断实现方案的细化、量化和实践流程的优化完善。

(5)持续迭代升级。运用"V"模型方法是一个反复迭代的过程,在这个过程中需要对关键单元、关键部组件、关键子系统的方案反复推敲,不断完善细化、量化方案,迭代优化,直至实现系统目标。

任务 4.2 水利数字化应用建设

传统水利信息化建设存在信息孤岛、系统治水能力不足、服务能力不足等问题,难以满足新时期水利高质量发展的需求。水利数字化应用建设的基本方法,就是运用综合集成思想,采用系统分析和集成“V”模型方法,通过水利核心业务梳理分析,建立水利业务协同模型和数据共享模型,建立多跨协同的水利数字化应用体系架构,对系统的各个组成部分进行结构重建、流程再造、系统重塑,打破部门壁垒,有效整合资源,破解信息孤岛问题,提升整体效能,最终实现多跨协同、系统治水的目标。

4.2.1 水利业务需求分析

业务需求分析是开展数字化应用建设的第一步,也是数字化应用建设能否成功的关键一步。业务需求分析的核心目标是准确识别、定义和验证用户及业务方的真实需求,并将其转化为可落地的系统功能或解决方案。业务需求分析要确保其成果能够精准匹配实际业务痛点的关键环节,这就需要系统性地梳理目标、场景、用户角色和技术约束。

业务需求分析的本质是在用户诉求与技术可行性之间找到最优解,需通过系统化方法将模糊的业务目标转化为可执行的技术语言。水利数字化应用业务需求分析的一般方法就是运用“V”模型,按照业务履职全覆盖、颗粒度最小化、跨部门业务协同的要求,以模块—单元—事项—指标为路径,从核心业务(任务)基点出发,将水利业务(任务)逐层拆解到最底层的任务,形成任务事项清单,建立事项从启动到完成的业务流程闭环,将需求转化为具体场景,通过数字赋能变革传统业务体制机制,建立起需求清单、场景清单、改革清单的三张清单,据此形成水利数字化应用的建设方案。图 4-2 为水利业务需求分析的一般方法。

构建水利数据共享和业务协同模型,形成量化闭环的多跨协同系统建设方案,实现多跨协同系统建设目标。在具体实现上,需求分析的牵头部门可以按照“高内聚、低耦合”的原则进行业务模块划分,再根据“相同职责划到同一单元”的原则将业务模块拆分成若干个业务单元,将业务单元按需要细分为最末端的业务事项。一个水利的业务部门一般包含不同条线的职责,每一条线就可对应于数字化后的一个业务模块。同一条线一般也包含多项职责,每项职责可对应数字化后的一个业务单元。同一项职责履行一般由多个办事环节构成,每个环节可对应数字化后的一个业务事项。要完成事项办理,需要相关数据支撑,办理结果则可用业务指标来衡量。通过数字化手段,将原本模糊的业务需求转化为计算机可以识别处理的指标和流程,而后再将这些指标和流程还原为具体的业务场景,从而实现用计算机来解决业务问题。

4.2.2 水利业务协同模型

业务协同模型是指针对选定的多跨协同系统,通过运用“V”模型,对实现多跨协同系统目标各领域、各层级、各部门的核心业务流程进行分析梳理,形成系统级核心业务细化、量化的多跨协同方案。业务协同模型通过流程再造和系统集成, 可以有效实现业务从条块分割向多跨协同的转变。水利业务协同模型是以水利行业治理需求为导向, 通过流程

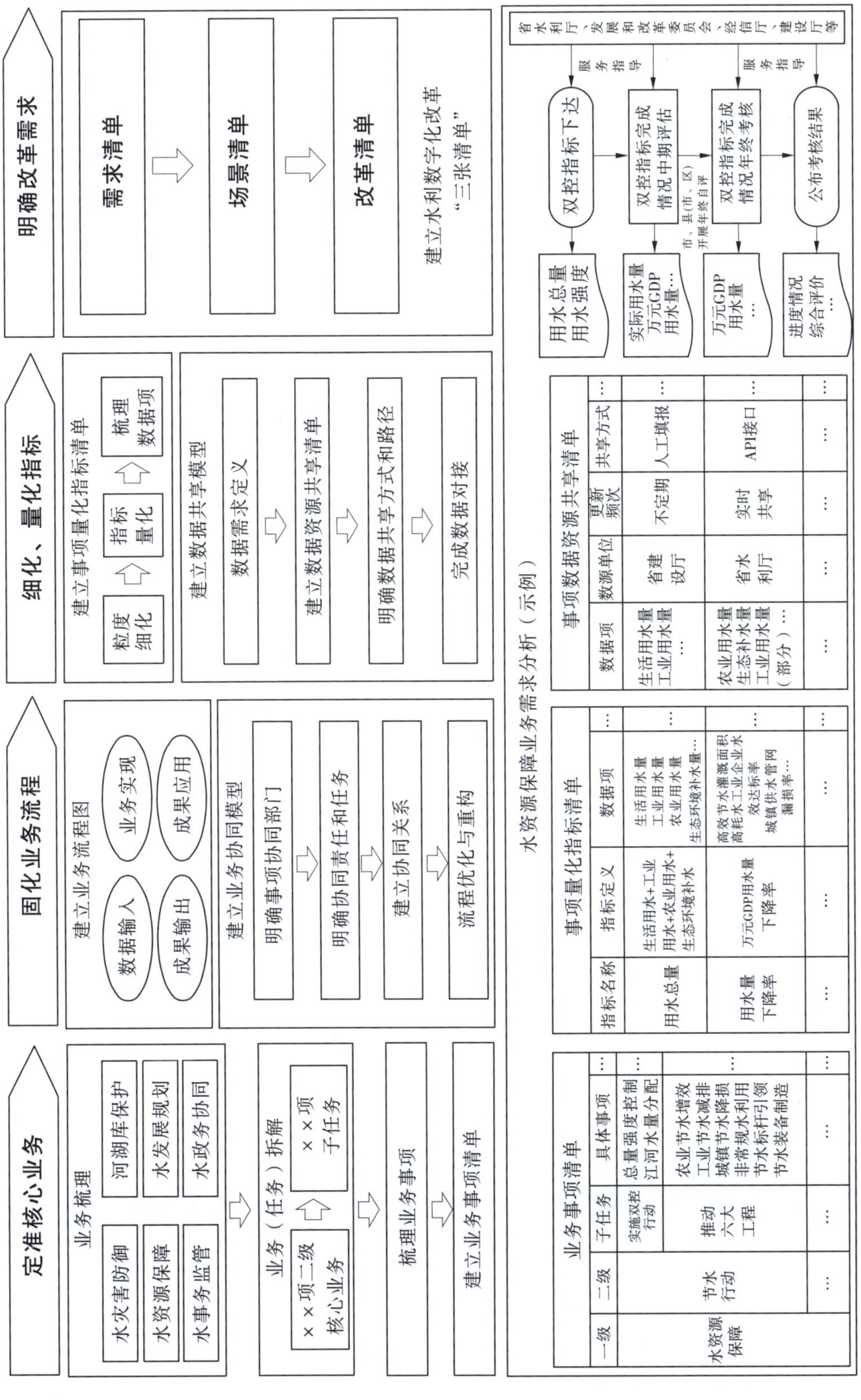

图 4-2 水利业务需求分析的一般方法

再造、组织重构和数字赋能，实现跨部门、跨层级、跨区域水利业务高效联动与资源整合的体系化框架。

水利业务协同模型建立水利业务的多跨协同流程，明确支撑水利多跨任务实现及业务协同流程的数据指标，同时根据要实现的水利业务改革和多跨协同系统目标对业务流程进行优化与重构，形成协同任务事项清单、指标清单和流程关系。以下为其具体实现路径：

（1）建立多跨业务流程。分析跨部门业务场景，对跨部门流程进行可视化建模，通过实地调研与用户访谈梳理业务协同痛点，在业务流程图上标注跨部门交互节点与数据断点，并建立协同关系。

（2）细化、量化业务协同相关数据指标。梳理与协同任务相关的共享数据，并进行细化、量化，构建完整的事项量化指标清单，以确保协同过程中的数据可视化、透明化与可追踪性。

（3）流程再造和重构。围绕多跨协同系统目标，在充分参照原有业务流程的基础上，对核心业务进行优化与重构，实现核心业务事项从启动到完成各环节的全流程协同闭环，推进水利业务机制体制的改革创新。

4.2.3 水利数据共享模型

数据共享模型是在确定的业务协同模型中，将支撑业务协同的数据按一定的逻辑规则组织起来的数据集。水利数据共享模型是以水利行业需求为导向，通过统一的数据标准、技术架构和管理机制，整合分散的水利数据资源建立水利数据资源集。水利数据共享模型可以分为广义水利数据共享模型和狭义水利数据共享模型。广义水利数据共享模型主要是解决业务部门间数据共享的问题，狭义水利数据共享模型是解决业务应用本身数据共享的问题。

4.2.3.1 广义水利数据共享模型

广义水利数据共享模型建设的思路是按照“一中心、多节点”架构构建水利公共数据仓，建立安全、高效、开放的数据流通机制，将那些使用频率高、需要多部门调研的数据由数源部门的业务系统数据库同步归集至水利数据仓来消除数据壁垒，实现公共数据全归集、全打通、全共享，支撑水利业务决策科学化和社会服务精准化，前提是完成数据归集，关键是明确共享流程。

（1）数据归集。采用“V”模型，开展数据归集，分下行、上行 2 个阶段和中间 1 个环节，其中下行是数据特征的梳理分析过程，上行是数据结果的有效验证过程，中间是数据归集操作，如图 4-3 所示。

（2）明确共享流程。数据归集到水利数据仓后，需建立合理的共享流程实现数据共享。数据需求部门对所需共享数据按规范进行定义，并依此在浙江省水利数据共享交换平台进行需求检索。若数据已归集，则可在形成数据共享任务清单后发起共享服务申请，通过数据共享接口或批量库表数据完成共享；若数据未归集，需求单位通过平台进行需求提交，省级信息化部门对提交需求描述格式规范性进行审核，审核通过后向数源部门下达数据责任清单；数源部门对数据项及相关要素进行确认，并关联该资源对应的数据目录，形成数据提供责任表，并依此进行数据归集。

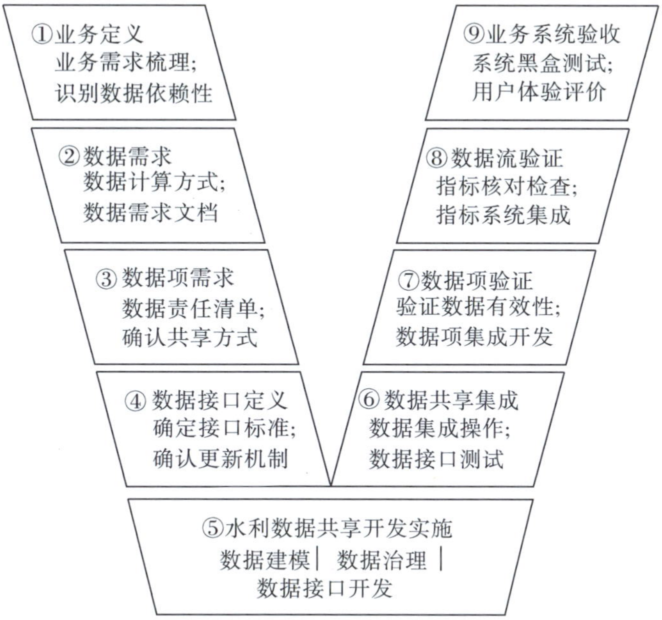

图 4-3　数据归集共享“V”模型

4.2.3.2　狭义水利数据共享模型

狭义水利数据共享模型建设的思路，是从底层任务数据集成到整体业务数据集成，首先定义数据需求，形成数据共享清单，然后明确数据共享路径和方式，最后完成数据对接，实现业务指标协同。

(1)数据需求定义。数据需求是指在项目开发、系统设计或数据分析过程中，明确需要哪些数据以及如何管理和使用这些数据的过程。在建立数据共享模型的过程中，要清晰定义数据的类型、来源、格式和标准、质量和安全要求等内容，以确保共享数据能够有效支撑业务目标、技术实现或决策需求。

(2)数据共享清单。主要分为两个方面，一是明确该项水利业务实现过程中需要共享外部门数据的详细清单。需要对水利业务流程进行全面梳理，精确识别哪些数据对业务开展至关重要且需要从外部门获取。针对每一项需要共享的数据，要逐项明确提供数据的系统与责任部门。例如，如果涉及水文气象数据，要明确是由气象部门的哪个系统提供数据服务，以及该系统对应的责任部门或人员，以确保数据获取的准确性和及时性。二是梳理事项功能建成后可对外提供共享的数据清单。在水利业务系统建设过程中，不仅要考虑自身对外部数据的需求，还应评估系统所产生的数据哪些具有对外共享的价值。通过对这些可共享数据进行详细列举和分类，明确数据的内容、格式、更新频率等信息，为后续与其他部门的数据交互和共享做好准备，促进水利数据的流通和综合利用。

(3)明确数据共享路径和方式。要明确数据共享的方式与对接接口，对业务单元、业务模块的数据进行定义和归集。在数据共享方式方面，要根据数据的特点、安全要求及实际业务需求，选择合适的共享模式，如文件共享、数据库共享、接口调用等。对于重要且实时性要求高的数据，可采用接口调用的方式，实现数据的动态实时共享；对于一些非敏感且更新频率较低的数据,可采用文件共享的方式进行批量数据交换。对接接口的定义要遵循统一的标准和规范,确保不同系统之间能够顺利进行数据交互。此外,要对水利业务单元和业务模块的数据进行综合分析和整理,明确各个数据对象的含义、关联关系和业务规则,将分散在不同系统和模块中的数据进行归集和整合,形成有机的数据整体,为数据的共享和协同应用奠定坚实基础。

(4)完成数据对接。在明确数据共享路径和方式后,要按照既定的接口标准和数据格式要求,进行数据对接的实施工作,包括数据连接测试、质量验证、数据实时监控、共享评估分析等。要根据业务需求和实际应用情况,不断优化数据对接流程和方式,持续提升数据共享的效率和质量,最终实现水利业务指标的协同。

4.2.4 水利业务协同支撑

浙里"九龙联动治水"平台是浙江省依托数字化改革推出的一项智慧治水创新举措,通过构建统一门户、统一用户、统一数据、统一地图、统一安全的"五统一",解决水利数据共享和业务协同等难题。

(1)统一门户。构建了省、市、县三级联动的应用集成框架体系,建立了省、市、县三级水利统一工作门户,基本实现全省水利行业部门业务协同、数据共享、在线互联的目标。

(2)统一用户。构建全省水利行业统一用户体系,实现用户分类分级管理,有效避免统一门户框架下用户重复登录,以及各应用模块身份验证功能的重复开发。基于"浙政钉",实现省、市、县三级水利行业组织管理和用户管理,建立省、市、县三级统一用户体系,为实现省、市、县三级应用系统联动和业务协同奠定基础。

(3)统一数据。构建了省、市、县三级物理分散、逻辑统一的水利数据仓,实现水利数据资源统一存储和利用,奠定数据共享和分析应用基础,实现水利数据"一数一源、按职维护,一处更改、全网同步"。同时,基于分布式任务调度技术、流式处理技术的省、市、县三级数据回流体系和多源异构数据集成等技术,基本实现水利数据编目、归集、清洗、入仓、整编、共享、评价、运营全生命周期在线管理,提升水利数据共享和治理能力。

(4)统一地图。构建浙江省水利行业一张图,突出水系要素,解决地图标准各异、空间基准不一的问题。利用多源异构地图数据融合与高并发服务访问技术,实现水利空间数据的统一存储和管理。应用分布式计算技术和 GIS 的空间计算分析能力,实现水利空间数据的高效分析和应用。建设空间数据服务中心,打通空间数据归集、更新、服务各环节,实现省、市、县三级水利空间数据和服务的共建共享,为全省提供统一地图和空间数据服务。

(5)统一安全。依托政务云的安全防护体系,按照国家安全可替代和三级等保(信息系统安全等级保护三级)要求,编制《浙水安澜统一安全建设指南》《数据安全管理办法》等安全制度规范,明确水利行业系统、数据、应用、网络等安全要求,全面采用国产软硬件进行系统开发和部署,利用国密技术开展系统的网络传输和数据加密,构建起浙里"九龙联动治水"统一安全体系,全面提升平台安全能力。

任务 4.3 浙里"九龙联动治水"平台开发及应用案例

浙里"九龙联动治水"平台旨在通过多部门协同、数据共享和智能技术应用,提升水治理体系和治理能力现代化水平，是浙江“数字化改革”在水治理领域的典型应用。

4.3.1 平台开发理念

（1）整体智治与系统集成。浙里“九龙联动治水”平台以整体智治理念为统领，遵照浙江省数字化改革总体思路和设计，以“三融五跨”（三融指技术、业务、数据 3 种融合，“五跨”指跨层级、地域、系统、部门、业务）为建设路径，全省一盘棋，上下联动，协同共建，打造全省统一的水利行业工作平台。通过“党建统领、业务为本、数字变革”的顶层设计，构建“综合集成、多跨协同、整体智治”的治理框架。平台横向协同自然资源、生态环境等 20 余个部门，纵向贯通省、市、县三级体系，实现治水从点到面的整体跃升。

（2）集约化与标准化建设。浙里“九龙联动治水”平台通过构建统一门户、统一用户、统一数据、统一地图、统一安全的“五统一”，解决水利数据共享和业务协同等难题。依托政府公共数据平台集约化建设，整合现有水利信息化资源，通过数据共享交换平台和应用支撑平台，实现资源最大化利用。

（3）需求导向与实用管用。浙里“九龙联动治水”平台是支撑水行政主管部门人员办公的工作平台，也是支撑水利行业相关人员和社会公众办事的服务平台。平台将人民群众和社会最关心、水利工作最需要的领域作为重点，以群众和行业需求为出发点，融合云计算、物联网、大数据等技术，优化业务流程，确保高效便捷、实战实效。

（4）安全可靠与闭环管理。信息安全与平台建设同步推进，通过多层次防护体系和全流程协同机制，构建了立体化、智能化的管理模式，建立物理安全、网络安全、数据安全等多维防护体系。依托省级政务云平台实现基础设施集约化防护，通过访问控制、加密传输等技术保障核心业务数据安全，通过问题处置“一键智达”、任务闭环流转等机制，强化全流程监管。

（5）数据驱动与智能感知。连接全省水雨情、生态流量监测站点 7 000 多个，强化水利感知能力；采用视频监控、雷达水位观测、无人机巡检等设备，覆盖河道、水库、管网等场景，构建“水空一体化”监测体系，实现水位毫米级精度监测与隐患智能识别，实现河湖状况、履职管理等“一屏掌控”，见图 4-4。

4.3.2 平台应用框架

基于“大脑+应用”基本框架，浙里“九龙联动治水”平台以“浙里办”和“浙政钉”为入口打造服务端、治理端，打造“1+6+*N*”的浙江水利数字化改革总体架构，即建设 1 个水利大脑，围绕水资源保障、河湖库保护、水灾害防御、水发展规划、水事务监管、水政务协同等 6 大涉水业务，构建浙水安全、浙水好喝、浙水节约、浙水美丽、浙水畅通、浙水清廉等 6 大场景及 *N* 个不断生长的子场景，运用整体智治、量化闭环的理念、思路、方法、手段，重塑治水制度体系，再造治水闭环流程，重构治水管理关系，开创系统治水新模式。

平台开发过程中遵循浙江省政府数字化改革“四横四纵”（“四纵”指业务应用、应用支撑、数据资源、基础设施 4 个体系，“四横”指政策制度、标准规范、组织保障、网络安全 4 个体系）技术框架构建，如图 4-5 所示。通过建设水利业务模型库、算法库、知识库，集成

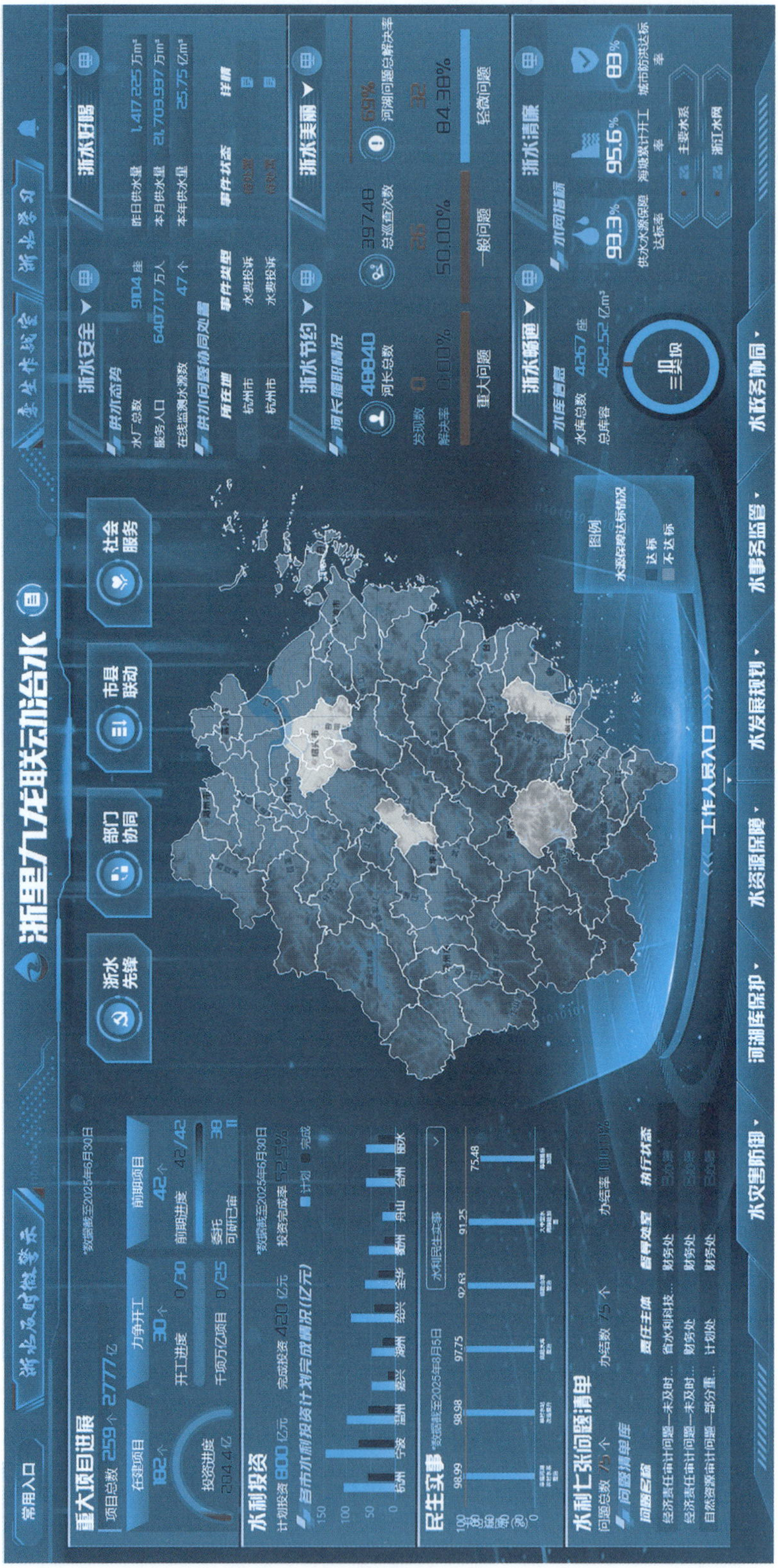

图 4-4 浙里"九龙联动治水"驾驶舱界面

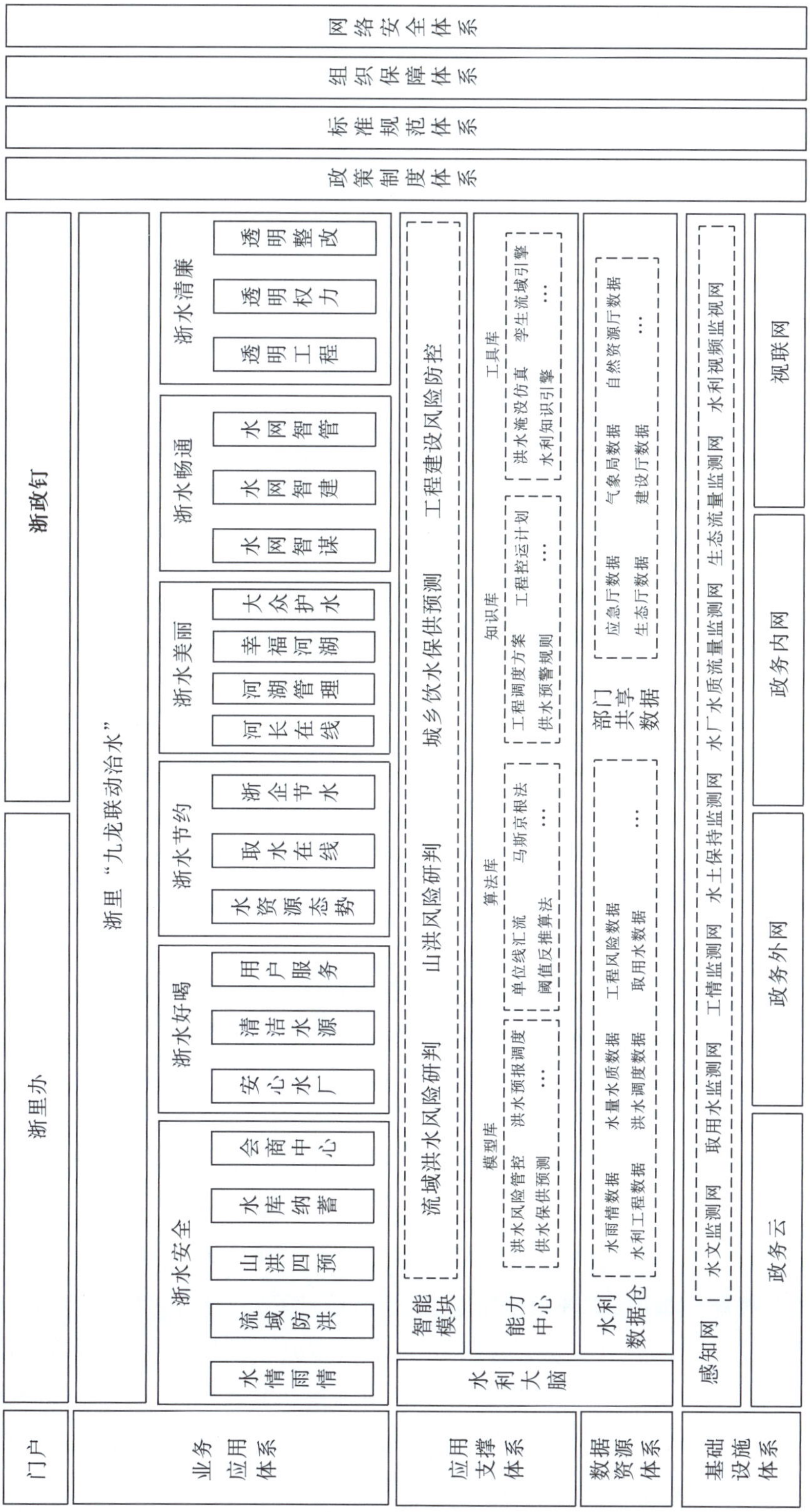

图 4-5 浙里"九龙联动治水"应用框架

汇聚一批通用的应用组件、接口和服务,形成应用支撑体系。通过建设水利数据仓,打造数据中台,构建数据资源体系。

4.3.3 一个"水利大脑"

"水利大脑"是以水利感知体系为支撑,运用人工智能、大数据、云计算等新技术,综合集成算力、数据、算法、模型、智能模块等智能化要素,具备水利业务控制运行和决策分析等能力,支撑各大水利业务应用,为实现水治理体系和治理能力现代化提供决策支持的人工智能系统,是数字孪生水利建设的基础,是实现预报、预警、预演、预案等数字孪生能力的关键。

"水利大脑"包含五大要素:算力、数据、算法、模型、智能模块,这五大要素相互依存、相互作用,共同构成了一个有机的整体。算力为系统提供了强大的计算基础,数据是系统运行的核心驱动力,算法为数据处理和模型构建提供了方法支持,模型将实际业务问题转化为可计算的数学问题,智能模块则将各要素的能力进行集成和输出,实现水利业务的智能化处理和决策支持。"水利大脑"的体系架构见图 4-6。

"水利大脑"建设的技术路径从五大要素出发:

(1)构建算力与感知网络。一方面需要打造"天空地"一体化多源感知网络,通过卫星遥感、无人机、各类 IoT 传感器(如水位、水质、流量监测设备)实时、全面采集涉水数据并依赖卫星通信网络完成数据传输。另一方面需要构筑强大的算力基础设施,采用 GPU 集群、分布式计算架构等,为水利模型平台运行及千亿级参数模型的训练推理提供坚实支撑。

(2)打造高质量数据底板。通过整合水文记录等结构化业务数据、防汛预案等非结构化文档,以及实时视频流等多模态数据,汇聚形成全面丰富的数据资源集合。充分应用人工智能、大数据分析等技术对数据进行深度清洗与增强,以有效提升数据质量和可靠性。此外,重点构建融合数字高程模型、建筑信息模型、倾斜摄影、水下地形的三维水利地理空间数据底座,为复杂的洪水演进、淹没分析、灾害评估等空间推演应用奠定空间数据基础。

(3)构建多模型协同体系。建立水利模型平台,以模块化、平台化和组件化管理,基于 SOA 设计思想,采用人工智能、云计算、大数据等新一代信息化技术,对水利传统模型开展全链条、格网化、智能化的升级改造,构建涵盖水利通用模型、流域模型、水网模型和工程模型的水利智能模型库,实现模型市场、运行监控、模型管理、模型接口服务等功能。

构建水利大模型。以大语言模型为核心,以水利知识开展专业预训练和微调,以水利知识图谱开展大模型逻辑强化,打造能够懂水利的垂直领域大模型。建立专业模型耦合机制,实现大模型与水利专业模型的 API 级联动。例如,在防洪调度中,使用大模型解析自然语言指令后自动调用水文模型计算库容。

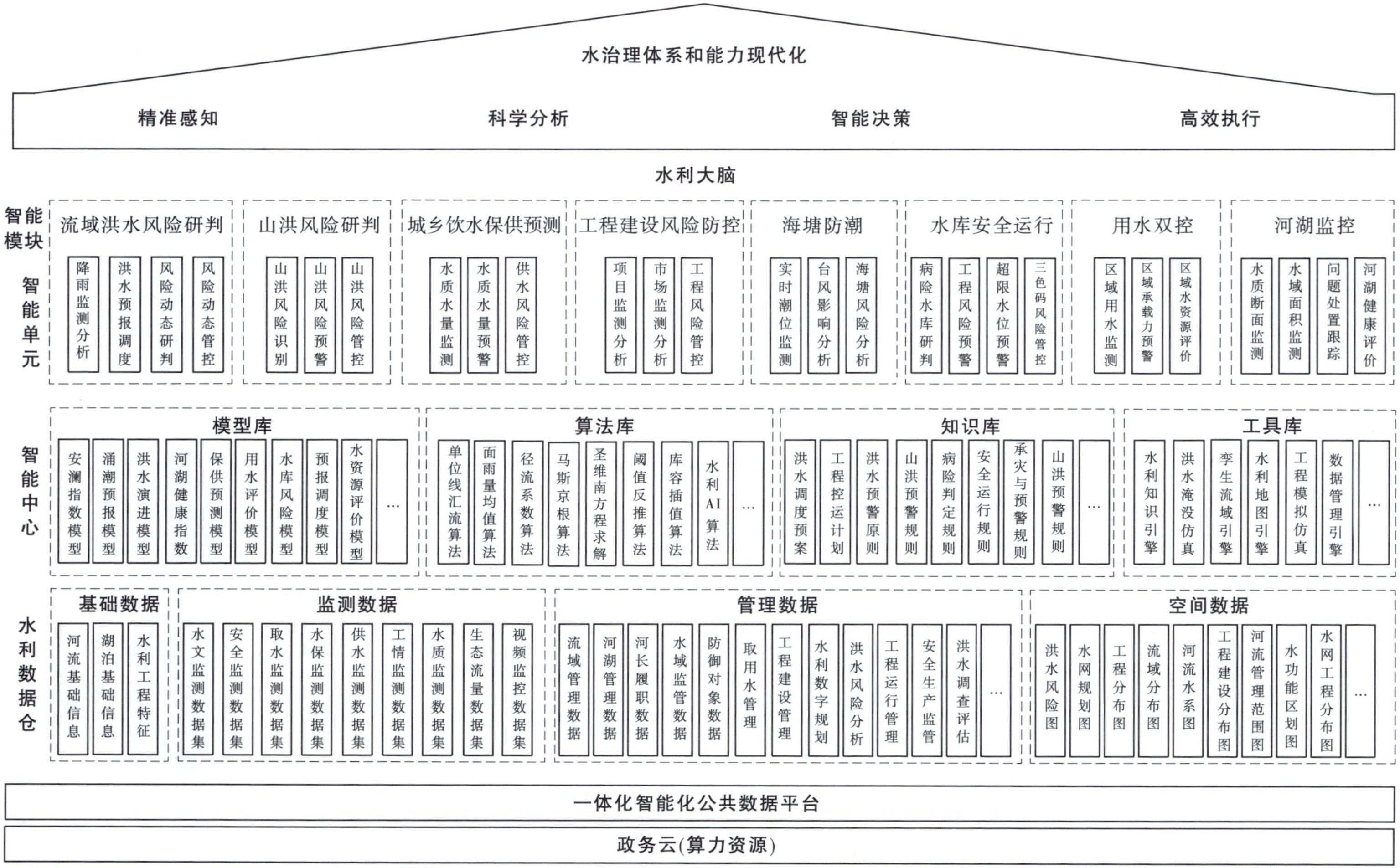

图4-6 “水利大脑”的体系架构

(4)构建水利知识中枢。汇聚、组织和应用水利领域的各类知识,使“水利大脑”具备理解和推理能力。建设水利知识平台,利用大模型等技术对非结构化文档(如《防汛手册》)进行实体关系抽取,构建结构化的水利知识图谱。建立动态更新机制,通过在线学习等方式实现知识的自动化构建与整合。开发符号逻辑与深度学习融合的混合推理系统,用于解决洪水处置经验复用、复杂调度推演等依赖于知识和经验的复杂问题。

(5)构建水利智能应用。建设面向用户和业务的智能决策与应用场景,充分利用前四个层面构建的能力,实现水利业务的智能化运行和优化管理。例如,基于数字孪生流域的智能防洪调度,可实现预案生成—方案推演—效果评估全流程自动化,将响应时间从小时级缩短至分钟级;又如,智能水资源配置可融合气象大模型与用水需求预测模型,自动生成跨流域调水优化方案,大幅提升决策效率与精准性。

4.3.4 六大场景

浙里“九龙联动治水”平台紧紧围绕六大水利核心业务,基于统一水利数据仓,按照统一门户框架标准,统建贯通省、市、县三级的水利业务应用,开发了六大场景和 N 个不断生长的子场景,为水利各业务主线提供信息化、智能化的数据管理支撑。六大水利核心业务为水灾害防御、河湖库保护、水资源保障、水发展规划、水事务监管、水政务协同。

4.3.4.1 六大水利核心业务

1. 水灾害防御

水灾害防御主要解决水多成洪涝、水少致干旱的问题,旨在依托江河湖库水雨情监测在线分析、构建洪水预报预警和水利工程联控联调体系,提高洪水预报延长期和精准度,研判大中型水库和区域防洪形势,为水旱灾害防御提供决策支持,实现“不死人、少伤人、少损失“的洪水防御总目标,最大程度地降低社会经济损失。

2. 河湖库保护

江河、湖泊、水库是装水的“盆”,保护好“盆”才能保障水资源利用。河湖库保护旨在全面监测重点水域和岸线管护情况,动态监控涉河违法问题处理及整改情况,完善河湖长工作体系,不断提升河湖管理保护水平,确保全省水域面积不减少、功能不减退,为水域空间管控提供支撑。

3. 水资源保障

水资源保障旨在实现全面感知分析可用水量、用水总量、用水效率、水质等全省水资源动态变化,构建水资源调度决策、用水户和区域用水监测预警、农村饮用水达标提标管理等业务应用体系,支撑水资源配置调度及国家节水行动计划实施,全面落实“节水优先”和最严格水资源管理制度。

4. 水发展规划

水发展规划旨在全方位构建协同工作机制，科学布局重大水利工程，精准管控水利空间要素，推进涉水规划成果和计划全过程管理，提高规划的前瞻性和精准度，确保"一张蓝图绘到底"。

5. 水事务监管

水事务监管旨在构建事前管标准、事中管达标、事后管信用的水利监管体系，开展水利工程建设运行数字化监管，全面推行"双随机、一公开"，严格落实工作责任制和过错追究制，加强对监管不作为、乱作为等行为的倒查追究，防控失职渎职，提高工作质量。

6. 水政务协同

水政务协同旨在构建水政务协同工作体系，建立电子公文跨部门、跨层级在线交换机制，推进水利移动办公，深化水利"最多跑一次"改革，实现跨系统、跨地域高效协同，不断提高工作效率和公信力。

4.3.4.2 "浙水安全"场景

"浙水安全"管风险，守住防汛安全生命线。以流域防洪，山洪"四预"为核心，融合抢险支持、会商中心、数字孪生3个子场景，形成"浙水安全"场景，回答"降雨在哪里、洪水在哪里、风险在哪里"三个问题，提升预报、预警、预演、预案四个方面的能力，增强风险防范的主动性，为防洪管理决策提供信息化支持。"浙水安全"场景架构见图4-7。

"水情雨情"（"浙里水文"）子场景回答"降雨在哪里"的问题，主要涵盖四大核心模块：一是智能监测体系，通过物联网技术整合全省2 000余个水文站点实时数据，实现水位、流量、雨量等要素的秒级采集与传输；二是预报预警系统，基于大数据和AI模型，提供中小河流洪水、山洪灾害的精细化预报，预警时效性提升至3 h以上；三是业务协同系统，打通水利、应急、气象等部门数据壁垒，实现跨层级、跨部门的水文信息共享与应急联动；四是公共服务模块，通过"浙政钉""浙里办"等渠道向公众提供实时水情、洪水风险图等便民服务。目前，已实现全省水文业务"一屏掌控"。

"流域防洪"子场景主要回答"洪水在哪里"。"流域防洪"主要是开展区域流域的防汛形势研判，开展洪水预报研究，提升洪水预报精度，延长洪水预报预见期，实现防汛形势精准研判。以东苕溪流域为例，在流域基础工情的基础上，结合水情雨情及风暴潮预报，对可能发生的洪水演进路线、到达时间、淹没水深、淹没范围及流速大小等进行预测分析，联合流域内水库群及控制断面对流域防汛风险进行分析与研判，建立洪水预报预警体系，见图4-8。

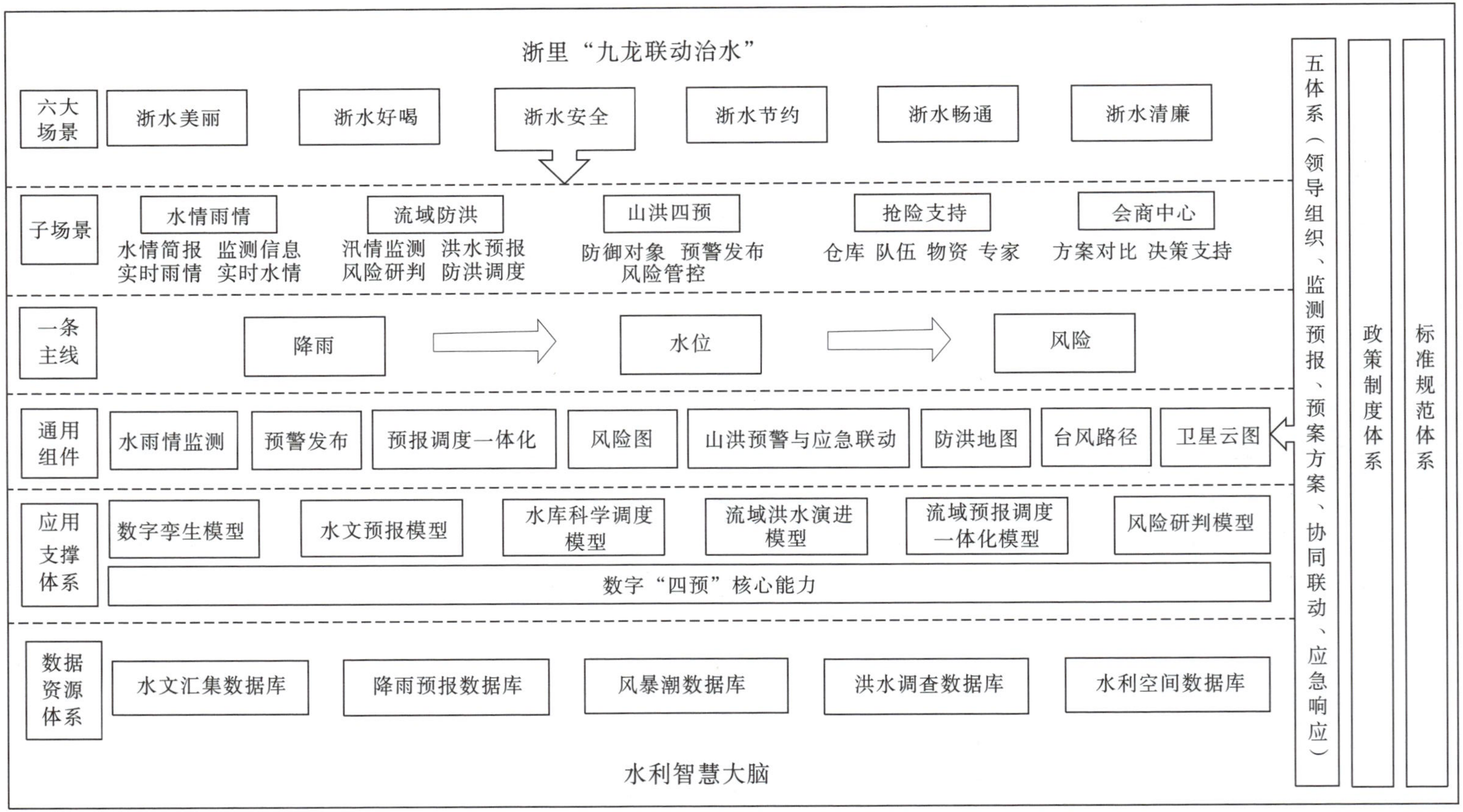

图 4-7 “浙水安全”场景架构

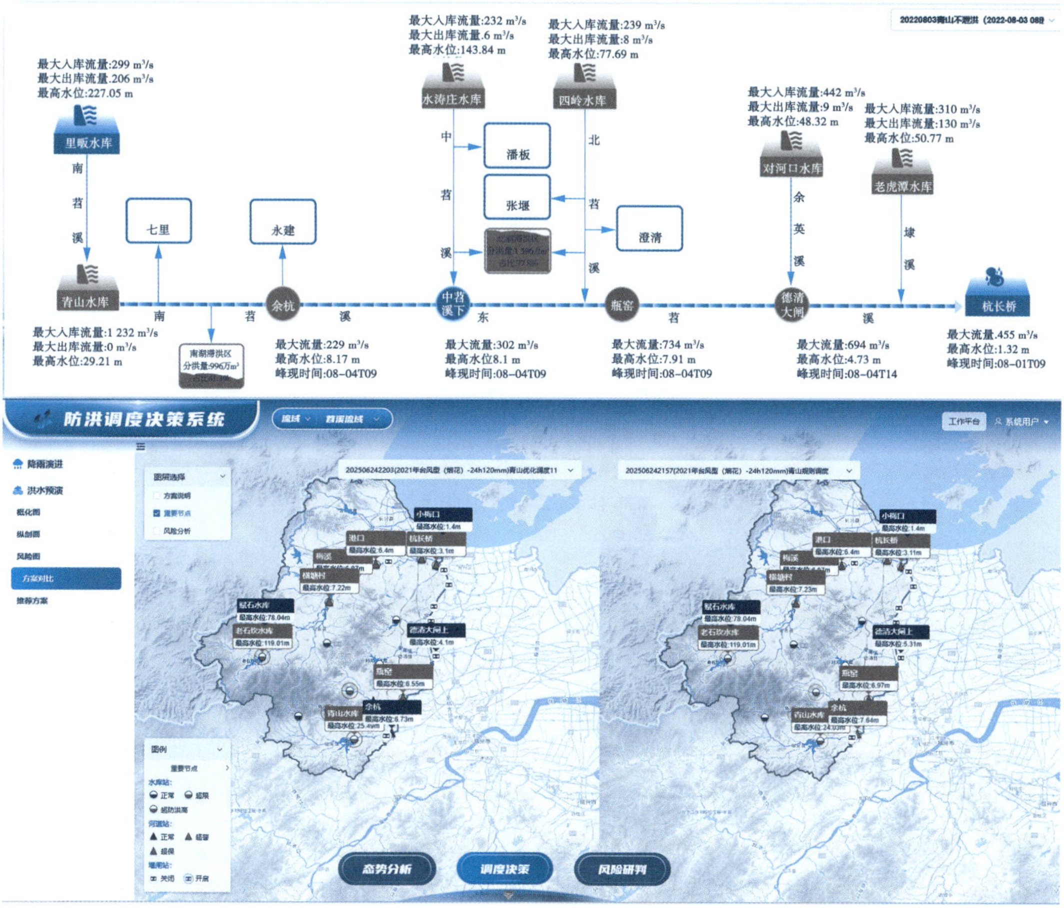

图 4-8　东苕溪流域防洪调度决策系统

“山洪四预”主要回答“风险在哪里”。主要是接入气象部门短临降雨预报和雷达数据，整合全省山洪灾害易发区的雨量站、水位站、土壤墒情站等实时数据。基于水文模型和小流域洪水模拟，预测山洪发生时间、影响范围和洪峰流量。山洪预警阈值确定是防范山洪灾害的核心。雨量阈值计算需选河道代表断面，测量得出断面成灾水位，根据水位-流量关系曲线得出成灾流量，再通过产汇流分析计算得出不同预警时段的成灾雨量，综合考虑河段河谷形态、洪水上涨速率、转移预留时间等因素，确定不同时段的立即转移值，在此基础上预留转移准备时间，确定不同时段的准备转移阈值。准备转移雨量阈值<立即转移雨量阈值<成灾雨量水位阈值。因成灾雨量精度受方法制约，换算受多因子影响，需动态复核阈值，保障预警可靠。

子场景汇聚全省地质灾害风险防范区、山洪灾害防御重点村落等各类承载体信息，实时对接多部门监测预警信息，形成动态风险预警“五色图”，根据预警等级自动匹配预案库中的应急措施（如物资调配、转移人口清单），政府端可通过“浙政钉”防汛平台直达基层责任人（如村支书、网格员），公众端通过“浙里办”App、短信、广播等向受影响群众推送预警。

4.3.4.3 “浙水好喝”场景

“浙水好喝”管供水，筑牢饮水安全网。“浙水好喝”聚焦群众和供水企业的问题和需求，建立了问题归集、派发、处置、反馈、评价的闭环服务机制、全流程服务体系；涵盖供水水源、水厂、管网、供水终端的全过程数字化业务管理系统，以实现城乡同质、县级统管，建立城乡供水现代化治理体系为总体目标，聚焦群众喝水有诉求、供水管理有短板、水源保障有风险三大需求，打造“用户服务”“安心水厂”“清洁水源”三个子场景，实现城乡供水从“源头到龙头”全过程“智治+服务”，构建完善全省城乡一体化供水新格局。“浙水好喝”场景架构见图 4-9。

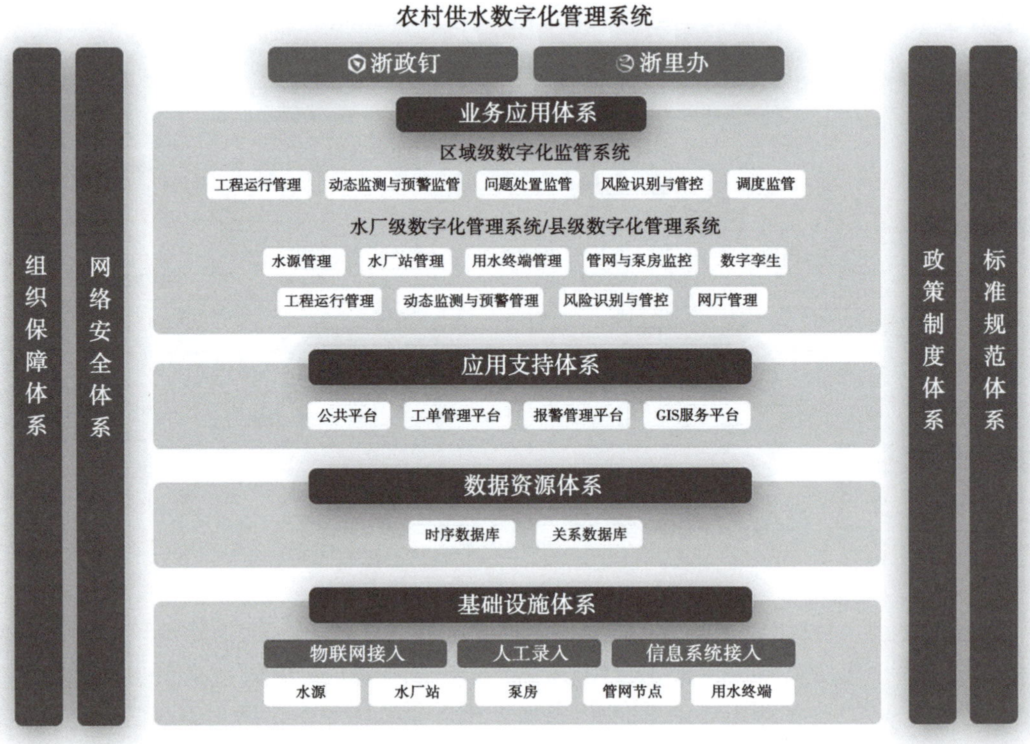

图 4-9 “浙水好喝”场景架构

“浙水好喝”搭建跨部门、跨层级数据共享平台，为城乡供水数字化管理“三端”提供数据支撑，日供水量、管网水质月检、城市水厂基础信息、水质日报/月报/半年报及市、县综合漏损率等数据来自住房和城乡建设厅（住建厅）；水源地保护区图层、地表水环境监测及水源地水质监测实时信息来自生态环境厅；水样水质抽检结果、水厂卫生许可证办理信息与取水许可批件办理信息来自国家卫生健康委员会；常住及户籍人口信息来自公安厅；台风预测信息与未来 10 d 天气预报信息来自气象局，各部门数据交互共享，助力城乡供水智慧化管理体系建设。

“用户服务”子场景聚焦饮水问题舆情偶发，投诉渠道不统一，问题处置反馈不闭环等关键问题。由水利牵头协同建设、卫生健康、生态环境等部门，联动县级统管单位，建立健全省、市、县贯通的问题投诉闭环处置机制，实现投诉问题处理一屏监管。

"安心水厂"子场景聚焦用水群众最关心、关注的水量少、水质差的问题，提供水量和水质稳定保障的饮用水。目前已汇聚水厂水质、水量等动态数据，实现取水、制水、输水、用水全过程全链条的运行实况监管。建立了运行实况算法规则，通过算法实现了对水厂水质、水量实时数据是否正常进行自动识别、分类研判、实时预警。建立了预警问题闭环管理机制，系统自动发送预警问题信息至地方行业主管部门，推动县级统管单位及时处置、及时反馈。

"清洁水源"子场景聚焦供水水源的水质、水量状况和存在的风险，提供安全的水源保障，包括旱情预警、重点水源、旱情形势和水质监测四个单元。集成了水雨情、气象预报、供水需求和水源地实时水质等信息；建立了供水量预测模型，对全省降雨形势、水源地可供水量、保供天数等进行分析研判，精准识别受影响范围，对保供天数不足的水源进行预警，构建了风险识别、研判预警、联动处置的闭环管控机制。

4.3.4.4　**"浙水节约"场景**

"浙水节约"管资源，围绕水资源刚性约束和国家节水行动重大需求，提升水资源节约集约利用水平，通过集成跨部门涉水数据及取用水事务，建立区域水资源综合评价及用水双控监测预警、企业超许可取水监测预警及用水效率评价等模型，构建水资源态势、取用水在线、浙企在节水三个子场景，着力打造水资源监测"一张网"、用水"一本账"、管水"一盘棋"、节水"一张榜"，创新"节水贷"金融助企服务，全面助力"节水优先"在浙江落地见效。

（1）水资源态势。通过打通全链条涉水数据，动态掌握区域水资源量、用水量、用水构成的变化趋势；通过构建水资源综合评价指标体系，分析各地水资源工作的优势和短板，为水资源服务经济社会运行宏观决策提供支撑。

（2）取用水在线。依托全省取水监控平台，通过取用水监测数据实时归集，结合业务系统对取水户进行在线预警和问题处置闭环管理；通过创设取水许可冗余指数和水资源承载力指数，对地方取水管理进行精细管控。

（3）浙企在节水。依托跨部门取用水和经济指标数据过程归集，通过制定统一评价标准，对重点用水企业节水水平进行精准研判，并根据评判结果对水资源费减征、"节水贷"等节水激励政策进行精准推送。浙企在节水研判服务流程见图4-10。

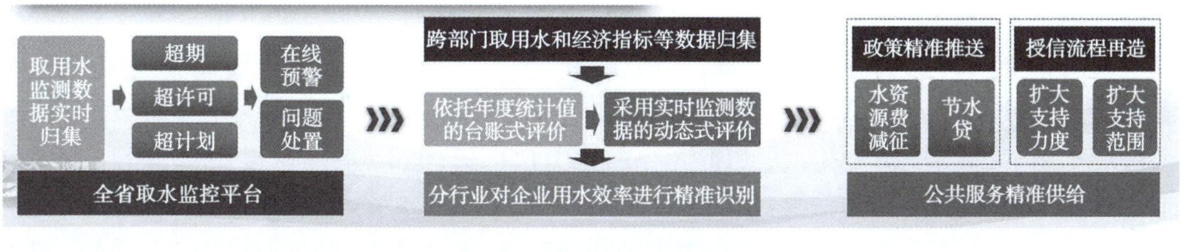

图4-10　浙企在节水研判服务流程

4.3.4.5　**"浙水美丽"场景**

"浙水美丽"管河湖。河湖管理涉及水域、岸线、采砂、排污口设置、涉河建设项目等方面，全面推行河长制、湖长制工作，加强河湖水域及其岸线的管理与保护，对河道管理范围内的建设项目、建设项目工程建设方案审查、采砂等进行有效管理，是河湖管理的重点任务。“浙水美丽”综合运用物联网、大数据、人工智能、地理信息系统等现代信息技术，对河湖的水资源、水环境、水生态和水域岸线等进行全面、动态、智能管理，以实现河湖的可持续利用和生态健康。最核心的两个子场景是“河长在线”和“河湖管理”。

（1）“河长在线”。“河长在线”子场景运用在线监控、自动控制、智能分析、数据集成等新技术，实现对河湖长制管理的数字化建设，加强从“水”到“人”、以“人”智“水”的全程行业监管，助推水治理体系和治理能力现代化。通过构建河长制电子化管理体系，对每个河段和河长进行明确，建立河湖档案、河长关系树、电子公示牌，构建电子化河长制考核模型，实现对河长的量化线上考核。在应用端通过开发巡河 App、河湖健康等系统功能，从多个维度对河湖状况进行实时反映，对出现的各类问题进行及时预警、及时处置，同时搭建公众治水窗口，向社会公众开放河湖信息和治水进展，公众可随时随地上传周边河湖出现的各类问题，并可开展公众巡查，获取对应积分和奖励。

（2）“河湖管理”，即水域动态监管。“河湖管理”子场景可实现全面掌握水域分布情况，一键生成水域概况简报。支持涉水项目事前审批、事中监管、事后验收。支持水域问题下发调查和在线填报，实现问题发现—处置—审核闭环管理。①“AI 巡河智能模块”。汇集河道全天候视频监控，基于 AI 智能识别算法、AR 增强现实技术，第一时间锁定漂浮物、钓鱼、游泳等水事务监管事件，发出预警信号，进行闭环处置，打造“云上巡河”新模式。②问题闭环管控。巡河发现问题后自动归类，第一时间通过短信、“浙政钉”消息等提醒责任人，责任人通过移动端对处置结果进行反馈，实现问题闭环处理。

借助数字化技术和跨部门协作，实现河湖治理从传统模式向智慧化、协同化、精细化管理模式转变，提高治理效能。通过国控断面、省控断面、交界断面的水质、流量检测和预警，建立河湖健康评价模型，多维度分析河湖健康状况，动态监测分析河湖健康状态。同时，向社会公众提供河湖安全服务、民生服务、科普服务等基础数据。通过数据开放共享，增强公众对河湖治理保护的知情权、参与权，为相关民生服务和科普教育提供数据支撑。

4.3.4.6 “浙水畅通”场景

“浙水畅通”场景主要由“水网智谋”和“水网智管”两个子场景构成。

1.“水网智谋”

“水网智谋”围绕水利规划、项目管理、投资管理，通过数据归集、统计、分析，为全省水利规划的编制监管、水网工程全过程管理、水利投资统计赋能。通过整合数字规划、规划工程管理、工程计划管理及其他规划服务，构建了“一库一图一屏”应用场景及综合服务模块。模块聚焦水网格局、水网指标、投资进展、重大项目进展、重点任务清单、薄弱环节进展内容，实现省、市、县三级贯通，各市、县用户可以通过“水网智谋”驾驶舱和薄弱环节驾驶舱了解本地区的工作进展情况。

（1）“一库”即项目管理库，包括规划管理库、工程管理库与计划管理库。其中，规划管理库提供规划文本的基础信息管理和规划文本附件的在线管理。汇集省、市、县三级涉水规划，为规划服务和后续的规划编制提供依据和辅助；工程管理库统一管理前期进展、薄弱环节、项目投资，实现项目全过程信息查询与全链条管理；计划管理库对水利计划项目申报、下达、执行、绩效进行统一管理。

（2）“一图”即数字水网图，包括规划数据一张图与水网工程一张图。其中，规划数据一张图依托水利底图,提供规划编制过程中需要的各类专题数据及其空间信息;水网工程一张图提供水网工程的空间与属性信息,一图监管工程进度、投资进展与存在问题。

(3)“一屏”即分析监管屏,包括规划专题监管屏与项目动态监管屏,见图 4-11。其中,规划专题监管屏聚焦“十四五”、浙江水网、薄弱环节等重大规划,分地区分类别开展规划进展情况、指标数据统计;项目动态监管屏实现年度重大项目、千项万亿等项目推进的动态监管和项目进度、投资、评价。综合服务为各类规划计划业务提供便捷服务或智能工具,包括战略任务汇集、补助资金计算器、办公与文件管理服务等。

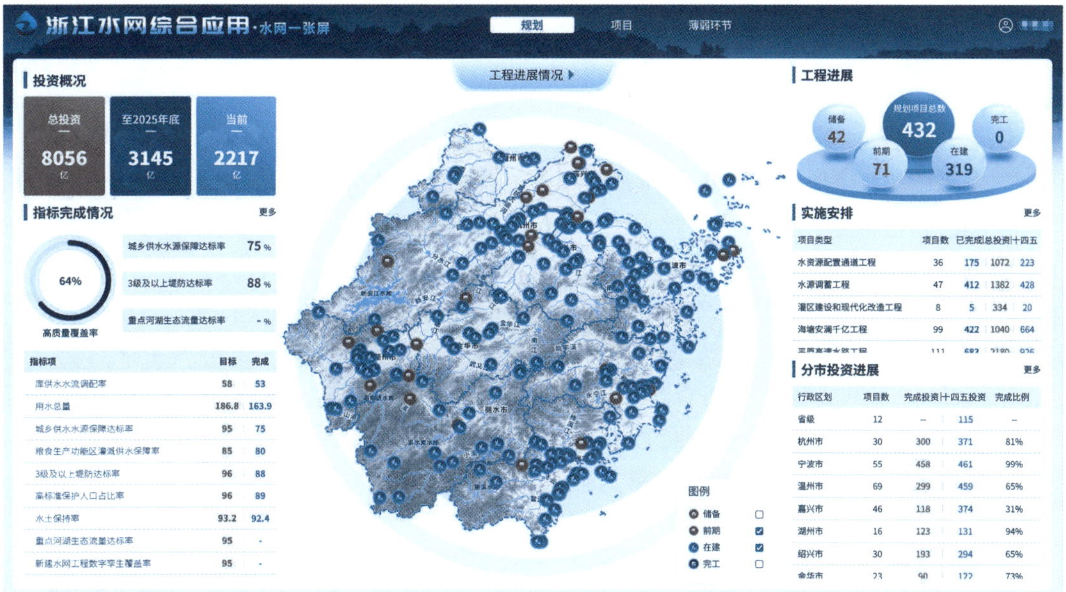

图 4-11　浙江水网一张屏

2.“水网智管”

“水网智管”主要依据水利工程管理规程服务于不同类型的水利工程运行管理,通过“名录定界、数据为核、感知为翼、制度为纲”的体系,实现工程管理从经验驱动向数据驱动的转型,为工程安全运行、高效调度及科学决策提供全方位支撑。

(1)工程名录与规模界定。以工程类型(水库、海塘、堤防、水闸、泵站等)和规模等级(大、中、小型及具体分级)为依据,建立全省统一的工程名录体系,明确各类工程的数量分布与区域特征(如浙江省按地区划分的工程数量差异),明确工程管理权属层级,包括省级、市级、县级、乡镇四级管理单位,为责任追溯奠定基础。对工程进行精准空间定位,其中点状工程采用单点定位,线状工程采用三点定位,并关联浙江省水系图与政区图,实现工程空间信息可视化。

(2)工程数据归集。依据浙江省地方标准[如《泵站运行管理规程》(DB33/T 2248—2020)]及各类工程运行管理规程,确保数据采集的规范性与一致性,重点解决水利部系统与省级系统间工程对象数据不一致问题。通过档案查找、实测补录等方法补充工程特性数据(如水位 - 库容曲线、水域面积 - 库容曲线)和管理数据(如设计洪水位、正常蓄水位等关键参数)并录入,实现数据从“线下”到“线上”、从“人治”到“机治”的转变。

(3)物联网监测网络。部署各类感知设备,包括超声波/雷达水位计、雨量筒、静压式/浮子式水位计等,通过 GPRS/CDMA/3G/4G 等通信技术,实现水文数据(水位、雨量等)的实时采集与远程传输,构建覆盖监测点、终端机、中心平台的完整监测链。对工程关键部位(如水库溢洪道、大坝)设置视频观测点,实行动态监视;对小型工程采用巡查人员定期上传照片的模式,以低成本实现工程状态感知与维修养护监督。

(4)数据驱动管理。水利工程管理活动的有效性以数据为依据,通过记录管理过程(如维修养护、运行调度)形成可追溯的数据流,为上级监管提供客观依据。若缺乏数据或数据空白,则视为管理活动未有效开展。另外,数据与规程的结合也尤为重要,以各类工程运行管理规程为基础,通过数据验证管理活动是否符合规范,如通过水位、库容等数据判断水库调度是否遵循防洪高水位、汛期限制水位等规程要求。

4.3.4.7 “浙水清廉”场景

“浙水清廉”场景自动归集水利系统廉政数据,聚焦业务监管和权力监督两大核心事项,聚焦水利工程建设领域,打造公权力大数据监督应用,构建浙江全省水利工程建设管理统一工作平台。聚焦大中小型各类水利工程全覆盖,项目立项、设计、招标投标、实施、验收全过程,项目进度、质量、安全、资金、人员监管全方位,各类风险预警管控全闭环,各级主管部门行权信息全要素,全面规范水利工程建设管理和水利建设市场主体行为。旨在破解大体量水利工程建设监管难题,创新监管模式,以数据链串联监管链、风险链、责任链,实现水利行业监管与公权力监督耦合贯通,防范管理风险,提升建设管理水平与监管效能,推进大数据监督。其中,“透明工程”对水利工程建设全过程实施动态监测,是“浙水清廉”的核心子场景,见图 4-12。

图 4-12 “透明工程”子场景驾驶舱

“透明工程”监管对象主要有:一是在建水利工程,涉及项目前期管理、合同管理、进度管理、质量管理、安全管理及竣工验收等全流程各环节;二是水利建设市场主体,围绕其信息登记备案、人员与证书管理、资质管理、业绩管理、不良行为信息管理、信用评价等开展监管,同时涵盖参与项目各环节人员。监管事项则主要是对在建水利工程从前期到竣工全流程管理,对市场主体从信息到信用全维度把控,对招标投标活动专项监管,构建全面、系统的监管事项体系。平台能实现贯穿项目立项、招标投标、设计、建设、验收等环节，全面掌握建设进程，规范工程建设项目管理，保障项目依规有序推进的全过程项目管理；归集市场主体资质、人员、业绩、招标投标行为等信息，开展信用评价，规范建设市场秩序，优化营商环境，助力市场健康发展的全覆盖市场服务；围绕工程建设管理风险易发、高发的5个阶段13个环节41个重点事项，制定53条风险预警规则，分级监管、动态监测，实时发布预警信息，推动问题闭环处置，提升风险防控能力，筑牢水利工程建设风险防线。

"透明工程"主要有3个模块：工程项目、市场管理和风险管控。工程项目模块主要监测项目招标投标、建设进度、工程投资、质量安全等，其中招标投标监管可以监测标项交易、行业监管动态、预警信息处置等情况，质量安全管控可以全面展现水利工程质量监督情况、检测情况、隐患问题整改情况；市场管理模块重点反映当前在建项目市场主体履约情况、资质情况、信用情况等信息，其中"农民工工资"全面监测农民工工资专户设立、施工单位保证金缴纳以及工资发放等情况；风险管控模块针对水利工程建设全过程及各阶段、各环节中的重点事项，按照事先制定的预警规则，监测风险发生的预警数以及处置、解除情况。

"透明工程"立足工程建设全生命周期，对工程建设过程中的重点环节、重点事项建立预警规则，共享发展改革、人力社保等多个部门数据成果，通过多跨协同、大数据分析比较，实现风险动态预警、问题闭环处置 。同时，将相关成果共享给各级公权力大数据监督应用，实现再监督，形成行业监管与纪委监督同向发力，见图4-13。

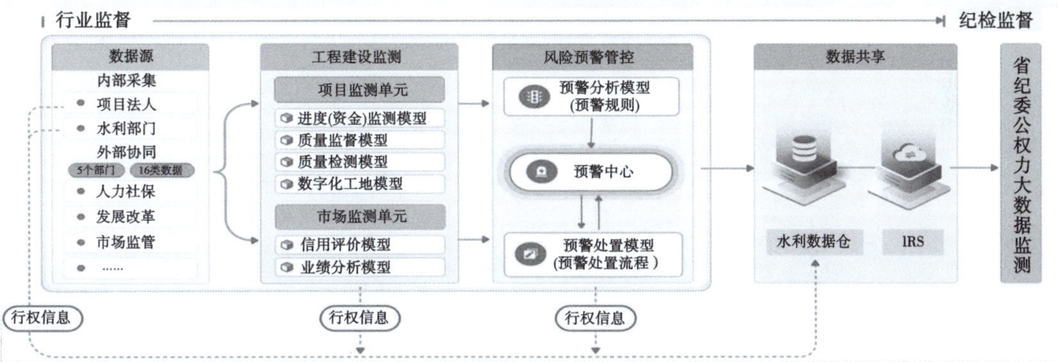

图4-13　"透明工程"监督预警机制架构

典型案例：智慧监管预警查实查处

2024年7月6日，浙江省智慧监管系统通过报价异常预警模型，产生了【L区××市政配套设施项目(一期)SXH河道驳坎绿化工程】投标人相互串通的风险预警，具体为存在投标人报价呈规则性分布，投标报价差额低于1%，触发报价异常预警。L区水利局根据招标投标监管信息，通过人工方式核查107家投标单位的电子投标资料，初步筛选出2家串标嫌疑单位。发现在SXH河道驳坎绿化工程招标投标过程中，A公司和B公司同时委托外包人员×××编制投标文件商务标内容，导致A公司和B公司的投标文件商务标水利部分有效报价中存在下列问题：16项清单填报单价和施工机械台班费完全一致，17项清单报价差值在0.1%之内。同时,通过“透明工程”穿透式检索,“透明工程”同步自动生成涉嫌的2个企业的资质、能力、业绩、信用等情况,供L区水利局核查时参考。2024年9月2日,L区综合行政执法局已对A公司和B公司立案调查。2024年12月25日,L区综合行政执法局对A、B两家公司及直接责任人做出行政处罚决定。根据处罚结果,系统自动生成关联提示单,对涉案企业在“透明工程”的其他在建项目发出预警提示,交由项目法人、属地水行政主管部门复核。发现涉案的A公司在C县有一在建工程,遂于2024年12月26日对C县水利运行管理中心发出预警提醒,C县水利运行管理中心对该项目人员信息、资质信息以及转包违法分包情况进行核查,暂未发现异常,C县水利局将其纳入到重点监管名单,适当增加检查频次。

复习思考题

1.“V”模型开发方法的核心思想是什么?
2. 简述水利数字化应用业务需求分析的一般方法。
3. 简述“水利大脑”建设的一般方法。
4. 简述“水利大脑”建设路径。

项目5　水利工程智能建造

【学习目标】

1. 熟悉水利工程智能设计的内容。

2. 掌握水利工程智能施工的要求。

3. 掌握水利工程智能管理的内容。

【技能目标】

能够用智慧水利的理念指导水利工程设计、施工和运行管理。

码5-1　水利工程智能建造知识图谱

近年来，随着云计算、大数据、物联网、人工智能等信息技术、数据技术与传感技术的快速发展，我国大中型水电工程已逐步形成信息化、数字化、智能化的建设格局，显著提升了工程建设管理水平和效益。

《水电工程智能建造技术通则》(NB/T 11561—2024)中，智能建造技术定义为：将现代信息技术与水电工程建造技术深度融合，应用数字化设计、数值模拟与仿真、数字测量与监测、智能装备控制、智能决策等技术手段，实现建造过程数字化和智能化。

任务5.1　水利工程智能设计

水利工程智能设计是水利工程智能建造的重要环节，它借助先进的信息技术和智能算法，对水利工程设计过程进行优化和创新，以提高设计质量、效率和科学性。

5.1.1　协同设计

水利工程规模宏大，结构复杂，涉及的专业多，如水文、水力、土木、环境、机械等，且涉及政府、业主、设计单位、施工单位和公众等多方利益相关者，需要在不同专业和团队间进行协同设计，即多个相关专业和团队通过信息共享、沟通协调以及共同决策，以实现设计的优化和提高工作效率。这种方法能够有效整合各方的专业知识和技术，降低设计风险，提高设计质量和施工效率。

5.1.1.1 协同设计的关键要素

(1)统一的标准和规范。采用统一的设计标准、规范和流程是实现协同设计的基础。包括图纸绘制标准、数据格式标准、依据的规范、设计文档模板等,确保各个专业之间的信息能够准确传递和共享。尤其是水利水电工程,有的规范存在两个版本,分别适用于水利行业和能源电力行业,如《混凝土拱坝设计规范》(SL 282—2018)适用于水利行业的重力坝设计,而《混凝土拱坝设计规范》(NB/T 10870—2021)适用于能源行业。

(2)高效的沟通机制。建立高效的沟通渠道和机制是协同设计的关键。设计团队成员之间需要及时、准确地沟通设计思路、方案调整、问题反馈等信息。对于重要的设计决策和变更,要形成书面记录,确保所有成员都能了解和遵循。

(3)协同设计平台。借助先进的协同设计平台,实现设计数据的实时共享和协同编辑。该平台应具备数据存储、版本管理、权限控制等功能,支持不同专业的设计软件之间的数据交互。

(4)不同专业间的密切协作与配合。在设计过程中,水文水资源专业要为水工结构设计提供准确的水文数据;水工结构专业要考虑施工组织的可行性;造价专业要根据设计方案进行合理的投资估算等。

(5)项目管理与协调。这是确保协同设计顺利进行的保障。项目管理者要明确各团队成员的职责和任务,制订合理的项目进度计划,并对设计过程进行监控和调整。及时解决设计过程中出现的冲突和问题,确保项目按时、保质完成。

(6)可视化与模拟分析。利用三维建模、虚拟现实(VR)、增强现实(AR)等技术,实现工程设计的可视化设计和模拟分析,更直观地发现设计中存在的问题,便于各专业之间的沟通和协调。同时,模拟分析可以对水利工程的运行效果进行预测和评估,为设计方案的优化提供依据。

此外,还要高度重视数据管理与安全。

5.1.1.2 协同设计的实施方法

1. 建立协同设计环境

(1)选择合适的协同设计平台。根据项目需求和团队技术能力,选择功能强大、兼容性好的协同设计平台。该平台应支持多专业设计软件的数据集成,具备数据存储、版本管理、权限控制等功能。

(2)统一设计标准和规范。统一各专业的数据文件格式和命名方式,确保信息的一致性和准确性。

(3)建立数据共享与存储系统。建立安全可靠的数据存储服务器,用于存储设计文件、资料和中间成果。设置合理的权限管理机制,确保不同人员能够访问和修改相应的数据。同时,定期对数据进行备份,防止数据丢失。

2. 协同设计过程管理

(1)开展多专业协同设计。各专业设计人员基于协同平台并行开展设计工作,及时共享设计信息。例如,电气专业根据建筑物布局设计电气线路,施工专业考虑施工方案的可行性等。

(2)实时沟通与协调。利用各种现代化工具,及时解决设计中出现的问题和冲突。

对于重要的设计变更和决策,组织相关人员进行讨论和评审。

(3)版本控制与文档管理。对设计文件进行版本管理,记录每次修改的内容和时间。明确各版本的状态,如初稿、审核中、已批准等。同时,建立规范的文档管理系统,对设计过程中的各类文档进行分类存储和检索,方便团队成员查阅和使用。

3. 可视化与模拟分析

(1)三维建模与可视化展示。运用三维建模软件创建水利工程的三维模型,直观展示工程的整体布局和结构细节,及时发现潜在问题。

(2)模拟分析与优化。利用数值模拟软件对水利工程的水流、水力、结构等性能进行模拟分析。根据模拟结果,对设计方案进行优化调整。

4. 质量控制与审核

(1)内部审核与校对。各专业设计人员完成设计任务后,进行内部审核和校对。审核内容包括设计方案的合理性、数据的准确性、图纸的规范性等。

(2)多专业联合评审。组织多专业联合评审会议,对设计方案进行全面审查。各专业人员从自身专业角度提出意见和建议,共同优化设计方案。

(3)外部专家评审。邀请外部专家对设计方案进行评审,获取专业的意见和建议。根据专家评审意见,对设计方案进行进一步完善。

5. 项目交付与总结

按照项目要求,整理和提交完整的设计文件和图纸。确保设计成果符合相关标准和规范,满足业主的需求。

5.1.2 参数化设计

水利工程参数化设计是指在水利工程设计过程中,将设计对象的各种属性和特征用参数来表示,通过建立参数之间的关系和约束条件,形成参数化模型。设计人员可以通过对设计参数的调整和控制,快速生成不同的设计方案,并对方案进行分析和优化,实现设计的自动化和智能化。例如,在水坝设计中,坝高、坝顶宽度、坝坡坡度等都可以作为参数,通过调整这些参数得到不同的坝体设计方案。

参数化设计在工程实践中具有一定的优势,通过参数化设计,不仅可以提高设计效率,便于方案优化,还能增强设计的准确性和一致性,即当一个参数发生变化时,与之相关的其他参数会根据预设的关系自动调整,避免了因人为修改导致的错误和不一致。此外,参数化设计也可以支持协同设计。

5.1.2.1 参数化设计的核心

(1)参数定义。明确设计中需要的各种参数,包括几何参数(如长度、宽度、高度、坡度等)、材料参数(如混凝土强度、钢材弹性模量等)、水力参数(如流量、流速、水位等)。合理定义参数是实现参数化设计的基础。

(2)建立约束关系。确定参数之间的约束关系,这些约束关系可以是几何约束(如平行、垂直、相切等)、力学约束(如力的平衡、变形协调等)或功能约束(如满足特定的水力性能要求等)。通过建立约束关系,保证设计方案的合理性和可行性。

(3)参数化建模工具。选择合适的参数化建模软件,这些软件需要提供丰富的参数化设计功能,能够方便地创建和修改参数化模型。

5.1.2.2 **实施流程**

(1)对水利工程按照专业和建筑物类型进行划分,确定出水利工程信息模型的各专业子模型,如渡槽、重力坝等。

(2)将子模型分解为构件,确定构件的特征参数和合理的建模顺序,如重力坝的坝高、坝顶宽度、上下游坡面坡度等特征参数。

(3)运用现有基于特征的参数化设计软件中的参数化造型方法,使用参数化建模工具,根据确定的参数和约束关系,建立水利工程的参数化模型。在模型中,将参数与几何图形或其他设计元素关联起来,实现参数对设计的驱动。

(4)在参数化设计软件中,依据子模型中的构件组成,调用构件库中的构件,通过构件装配技术,修改参数值,生成多个不同的设计方案。然后,利用相关的分析软件(如水力学分析软件、结构力学分析软件等)对这些方案进行性能分析,评估方案的可行性和优劣。

(5)在参数化设计软件中,根据所需建立的其他子模型及其包含构件的特征参数,调用相应的模型模板库(当新建子模型中构件数量需要增加时,还需要从构件库调用并添加新的构件),生成新的子模型实例,实现自上而下的建模过程。

(6)根据分析结果,对设计方案进行优化调整,不断尝试不同的参数组合,直到找到满足设计要求的最优方案。最后,确定最终的设计方案,并输出相关的设计图纸和文档。

5.1.2.3 **关键技术**

(1)几何参数化建模。通过定义几何元素(如点、线、面、体)的参数来构建模型。例如,在水利工程中,对于重力坝模型,可将坝体的高度、上下游坡度、坝顶宽度等定义为参数,利用这些参数精确控制坝体的几何形状。设计师修改参数时,模型的几何形状会自动更新,如增大坝体高度,模型会相应调整坝体的三维形态。

(2)特征参数化建模。将模型的特征(如孔、槽、凸台等)进行参数化定义。例如,在重力坝模型中,可将廊道的数量、尺寸等作为特征参数。改变这些参数,廊道的布局和形状会随之改变,同时与廊道相关的其他结构(如灌浆帷幕、排水等)也会根据预设的约束关系自动调整。

(3)数据库技术。用于存储和管理大量的参数数据、设计模型数据以及相关的工程资料等。建立高效的数据库系统,能够实现参数的快速查询、修改和更新,保证数据的一致性和完整性。

(4)几何约束求解。处理几何元素之间的约束关系,如平行、垂直、相切、等距等。在绘制水利工程的平面布置图时,建筑物之间的相对位置关系可通过几何约束来确定。例如,渠道与水闸的中心线要求垂直,当调整渠道的位置或方向时,约束求解器会自动调整水闸的位置,以保持垂直关系。

(5)数值计算与分析技术。在参数化设计过程中,需要对设计方案进行各种数值计算和分析,如结构力学计算、水力学计算等。通过数值计算方法,求解设计方案在不同工况下的力学性能、水力性能、强度与稳定性等指标,为方案评估和优化提供依据。

(6)人工智能技术。可以与参数化设计相结合,实现设计的智能优化。例如,利用遗传算法、粒子群算法、模拟退火算法等优化算法,自动搜索最优的参数组合,提高设计效率和质量。

参数化设计是一种强大的设计方法,能够帮助设计师在快速变化的环境中高效地应对复杂的设计需求。通过合理定义参数和规则,设计师可以实现灵活的设计调整和优化,提高设计的质量和效率。

5.1.3　生成式设计

水利工程生成式设计是利用计算机算法和人工智能技术,根据给定的设计目标、约束条件和相关数据,自动生成多种可能的水利工程设计方案的方法。它打破了传统设计中由设计师手动逐一绘制和修改方案的模式,能够快速、高效地探索大量设计空间,为设计师提供更多创新的思路和选择。

5.1.3.1　应用场景

(1)规划与选址。利用生成式设计结合地理信息系统(GIS)数据,对水利工程的建设地点进行智能选址。例如,在抽水蓄能电站选址中,考虑地形、地质、水源、交通等多方面因素,通过算法生成多个可能的选址方案,并进行评估和比较,选出最优或较优的地址。

(2)枢纽布置与建筑物设计。对于水利枢纽的整体布置以及大坝、水闸、泵站等建筑物的设计,生成式设计可以根据工程的功能需求、地形条件、水流特性等,自动生成多种不同的布置和设计方案。例如,土石坝生成式设计中,通过对已有土石坝数据的分析,提取关键特征,利用对抗算法等形成新的土石坝设计方案。

(3)施工组织设计。根据工程规模、工期要求、资源条件等,生成式设计不仅可以制订施工进度计划、资源调配方案、施工场地布置等,还可在施工组织设计中自动生成施工导流方案、混凝土浇筑计划、支护方案等,优化施工过程,提高施工效率和质量。

(4)防洪与水资源调配方案制订。以流域气象、水文数据等为基础,生成式设计能够生成不同的防洪调度方案和水资源调配策略,模拟洪水演进过程,评估不同方案下的防洪效果和水资源利用效率,为决策者提供科学依据。

5.1.3.2　实施步骤

(1)明确项目目标与需求。与水利工程的业主、运营方、施工方等相关利益者进行深入沟通,明确项目开发的具体目标。确定设计的具体要求和约束条件,包括工程的规模、功能指标、预算限制、时间要求、淹没与移民限制、环境影响限制、地质条件限制等。

(2)收集与水利工程相关的各种数据,包括地形数据(如数字高程模型)、地质数据(如岩土力学参数、地质构造信息)、水文数据(如流量、水位、降雨量等历史数据)、气象数据、已有水利工程的设计和运行数据、相关法律法规和标准规范等。对收集到的数据进行清洗、整理和预处理,去除噪声数据、填补缺失值、统一数据格式等,以确保数据的质量和可用性。

(3)根据项目的特点和需求,选择合适的生成式设计软件和算法。例如,对于复杂的水利枢纽布置设计,可能需要使用基于人工智能的算法,如遗传算法等;对于简单的参数优化问题,可以使用传统的优化算法。

(4)根据项目目标和数据特点,构建生成式设计模型。例如,对于水库大坝的设计,可以建立一个基于参数化的模型,将大坝的几何形状、材料参数、施工工艺等作为变量,通过算法生成不同的设计方案。

(5)定义目标函数和约束条件,目标函数用于衡量设计方案的优劣,如工程造价最小、防洪效益最大等;约束条件用于限制设计方案的可行性,如坝体的稳定性约束、环境影响约束等。

(6)运行生成式设计模型,通过算法自动生成大量的设计方案。在生成过程中,可以根据需要调整算法的参数,以控制方案的多样性和质量。对生成的设计方案进行初步筛选,去除明显不符合约束条件的方案,保留可行的方案进行进一步评估。

(7)方案评估与优化。对保留的设计方案进行详细评估,包括工程技术评估(如结构安全性、水力性能等)、经济评估(如建设成本、运营成本、经济效益等)、环境评估(如对生态环境的影响、水资源保护等)。

(8)根据评估结果,使用优化算法对设计方案进行进一步优化,调整设计参数,提高方案的性能和可行性。

上述(6)、(7)、(8)三个步骤可能需要多次迭代,以便找出符合设计目标的最优方案。对选定的设计方案进行详细的验证和测试,包括数值模拟、物理模型试验等,确保方案在实际工程中能够满足设计要求和性能指标。

(9)根据评估和优化结果,向相关利益者展示不同的设计方案及其优缺点,协助他们做出决策,选择最优的设计方案。

5.1.3.3 关键技术

(1)数据采集与处理技术。需要采集多源数据,如地形数据、水文数据、地质数据等,并进行预处理,包括数据清洗、归一化等操作,以确保数据的准确性和可用性,为生成式设计提供可靠的基础。

(2)人工智能算法。种类很多且发展很快,如遗传算法、粒子群算法、人工神经网络算法、生成对抗网络算法、强化学习算法、聚类算法等。可以利用这些算法对设计方案进行优化,或使其更具多样性和创新性。

(3)参数化建模技术。将水利工程中的各种要素和构件进行参数化定义,通过调整参数来生成不同的设计方案,实现设计的自动化和灵活化。

(4)仿真与分析技术。对生成的设计方案进行仿真分析,如水流模拟、结构力学分析等,评估方案的可行性和性能,为方案的筛选和优化提供依据。

生成式设计是一种强大的设计方法,通过结合计算机算法和人工智能,能够自动生成和优化设计方案。它在提高设计效率、促进创新和优化性能等方面具有显著优势,正在各个领域中发挥着越来越重要的作用。随着技术的发展,生成式设计有望在未来的设计实践中得到更广泛的应用。

码 5-2 文档:
BIM 设计应用案例

5.1.4 基于 BIM 的设计数据交付

基于 BIM 的水利水电工程全生命周期数字化移交,是面向工程全生命周期全过程、全业务数据的动态数字化移交。目前,水利水电工程项目已有针对主流平台及模型格式的BIM项目管理平台，重点解决了水利行业多源BIM模型数据交付的标准化、轻量化及模型与业务系统集成问题，建立了水利行业的标准交付数据格式和自主的BIM显示、解析引擎，为BIM模型交付和共享提供了基础支撑。

5.1.4.1 交付内容

交付内容应包含水工专业、水文专业、地质专业、经济评价专业、建筑专业、结构专业、绿化专业、金属结构专业、机电专业、施工组织专业、造价专业、环境影响评价专业、水土保持专业、测绘专业等的设计数据文件。各专业交付的设计数据文件，应该包括所有的计算模型、计算结果、设计图纸、设计报告、设计变更信息等。

此外，交付内容还应包含BIM所有权的状态，模型的创建者、审核者与更新者，模型创建、审核和更新的时间，以及所使用的软件及版本。

1. 信息模型

信息模型应包含设计阶段交付所需的全部设计信息，且应基于模型单元进行信息交换和迭代，并应将阶段交付物存档管理。工程信息模型可索引其他类别的交付物。交付时，应一同交付，并应确保索引路径有效。信息模型的表达方式包括模型视图、表格、文档、图像、点云、多媒体及网页，各种表达方式间应具有关联访问关系。

2. 工程图纸

工程图纸基于信息模型的视图和表格加工而成，应符合现行国家及行业的制图标准。各设计阶段的工程图纸与信息模型关联，工程图纸的制图深度与工程阶段和模型精细度相匹配。电子工程图纸文件可索引其他交付物。交付时，应一同交付，并应确保索引路径有效。

3. 文档

文档包含项目需求书、信息模型执行计划、属性信息表、工程特性表、模型工程量清单、其他工程文档等。

(1)项目需求书包含下列内容：①项目计划概要，至少包含项目地点、规模、类型，项目坐标和高程；②项目信息模型的应用需求；③项目参与方协同方式、数据存储和访问方式、数据访问权限；④交付物类别和交付方式；⑤信息模型的权属。

(2)信息模型执行计划包含下列内容：①项目简述，包含项目的名称、简称、代码、类型、规模、应用需求等信息；②软硬件工作环境，简要说明文件组织方式；③项目的基础资源配置、人力资源配置；④项目中涉及的信息模型属性信息命名、分类和编码，以及所采用的标准名称和版本；⑤信息模型的模型精细度说明，当不同的模型单元具备不同的建模精细度要求时，分项列出模型精细度；⑥模型单元的几何表达精度和信息深度；⑦交付物类别；⑧交付计划，交付质量的控制方法和验收标准；⑨非相关标准规定的自定义的内容。

(3)属性信息表包含下列内容：①版本相关信息；②模型单元基本信息；③模型单元属性信息。

(4)工程特性表包含下列内容：①项目简述；②工程特性表应用目的；③工程特性名称及其编码；④工程特性值。

(5)模型工程量清单包含下列内容:①项目简述;②模型工程量清单应用目的;③模型单元工程量及编码。

(6)其他工程文档包含以下内容:①设计报告,审查意见、批复意见;②设计通知单;③信息模型变更记录表;④会议纪要;⑤厂家资料;⑥信息模型应用报告,如冲突检测报告、仿真模拟分析报告等。

5.1.4.2 交付协同

工程信息模型的交付协同应包括设计阶段的交付协同和面向应用的交付协同。交付协同过程中,应根据设计阶段要求或应用需求选取模型交付深度和交付物,项目各参与方应基于协调一致的信息模型协同工作。

面向应用的交付包括水电工程全生命期内有关设计信息的各项应用,信息模型应满足应用需求。设计交付及交付协同可通过交付平台进行在线交付,或通过电子邮件或者以移动存储设备(如 U 盘、光盘、移动硬盘等)为介质进行线下数字化交付,实现交付物及相关资源的共享和交换。

项目参与方在使用信息模型时,应识别和复核下列信息:①模型单元属性的分类、名称及其编码;②模型单元的属性值;③模型单元属性值的计量单位;④模型单元属性值的数据来源。

任务 5.2 水利工程智能施工

5.2.1 智能施工的特点

与人工化、机械化施工不同,智能建造施工运用 BIM、大数据、云计算、物联网、移动通信、人工智能、区块链等新技术,提高施工数字化和智能化水平,具有高度自动化、数据决策驱动、集成化管理、对复杂和变化的施工环境的高度适应性、通过精确的检测和监控提高施工的安全性和工程质量、高效灵活等特点。

5.2.1.1 施工过程智能化

(1)自动化控制。对传统的施工设备(如混凝土浇筑设备、土石方施工机械等)进行自动化改造,实现自动化控制,使其按照预设的程序和参数自动完成施工任务,减少人工操作的误差和劳动强度,提高施工效率和质量。

(2)智能监测与诊断。通过传感器、物联网感知设备等,实时监测施工过程中的各种数据,如温度、应力、位移等,利用数据分析和人工智能算法,对施工状态进行智能诊断,及时发现潜在的安全隐患和质量问题,一旦发现异常,系统会自动发出预警。

(3)智能决策支持。基于施工过程中采集到的大量数据,结合数学模型和人工智能,为施工决策提供科学依据。

5.2.1.2 施工管理精细化

(1)精确的资源配置。借助大数据分析和优化算法,对施工资源(人力、材料、设备等)进行精确的配置和管理。根据施工进度计划和实际需求,合理安排资源的投入时间和数量,避免资源的浪费和短缺。

(2)质量精准控制。利用先进的检测技术和质量控制手段,对施工质量进行全过程、全方位的精准控制。

(3)成本精确核算。通过建立成本管理模型,结合施工过程中的各种数据,对施工成本进行精确核算和动态监控,及时掌握成本的支出情况,分析成本超支的原因,采取有效的成本控制措施。

5.2.1.3　施工协同高效化

(1)多参与方协同。利用建筑信息模型(BIM)、协同管理平台等,实现设计单位、施工单位、监理单位等各参与方之间的信息共享和协同工作。各方可以在同一个平台上查看和更新项目信息,及时沟通和协调解决施工中出现的问题。

(2)多专业协同。水利工程涉及多个专业领域,如结构、机电、地质、经济、水土保持、环境保护等。智能施工通过建立多专业协同的工作机制和技术平台,实现各专业之间的协同设计、协同施工和协同管理。

(3)多阶段协同。实现水利工程从规划设计、施工建设到运营维护的全生命周期各阶段的协同。在施工阶段,充分考虑运营维护的需求,为后续的运营管理提供便利。

5.2.1.4　数据驱动创新化

(1)数据积累与知识沉淀。在水利工程智能施工过程中,会积累大量的施工数据,包括施工工艺、质量数据、安全数据等。这些数据经过整理和分析,形成知识资产,为后续的水利工程施工提供参考和借鉴。

(2)技术创新与应用。基于大数据、人工智能等技术,不断推动水利工程施工技术的创新和应用。

5.2.2　智能施工的要求

智能化施工应编制智能建造施工专项实施方案,运用 BIM 进行分部分项工程深化设计,采用施工模拟技术分析和优化施工组织设计及复杂施工方案,实现可视化交底。

智能化施工中,施工管理者需要通过收集、分析和利用合理的数据,达到提高施工质量、提升工作效率和安全性并降低成本的目的。因此,数据驱动施工管理非常重要。

采用 BIM 进行施工组织方案模拟分析和优化,包括施工总平面布置规划、施工顺序模拟和优化、施工进度模拟和资源配置优化、专项施工方案比选等,实现施工现场的合理布局以及施工工序的顺畅衔接。

可以采用 BIM 辅助模拟分析施工现场材料使用量,并结合施工过程实际工程量,实现工程量、材料量、用工量等成本数据的精准管理。

在 BIM 中添加和完善物资材料报表、进度表、变更内容等数据,自动输出已完成工程消耗的物资材料数据清单以及未来所需的物资材料数据清单,实现物资材料与施工进度的协同管理。

采用智能仓储管理系统,实现施工材料的实时库存管理。通过 RFID 技术,实现材料的出入库和使用情况的实时监控。采用智能地磅系统,自动记录混凝土等大宗物料进出场的数量和时间并打印计量凭证,以此为依据对大宗物料按实际用量结算。

采用 BIM、三维扫描、图像识别、雷达成像技术对复杂结构进行施工精度模拟和虚拟预拼装,与信息模型进行拟合匹配,获得目标控制值,以指导施工。

采用定位技术,将芯片植入安全帽,实现现场作业人员的位置共享、轨迹记录等功能,提高现场人员的可控性。采用视频监控、图像检测识别等技术,对现场人员的安全行为进行检测巡查,对未佩戴安全帽、违章危险作业等行为进行提醒与警报,加强现场安全管理。

通过数字化管理平台进行建筑劳务人员电子派工,自动校验记工单数据和实名制考勤数据,自动生成工资单,经工人、项目、企业三方线上确认后,进行线上发薪,确保按月足额发薪到卡到人。

安装环境智能监测装置,对施工现场烟雾、噪声、扬尘等参数进行监测,自动报警,启动相关联动措施。安装喷淋自控装置,对采集的环境数据进行实时监测分析,智能控制喷淋装置启停,降低施工现场扬尘污染。安装水位智能监测装置,对深基坑水位、上下游水位监测,实现自动报警。

安装智能照明系统,实现现场作业区域的定时、定点、定量照明,降低能源损耗,控制项目成本。安装有害气体监测仪表,对有毒有害气体进行监测,自动报警。

集成应用考勤闸机、电子围栏、高清人脸识别摄像头等技术,通过智能门禁自动校验工地进场人员的入场权限,并关联施工过程人员作业记录,多维度验证进场人员的在场信息,确保建筑劳务人员实名制管理数据真实可靠。

5.2.3 几项典型智能施工技术

5.2.3.1 土石方智能开挖技术

土石方智能开挖技术依托先进的传感器、控制系统以及智能算法。在定位环节,通过高精度的卫星定位系统和先进的传感器,能够快速、准确地确定开挖位置,避免了人工测量的误差,极大地提高了定位的精准度。在开挖阶段,智能挖掘机配备的智能控制系统依据预设的程序和实时获取的地质数据,自动调整挖掘参数,实现精准、高效的开挖作业,减少人工操作带来的不确定性。运输过程中,无人运输车按照规划好的路线自动行驶,将开挖出的土石方及时、准确地运输到指定地点,降低了人力成本,减少了运输过程中的安全隐患。

在整个施工过程中,土石方智能开挖技术还实现了对施工现场的全面监控和实时数据采集分析。通过智能化管理,减少了人机混合作业的情况,降低了安全风险,保障了施工人员的安全。同时,系统能够实时监测开挖进度和精度,一旦发现偏差,立即进行自动调整,确保施工质量始终符合高标准要求。

5.2.3.2 洞挖智能施工

(1)利用地质雷达、地震波法、钻探等多种勘察手段,获取隧洞沿线详细的地质信息,包括岩石类型、地质构造、地下水分布等。将这些数据集成到地理信息系统(GIS)或专业的地质建模软件中,构建三维地质模型,为后续的设计和施工提供准确的地质基础。

(2)基于三维地质模型,采用计算机辅助设计(CAD)、建筑信息模型(BIM)等技术,进行隧洞的数字化设计。精确确定隧洞的走向、坡度、断面尺寸等参数,同时对施工过程中的关键技术指标进行模拟分析,如开挖顺序、支护方式、施工进度等,优化设计方案。

（3）TBM 智能掘进。在全断面掘进机（TBM）施工过程中，融合地质智能感知技术、刀具状态监测系统、智能掘进控制系统、卡机预警与处理系统等多种先进技术，实现掘进过程的自动化、智能化控制和管理，以提高掘进效率、质量和安全性。

5.2.3.3 洞挖智能支护

在隧洞施工中，首先要获取隧洞前方的详细地质信息，包括岩石类型、节理裂隙分布、地下水情况，利用专业设计软件，结合力学计算和经验公式，自动生成初步的支护方案。

随着掘进过程中地质情况的变化，系统可以实时调整支护设计参数。例如，如果遇到软弱围岩地段，系统会自动增加锚杆长度、加密锚杆间距或者加大钢拱架的型号等。

通过数值模拟软件对不同支护方案进行模拟分析。模拟过程中考虑围岩-支护结构的相互作用，分析在不同工况下（如不同的地应力场、不同的支护时机、不同的支护结构形式、开挖速度等）支护结构的稳定性和变形情况。

根据模拟结果，采用人工智能算法对支护方案进行优化，以找到最优的支护参数组合，如锚杆的最佳长度、角度和间距，以及喷射混凝土的最佳厚度等。

5.2.3.4 运输作业

无人驾驶运输车辆在土石方明挖施工中得到了广泛应用。对于物料运输种类多、运输强度高、车流量大的大型工程，运输车辆通过卫星定位、红外摄影测量技术、雷达、摄像头等多种传感器对运输车辆进行非接触式测量，实现自主导航和避障，能够按照预设的路线在施工现场进行土石方的运输作业。无人运输车辆不仅提高了运输效率，还降低了人工驾驶的安全风险，可实现 24 h 不间断作业。

利用断面数据建立网格模型获取装载方量。①用激光扫描、全站仪测量等获取装载区域断面数据，包含地形高程和装载边界轮廓；②将断面数据导入专业软件构建三维空间模型，划分网格，插值计算确定网格节点高程；③依据网格面积和高程差，运用积分原理算出各网格体积并累加，得到装载方量，利用大数据分析统计，获取装载方量，为施工安排提供支持。

5.2.3.5 智能灌浆

智能灌浆综合运用了人工智能、通信技术、物联网、云计算等信息技术，对灌浆过程数据进行实时感知和分析，从而实现灌浆工艺过程的优化决策和实时控制，提高灌浆质量和施工效率。要实现智能化灌浆，需要满足以下要求：

（1）自动化灌浆设备。具备自动控制灌浆压力、流量、浆液浓度等参数的功能，能够根据预设的灌浆工艺要求，精确调节灌浆过程，可根据地质条件和灌浆阶段的不同，自动完成配浆、补浆以及变浆的操作，确保灌浆效果。

（2）智能监测设备。在灌浆设备上安装高精度的压力传感器、流量传感器、密度传感器等，实时监测灌浆过程中的各项参数。传感器应具有高灵敏度、高精度和稳定性，能够准确采集数据，并及时传输到控制系统。

（3）自动配料设备。能够根据设计要求，自动准确地配制不同配合比的浆液。通过对水泥、水、外加剂等原材料的精确计量和混合，保证浆液质量的稳定性。

(4)远程控制与通信设备。能支持远程控制功能,工程师可以通过无线网络或有线网络,在远程监控中心对灌浆设备进行操作和控制。同时,设备应具备良好的通信能力,能够实时将监测数据传输到监控系统,实现数据的实时共享和远程监控。

(5)数据实时采集。智能灌浆系统具备感知浆液参数的能力,同时还拥有自动排污和自动清洗功能。它能够以高频次、高精度的方式实时采集灌浆过程中的压力、流量、浆液密度、灌浆时间、灌浆量等数据。数据采集频率应满足灌浆施工过程控制的要求,一般每秒采集一次或多次。

(6)智能灌浆决策。根据实时采集的数据和预设的灌浆标准,智能判断灌浆过程的进展情况,自动调整灌浆参数,如压力、流量、浆液密度等参数。

(7)灌浆过程自动化控制。实现灌浆过程的自动化操作,包括灌浆的开始、暂停、结束,以及浆液的切换、变比等,减少人工干预,提高灌浆施工的精度和效率。

(8)异常情况预警与处理。设置合理的预警阈值,当灌浆过程中出现异常情况(如压力突变、流量异常、浆液泄漏等)时,及时发出预警信号,并自动采取相应的处理措施(如暂停灌浆、调整参数等),确保施工安全。

(9)质量标准设定。根据水利工程的设计要求和相关技术标准,设定明确的灌浆质量标准,包括灌浆压力、灌浆量、浆液扩散半径、结石强度等指标。

(10)实时质量监测。通过对灌浆过程参数的实时监测和分析,实时评估灌浆质量。当发现质量指标不符合要求时,及时调整灌浆工艺,确保灌浆质量满足设计要求。

(11)质量追溯与评估。建立灌浆质量追溯体系,对每一次灌浆施工的全过程数据进行记录和保存。施工完成后,可通过对数据的分析和评估,对灌浆质量进行全面、客观的评价,为工程验收和质量鉴定提供依据。

5.2.3.6 土石坝施工的智能碾压

土石坝施工首先将筑坝材料(如土石混合料)摊铺到施工面,用碾压机械对其进行碾压。智能碾压主要包括碾压参数的智能感知、碾压材料特性的感知、碾压质量的评价、碾压过程智能控制四个方面的内容。

(1)碾压参数的智能感知。碾压参数包括振动碾的振动频率与振幅、行驶速度和碾压遍数。通常在碾压基础信息的振动轮、车架等部位安装加速度传感器、压力传感器等,实时获取振动参数和压力参数;利用北斗定位系统结合速度传感器,精确测量压路机的行驶速度和轨迹,从而准确统计碾压遍数。

(2)碾压材料特性的感知。碾压材料特性指标有含水量、颗粒级配、密实度等。采用现场检测和实验室分析相结合的方式感知碾压材料特性。现场可使用便携式含水量检测仪、核子密度仪等设备,快速检测材料的含水量和密度等指标。此外,还可以利用光谱分析技术等非接触式检测手段,对材料的成分和特性进行快速识别和分析。

(3)碾压质量的评价。主要评价指标有压实度、孔隙率和层面结合质量等。可通过环刀法、灌砂法等对压实后的土石材料进行取样检测,测定其干密度、含水量等指标,计算压实度和孔隙率;也可采用探地雷达等无损检测技术,对坝体内部结构进行探测,检查层面结合情况和是否存在缺陷;还可以利用大数据分析技术,对碾压参数、材料特性数据和检测数据进行综合分析,建立质量评价模型,通过模型预测和评估碾压质量,及时发现潜在的质量问题,为施工调整提供依据。

(4)碾压过程智能控制。借助先进的自动化控制技术和信息技术实现碾压过程的智能控制。通过控制器对碾压机械的发动机、液压系统等进行精确控制,实现工作参数的自动调整;利用无线通信技术,将现场采集的数据传输到控制中心,工程师可以在控制中心对多台碾压机进行远程监控和统一调度,提高施工效率和质量。

5.2.3.7 混凝土的智能振捣

混凝土坝施工中,首先要按照设计要求进行混凝土拌和,再将拌和好的混凝土输送到坝体的施工面上进行振捣,使其更均匀、密实。

(1)智能振捣控制系统的功能实现。借助先进的信息技术手段,对振捣质量参数进行全面、高效的管理和控制。

(2)振捣参数自动感知与质量控制。通过深度传感器、角度传感器、空间定位技术、机器视觉技术等手段,系统自动获取振捣棒的位置、时长、深度、角度、间距等关键参数,并实时传输到控制中心。根据预设的质量标准,系统对获取的参数进行评估,并根据实时感知的数据对混凝土浇筑质量进行动态分析,及时发现潜在问题并采取相应的控制措施,如调整振捣设备的运行参数等。

(3)施工机械的远程实时在线监控。利用传感器实时采集施工机械(平仓机、振捣机、人工振捣棒等)的运行数据,由物联网技术实现数据的无线传输,用移动通信网络将数据传输到监控中心。对施工机械的位置、平仓行进状态(如行进速度、平仓平整度等)、振捣工艺(振捣频率、振幅等)等关键环节进行全面监控。通过远程实时在线监控,工程师可以在任何地点随时了解施工机械的运行情况,及时发现异常并进行干预,实现对常态混凝土施工过程的有效监测、分析、预警和控制。

(4)终端设备接收监控成果与预警。在平仓机、振捣机等施工机械内配置终端设备,如平板电脑、智能显示屏等。这些终端设备能够实时接收系统推送的平仓振捣监控成果和预警信息,使现场操作人员能够及时了解施工质量情况和潜在风险,以便迅速做出响应,采取相应的措施进行调整和改进。

(5)振捣质量评价指标体系与模型的建立。综合考虑振捣过程中的各种因素,如振捣时间、深度、间距、混凝土的流动性等,建立科学合理的振捣质量评价指标体系。基于该指标体系,运用数学方法和计算机技术构建振捣质量评价模型。将实时采集的振捣参数输入评价模型进行计算和评估,当评价结果显示质量可能不达标时,系统自动发出预警,提前采取措施避免出现质量问题,实现对振捣过程质量的有效控制。

5.2.3.8 大体积混凝土的温度控制

大体积混凝土结构施工过程中,混凝土的凝固会产生水化热,从而引发混凝土开裂。混凝土坝坝体的开裂是非常普遍的问题,“无坝不裂”真实反映了近代混凝土坝的实际情况。

大量研究和工程实践表明,混凝土坝的裂缝主要由混凝土的温度造成,因此解决其裂缝问题最好的途径就是温度控制,如采用低热水泥(如白鹤滩水电站大坝)、在混凝土生产中掺加降低其水化热的材料(如粉煤灰、矿渣粉、硅灰等)、控制混凝土的入仓温度、冷却通水技术、数字监控技术等。近年来,我国水利水电工程中所采用的智能温控技术成功解决了混凝土裂缝问题。

1. 监测系统布置

(1)传感器布置。根据混凝土结构的形状、尺寸和温度场分布特点，确定传感器的数量和位置，一般在混凝土浇筑体的底面、中心和表面等关键部位进行布置，以全面、准确地获取温度数据。

(2)数据采集与传输。通过数据采集仪实时采集传感器测量的温度数据，并利用无线通信技术或有线通信网络将数据传输到监控中心。

(3)实时监测平台。在监控中心建立实时监测平台，对传输过来的温度数据进行存储、显示和分析。平台可以以图表、曲线等形式直观地展示温度变化趋势，方便施工人员和技术人员随时查看，为温度控制决策提供依据。

2. 温度控制措施

(1)原材料温度控制。选择低热水泥，如中热硅酸盐水泥、低热矿渣硅酸盐水泥等，以减少水泥水化热的产生。对粗骨料进行预冷，可采用风冷、水冷等方式降低骨料温度；对细骨料采取遮阳、洒水等措施，控制其温度。采用低温水或冰水拌和混凝土，降低混凝土的出机温度。

(2)混凝土浇筑温度控制。选择在气温较低的时段进行浇筑，避免在高温时段浇筑，减少混凝土浇筑后的温升。根据混凝土结构的特点和施工条件，采用分层分块浇筑方法，增加散热面积，降低混凝土内部温度。合理控制混凝土的浇筑速度，避免过快或过慢。过快可能导致混凝土内部热量积聚，过慢则可能影响混凝土的整体性。

(3)混凝土养护温度控制。在混凝土表面覆盖保温材料，如土工布、棉被、聚苯乙烯泡沫板等，减少混凝土表面热量散失，降低混凝土内外温差。对于大体积混凝土，可在内部埋设冷却水管，通过循环冷却水带走混凝土内部的热量，控制混凝土内部温度。

3. 数据分析与决策

利用数据分析软件对监测系统采集到的温度数据进行深入分析，包括温度变化规律、温差分布情况、温度应力计算等。通过数据分析，找出温度变化的峰值、谷值以及温度变化速率等关键信息，评估温度对混凝土结构的影响。

基于历史温度数据和混凝土的热物理性能参数，建立温度预测模型。通过预测模型，提前预测混凝土的温度变化趋势，为温度控制措施的调整提供依据。

根据温度数据分析和预测结果，结合混凝土结构的设计要求和施工规范，制订科学合理的温度控制方案。例如，调整保温材料的厚度、冷却水管的通水流量和通水时间等，确保混凝土温度控制在允许范围内。

5.2.4 智慧工地管理

码 5-3 文档：智慧工地案例

5.2.4.1 安全管理

安全管理应包括下列信息：①人员信息；②专项方案及技术交底信息；③安全巡检信息；④视频监控信息；⑤塔式起重机、施工升降机、盾构机设备监测信息；⑥基坑安全监测信息；⑦模板支撑体系监测信息;⑧安全资料信息。

目前,专项方案及技术交底主要是针对危险性较大的分部分项工程方案的管理,也是安全管理中的一个重要环节。

安全管理系统应具备下列功能:①在线提交、审查安全方案;②在移动端、PC 端中采集、管理安全信息;③接收、统计、查询、分析数据及报警。

5.2.4.2 质量管理

质量管理应包括下列信息:①施工方案及技术交底信息;②施工过程质量控制信息;③质量验收信息。

质量管理系统的功能:①在线提交、审查质量方案;②在移动端、PC 端中采集、管理质量信息;③接收、统计、查询、分析数据及报警;④质量问题闭环管理。

系统由“数据端+App 端+Web 平台”组成,业务层级从三个基础维度实现质量系统管理,分别是质量重大问题事前预防(质量风险源管理)、质量过程监测(质量检查、实测实量、整改单自定义、现场平面图、资料云管理)、质量结果验收(质量验收),旨在实现企业规范管理、避责减责、提升效率、降低成本,形成规范化管理流程。

5.2.4.3 进度管理

智慧工地进度管理系统应与项目传统进度管理业务及企业自身项目管理体系融合,进度管理系统包含进度计划制订、过程跟踪和纠偏所需要的数据收集、分析、辅助决策的能力。进度计划制订应包括下列内容:①施工工序划分;②工作量计算;③劳动量和机械台班数量;④各工序的逻辑关系和工作时间。过程跟踪应包括下列内容:①各工序实际开始时间;②各工序实际完成时间;③各工序实际投入材料、劳动量、机械台班情况。过程纠偏应包括下列内容:①投入劳动量、机械台班优化;②工序调整。

进度管理系统可在移动端、PC 端录入进度管理数据信息,并能读取 BIM 模型、进度管理软件的数据信息。

5.2.4.4 视频监控

视频监控系统应做到传输距离无界限,监控方便;监控画面切换简便快捷;图像影像存取简便容易;具有 Web Server 功能,可以在 Web 端和 App 端同时观看视频监控画面,使管理层身处异地也能随时掌握施工现场的生产状况,监控生产情况,加强治安保卫,消除安全隐患,防止意外发生。利用智能视频分析和人脸识别等技术,对工地人员是否佩戴安全帽、是否未经允许进入危险区域、是否违章操作等一些违反安全规定的行为进行监测,并向相关责任人员发出警告信息。

5.2.4.5 人员管理

人员管理内容应包括管理人员和作业人员。对于管理人员要包括下列信息:①基础信息;②资格证书信息。对于作业人员要包括下列信息:①基础信息;②合同信息;③资格证书信息;④教育培训记录信息;⑤考勤记录信息;⑥工资记录信息。

人员管理系统应具备实名制管理、考勤管理、薪资管理、培训教育管理等功能。人员管理数据采集设备应具备自动读取、识别、记录、连接远程数据库、实时上传数据等功能,还应具备数据统计功能。

当系统中发现一些不符合要求的情况,如超龄、未成年人、资格证书到期等,应及时发出提示信息。

5.2.4.6 **施工机械设备管理**

施工机械设备管理内容应包括塔式起重机、施工升降机、盾构机等。施工机械设备管理应包括下列信息:①基础信息;②操作人员信息;③运行状态信息;④设备维修保养信息。

施工机械设备系统应具备基本信息管理、运行监控管理、维修保养信息管理等功能,还应具备在移动端、PC 端中管理基本信息及运行监控、维修保养等信息的功能。施工机械设备基本信息可通过二维码、RFID 技术或访问其他管理系统采集。施工机械设备要加装身份识别装置以采集特种作业人员信息,加装传感设备监控记录其运行状态。

塔式起重机、施工升降机、盾构机等发生一些可能引起安全问题的行为时,施工机械设备管理系统应报警。

5.2.5 施工数据交付

水利工程施工数据交付是一个系统且严谨的过程,对工程的验收、运行维护及后续的管理决策等都具有重要意义。

5.2.5.1 **数据交付的内容**

(1)工程基本信息数据。包括项目名称、地理位置、工程规模、设计标准、施工单位、监理单位等基础信息,这些数据为后续对工程的全面了解提供了基本框架。

(2)施工过程数据。包括施工进度数据,如各阶段的开始时间、完成时间、实际进度与计划进度的对比等;施工日志,记录每日施工情况、人员设备投入、遇到的问题及处理措施等;隐蔽工程记录,包括基础处理、地下结构施工等隐蔽部分的详细情况和验收资料。

(3)质量检测数据。原材料检验数据,如水泥、钢材、砂石等原材料的质量检测报告,包括物理性能、化学成分等指标;混凝土和砂浆的配合比试验数据以及强度、抗渗性等性能检测数据;分项分部工程的质量验收数据,如外观质量、尺寸偏差、内在质量等方面的检测结果。

(4)安全监测数据。对工程施工过程中涉及的安全监测数据进行交付,如坝体沉降监测数据、坝体及坝基渗漏数据、边坡变形监测数据等,这些数据有助于评估工程施工过程中的安全状况。

(5)计量支付数据。记录工程施工过程中的工程量计量数据以及相应的费用支付情况,包括已完成的工程量清单、工程变更签证记录、工程款支付凭证等,为工程结算和费用管理提供依据。

(6)图纸及设计变更数据。施工图纸,包括总平面图、结构详图、剖面图等各类施工图纸;设计变更文件,记录工程施工过程中因各种因素导致的设计变更情况,包括变更原因、变更内容、变更后的图纸等。

5.2.5.2 **交付流程**

(1)数据收集与整理。施工单位在施工过程中及时收集和整理各类数据,按照一定的分类标准和格式进行存储。在工程竣工前,对所有数据进行全面的梳理和核对,确保数据的完整性和准确性。

(2)数据审核。由施工单位内部的质量控制部门或专人对整理好的数据进行审核，检查数据的真实性、准确性和规范性。审核通过后，提交给监理单位进行复核。

(3)监理审核。监理单位对施工单位提交的数据进行严格审核，重点检查数据是否与施工实际情况相符，是否满足设计和规范要求。对于不符合要求的数据，监理单位要求施工单位进行补充或修正。

(4)数据交付。经过监理单位审核通过后，施工单位将最终的数据交付给建设单位。数据交付可以通过平台交付或采用纸质文件和电子文件相结合的方式，电子文件应存储在可靠的存储介质中，并确保数据的可读性和可访问性。

(5)重视数据的安全性。高度重视数据交付中的数据安全，包括数据加密与访问控制、数据存储安全等。

任务5.3　水利工程智能管理

5.3.1　水库智能运行与维护

5.3.1.1　智能巡检

码5-4　文档：智能大坝建设试点总体方案

水利工程检查一般采用由检查人员在现场进行巡视检查的方法，由于有的工程线路长、路途远，所以耗费的时间较长，巡检工作强度大，易疲劳。尤其是在恶劣天气情况下，巡视检查的频率本就比平时高，巡检更困难。不少水库地处偏远地区，通信条件不好，人工巡检的结果不能及时上报，可能会导致不能及时对问题进行评估和采取应对措施，使得小问题有可能在这段时间内发展成大事故。此外，人工记录数据时，可能会因为笔误、读数错误等导致数据不准确。因此，发展智能巡检手段就显得非常必要。

1. 无人机巡检

无人机通常由飞行器平台、飞行控制系统、高清摄像头、传感器(如红外传感器、激光雷达等)以及数据传输模块等组成。飞行控制系统可根据预设的航线或指令，精准控制无人机的飞行姿态和轨迹。在巡检过程中，高清摄像头负责采集水库大坝、库区、周边环境等区域的高分辨率图像和视频数据；红外传感器可检测物体的温度差异，用于发现潜在的发热点或异常温度区域；激光雷达则能获取地形和物体的三维空间信息。采集的数据通过数据传输模块实时传输到地面控制站或监控中心。

无人机巡检具有高效性和灵活性，能够快速覆盖大面积区域，不受地形限制，可轻松到达人工难以抵达的区域，如陡峭的山坡、复杂的水域等。同时，它能从不同角度和高度获取数据，提供全面的视角，有助于发现细微的异常情况，如大坝表面的微小裂缝、库区的漂浮物等。此外，无人机巡检可定期进行，形成连续的监测数据，便于分析变化趋势。

在水库巡检中，无人机可用于大坝外观检查，监测坝体表面是否有裂缝、塌陷、渗漏痕迹等；对库区进行巡查，检测水面状况、漂浮物分布以及周边山体的稳定性；还可用于检查水库周边的附属设施，如输电线路、通信塔等的运行状况。

2. 机器人巡检

水库工程中应用的机器人设备类型主要有爬壁机器人、水下机器人、地面移动机器人等。

(1)爬壁机器人。主要用于大坝廊道和坝体表面的巡检。它通过吸附装置(如真空吸附、磁力吸附等)附着在坝体表面,能够在垂直或倾斜的表面上移动。配备高清摄像头、超声波探伤仪、裂缝检测传感器等设备,可对坝体表面进行近距离检查,检测裂缝的宽度、深度和长度,以及混凝土的剥落、腐蚀等情况。

(2)水下机器人。适用于水库水下部分的巡检,如大坝基础、水下建筑物、取水口等。水下机器人搭载有水下摄像头、声呐系统、水质传感器等设备。声呐系统可用于探测水下地形、障碍物和结构物的轮廓,水下摄像头能直观地观察水下的情况,水质传感器则可实时监测水下的水质参数。

(3)地面移动机器人。可在水库的地面区域,如坝顶、溢洪道、厂房等进行巡检。它配备有视觉传感器、激光雷达、气体传感器等,能够监测地面设施的运行状态、环境参数(如温度、湿度、有害气体浓度等),以及发现地面的异常情况,如设备故障、异物堆积等。

利用机器人巡检能够实现对特定区域的精准、细致检查,减少人工巡检的劳动强度和安全风险。它们可以在恶劣环境下持续工作,不受时间和天气条件的限制,并且能够实时反馈数据,及时发现问题。此外,机器人巡检的数据准确性和一致性较高,有助于提高巡检质量。

但需要注意的是,虽然机器人在一定程度上克服了人工巡检的缺点,也能够代替大部分人工巡检,但目前来看还不能完全替代人工现场巡检,有时需要有经验的技术人员到现场实地察看,以判断问题的严重程度,并采取相应的处置措施。

3. 视频监控巡检

视频监控巡检系统由高清摄像头、视频传输网络、视频存储设备和视频分析软件等组成。高清摄像头安装在水库的关键部位,如大坝、溢洪道、进水口、出水口等,实时采集视频图像。视频传输网络将摄像头采集的图像传输到视频存储设备进行存储,同时视频分析软件对视频图像进行实时分析,通过图像识别、行为分析等技术,自动检测异常情况,如人员闯入、设备故障、水位异常等。

视频监控巡检具有实时性和连续性,能够实时监控水库的运行情况,及时发现异常事件。视频分析软件的应用提高了巡检的智能化水平,能够自动识别和预警潜在的问题,减少人工监控的工作量和误判率。此外,视频监控数据可长期保存,便于事后查询和分析。

视频监控巡检主要用于对水库的日常运行进行实时监控,保障水库的安全管理;在特殊时期,如洪水、暴雨等极端天气条件下,实时监测水库的水位变化、泄洪情况等,为防洪调度提供决策依据;还可用于对水库周边的安全防范,防止非法入侵和破坏行为。

4. 智能巡检管理系统

为了实现水利工程的智能化管理,除上述的智能设备、巡检方式外,还需要有智能巡检管理系统,对巡检进行智能化管理,包括巡检计划管理、现场数据采集、实时定位与轨迹跟踪、异常报警与处理、数据管理与分析等内容。

5.3.1.2　智能安全监测

根据智慧水利技术的要求,并随着坝工管理技术水平的不断提高,工程智能安全监测得到了普遍重视。大坝智能安全监测的技术要求包括以下内容:

(1)监测项目全面性。首先,必须根据相应技术标准要求对大坝的变形(包括水平位移、垂直位移、裂缝发展等)、应力应变、渗流(渗流量、渗透压力、浸润线等)进行监测。环境因素监测也很重要,包括对水库的水位、水温、气象条件(降雨、风速、气温等)以及周边地质状况(地震活动、山体滑坡等)进行监测。此外,对大坝的附属设施,如闸门、启闭机、输水管道等的运行状态进行监测,包括设备的机械性能、电气参数、运行工况等。

码 5-5　文档:某水电站大坝表面裂缝检查

(2)数据采集与传输。采用高精度、高可靠性的传感器进行数据采集,确保能够准确测量各项参数。传感器的精度应满足工程监测的要求。应实现数据的实时采集和连续监测,及时获取大坝的运行状态信息。数据采集频率应根据监测项目的特点和要求合理确定,对于关键参数,如大坝的变形和渗流,应具备较高的采集频率。建立稳定可靠的数据传输网络,确保采集的数据能够及时、准确地传输到监测中心。

(3)数据分析与处理。首先,要对采集到的数据进行清洗和预处理,去除异常值、噪声和错误数据,确保数据的质量。然后,运用先进的数据分析技术,如机器学习、大数据分析、人工智能等,对监测数据进行深入分析。最后,通过建立数据模型和算法,挖掘数据之间的潜在关系,实现对大坝安全状况的智能评估和预测,及时发现异常趋势和潜在风险。

(4)安全评估与预警。建立科学合理的大坝安全评估模型,综合考虑大坝的设计参数、施工质量、运行历史以及实时监测数据,对大坝的安全状态进行全面、准确的评估。评估模型应具备良好的适应性和可靠性,能够根据不同的大坝类型和工况进行调整和优化。制定完善的预警标准和多级预警机制,根据监测数据与预警标准的对比,及时发出不同级别的预警信号。在发出预警信号的同时,提供相应的应急响应建议和预案,指导相关人员进行应急处理。应急响应预案应包括人员疏散、抢险救援、工程加固等措施,以最大限度地减少安全事故的损失。

5.3.1.3　智能防汛调度

洪水调度是指在发生洪水时,通过一系列的工程措施(如水库、堤防、湖泊等)和非工程措施(如指挥调度,洪水预报、预警、预演、预案等),对洪水进行调节、控制和分配,以达到防洪减灾、兴利除害等目的的一种手段。洪水智能调度是利用现代技术(如物联网、大数据、云计算、人工智能、机器学习、智能算法等),对洪水进行更高效、精准和智能的调节与控制的手段。

1. 智能洪水预报

智能调度系统可以融合气象卫星、雷达、地面水文气象站等多源数据,提高洪水预报的精度。基于实时数据和智能算法,对洪水发生时间、洪峰流量、洪水总量以及洪水过程线进行动态更新预报。与传统预报方法相比,能够更及时地捕捉洪水的变化情况。例如,当流域内出现局部暴雨时,系统可以迅速调整预报结果,提前预警洪水的上涨。

2. 水利工程智能调度

根据实时的洪水情况和水利工程的运行状态，智能调度系统可以自动调整水库、水闸等水利工程的调度策略。例如，对于一个具有防洪、发电等多功能的水库，在洪水期间，系统可以根据入库流量、下游河道的行洪能力以及电力需求等因素，自动调整泄洪流量和发电功率，实现防洪和兴利的最优平衡。

考虑流域内多个水利工程的协同调度，通过智能算法优化它们之间的联合运行方式。比如在一个水系中有多个水库和水闸，智能调度系统可以分析它们之间的水力联系，以整个流域的防洪安全和水资源综合利用为目标，确定每个水利工程的最佳调度方案，避免出现局部优化但整体效果不佳的情况。

5.3.1.4 智能兴利调度

水库智能兴利调度是综合运用现代信息技术、数学模型和优化算法，对水库的蓄水、放水等操作进行智能化决策和管理的过程，以实现防洪、灌溉、供水、发电等多种功能的最优组合。

将采集到的气象水文数据和工程设施状态数据进行实时处理和分析。利用数据挖掘技术，从大量历史数据和实时数据中提取有价值的信息，如分析水位变化趋势、入库流量的频率分布等。通过对实时数据的分析，及时发现异常情况，如暴雨导致的入库流量急剧增加、大坝变形超过警戒值等，为调度决策提供及时准确的数据支持。

根据调度模型的计算结果和实时数据分析，生成水库调度方案。当预测到未来几天有暴雨天气，入库流量将大幅增加时，智能决策支持系统会根据水库的当前水位、防洪库容等情况，计算出最优的预泄洪方案，包括预泄洪的时间、流量等参数。同时，系统还可以对不同调度方案进行模拟和评估，比较它们在防洪、兴利等方面的效果，为管理人员提供多种选择，最终由管理人员结合实际情况进行决策。

5.3.1.5 智能维护

1. 维护智能决策支持

首先按要求对水库大坝进行安全评价。根据《水库大坝安全评价导则》(SL 258—2017)等文件进行大坝安全评价，根据评价结果制定科学合理的维护策略。对于一类坝，可以按设计标准正常运行，可能存在轻微缺陷，可采取定期监测、局部修复等措施；对于二类坝，工程存在较大的缺陷，如大坝现状防洪能力不满足规范要求、存在工程质量缺陷、安全监测等管理设施不完善、维修养护不到位、管理不规范等，需要控制其运行条件；对于三类坝，大坝现状防洪能力不满足水利部颁布的水利枢纽工程除险加固近期非常运用洪水标准，或者工程存在严重质量缺陷与安全隐患，属于不能按设计正常运行的大坝，需要尽快安排除险加固。

根据上述结果制订详细维修计划，包括维修时间、维修方法、所需材料、人力和设备等。同时，考虑维护成本和效益，优化维护策略，确保在保障大坝安全的前提下降低维护成本。

另外，开发智能决策辅助系统，为维护决策提供支持。该系统能够整合监测数据、故障诊断结果、维护策略等信息，以直观的界面展示给决策者。决策者可以通过系统进行模拟分析，评估不同维护策略的效果，从而做出最优决策。

2. 智能维护执行

利用自动化技术，如机器人、无人机等，实现大坝的智能维护。例如，使用爬壁机器人对大坝表面进行检查和修复，尤其是搭设脚手架比较困难的部位，如溢流坝的闸墩等，机器人可以携带检测设备和维修工具，对裂缝、剥落等问题进行及时处理。

在维护过程中，通过智能监测系统对维护工作进行实时监控，确保维护工作按照计划顺利进行。同时，记录维护过程中的各项数据，如维护时间、维护人员、使用材料等，为后续的维护评估和管理提供依据。

典型案例：高坪桥水库智慧运维

1. 建设背景

高坪桥水库位于浙江省衢州市龙游县社阳乡，是钱塘江流域衢江支流社阳港流域的重要中型水库。该水库不仅承担着供水和防洪的核心任务，还兼顾灌溉、发电及改善水环境等综合利用功能。随着经济社会的发展和人民生活水平的提高，水库的安全运行和高效管理成为保障民生、推动区域可持续发展的关键。

传统的水库管理模式面临着诸多挑战：一方面，水库运行涉及多个部门，数据分散、信息孤岛现象严重，导致管理效率低下；另一方面，水库在防洪调度、供水保障、大坝安全监测等方面存在技术瓶颈，难以实现精准决策。此外，随着生态保护意识的增强，水库的生态功能也亟待提升。为解决这些问题，高坪桥水库积极探索数字化改革，打造智慧运维应用，以实现水库管理的智能化、高效化和生态化。

2. 建设内容

(1) 多跨协同，打破数据壁垒。高坪桥数字水库智慧应用通过整合水利、生态环境、卫生健康、农业农村、应急管理等多部门数据资源，打破信息孤岛，实现数据共享和协同联动。通过与省“浙水安澜”平台、省水文通信网、省气象预报系统等的互联互通，构建了强大的数据中枢，为水库的科学管理和决策提供了坚实基础。

(2) 智能感知与实时监测。在水库大坝、库区及周边区域安装了大量传感器和高清摄像头，构建了全方位的感知体系。通过物联网技术，实时采集水雨情、大坝变形、渗流渗压、水质状况等数据，并利用大数据和云计算技术进行分析处理。例如，通过86个高清摄像头结合图像识别技术，实时监测水库漂浮物和区域入侵情况，有效提升了水库的生态管理水平。

(3) 智慧调度与精准决策。高坪桥数字水库应用BIM、大数据、云计算等先进技术，实现了防洪调度、供水调度和生态调度的智能化。通过流域水文模型自动计算，准确预判汛限水位、洪峰流量及库水位变化趋势，为防洪调度提供科学依据。同时，结合下游城镇水厂的用水需求，优化联合供水调度方案，确保供水安全。

(4) 数字孪生与全生命周期管理。基于数字孪生技术，构建了高坪桥水库的三维数字模型，将工程相关的各类数据信息与三维场景深度融合，形成水库数字资产库。通过数字孪生模型，管理人员可以直观地了解水库的运行状态，并在工程运行管理过程中不断积累和完善数据，为隐患处理、设备检修、除险加固等工作提供决策依据。

3. 建设成效

(1)提升管理效率。通过智慧运维应用,高坪桥水库实现了“一屏控全局”,管理人员可以通过数字平台实时掌握水库的运行状况,快速响应各类问题。多部门协同联动机制的建立,进一步提升了管理效率,减少了沟通成本,使水库的运行管理更加高效、科学。图 5-1 为高坪桥数字水库智慧应用驾驶舱。

图 5-1　高坪桥数字水库智慧应用驾驶舱

(2)保障供水与防洪安全。智慧运维应用通过对用水需求的精准分析和供水调度的优化,有效保障了龙游县 30 万居民的供水安全。同时,在防洪调度方面,通过实时数据传输和智能决策支持,成功抵御了多次洪水侵袭,将水库下游防洪标准由 5 年一遇提升至 20 年一遇,保障了下游地区的防洪安全。图 5-2 为防洪调度系统主界面,图 5-3 为安全研判主界面。

图 5-2　防洪调度系统主界面

(3)改善生态环境。通过水质实时监测和生态调度,高坪桥水库的生态环境得到了显著改善。水库的生态功能进一步发挥，为区域乡村振兴提供了良好的生态环境支撑。同时，水库运营产生的清新空气、生态农业、绿色水电等附加效益也逐步显现，推动了区域的绿色低碳循环发展。

图 5-3　安全研判主界面

（4）推动数字化改革。高坪桥数字水库智慧运维应用作为浙江省水利数字化改革的试点项目，为全省水利系统的数字化建设提供了新思路和新样板。其成功经验得到了水利部和各级政府的高度肯定，并在浙江全省范围内推广。

5.3.2　水电厂智能管理

根据《智能水电厂技术导则》（GB/T 40222—2021），智能水电厂定义为：以自动化、数字化、信息化为基础，利用云计算、大数据、物联网、移动互联、人工智能等技术，具有自感知、自学习、自决策、自执行、自适应能力，实现安全、稳定、高效运行的水电厂。

依据水电厂的特征和能力，将智能化划分为初级、中级和高级三个级别，其总体特征如表 5-1 所示。

表 5-1　水电厂智能化分级标准

初级	中级	高级
完善自动化监测与控制能力，实现不同业务之间的信息互动，提高系统决策支持能力，实现基于人机协同的运行控制和系统优化，提升水电厂的安全运行水平及工作效率	采用智能电子装置和统一信息模型实现设备智能化，提高智能监盘和故障诊断等能力，实现以机器为主的运行控制和系统优化，具备关门运行技术条件，极端情况下进行人工干预	采用智能设备、数字仿真模型、行业专家知识库、人工智能等，实现设备及系统的自学习、自决策、自执行、自适应能力，生产优化运行及系统维护完全由系统自动完成

5.3.2.1 水电厂智能化管理体系

1. 基本要求

智能水电厂需要满足以下要求：

（1）设备与设施的全方位监控。在所有发电设备以及水工建筑物上，安装智能监测设备，实时采集设备的运行参数。一般可采用智能电子装置及智能设备实现数据采集和处理，也可采用智能传感器进行数据测量。此外，还必须对机房各系统设备运行环境及相关设备进行全天候实时监测与智能化调节控制，以保证机房内设备的安全。

（2）视频监控。主要是针对水电厂重要区域的视频监控，还包括火灾报警、门禁系统等。系统应具有视频报警功能，可在显示器上设置敏感区域，敏感区域内一旦有异常即触发报警功能。视频监控系统应符合《水力发电厂工业电视系统设计规范》（NB/T 35002—2011）的要求，并具备系统联动、虚拟电子围栏、图像识别等功能。

（3）数据的采集。通过上述各类智能监测设备、视频监控设备获取的数据，要能够完整反映水电厂的实际运行情况，为后续的分析、决策提供充分的数据基础。可采用手机、平板电脑、机器人等移动终端扩大信息采集范围。数据格式和通信接口要满足《物联网总体技术 智能传感器接口规范》（GB/T 34068—2017）的要求。

（4）数据的传输。在全方位数据采集的基础上，要有稳定、高效的数据传输网络，根据不同的数据类型、传输距离以及实时性要求，选择合适的通信方式，将采集到的海量数据准确、及时地传输至数据处理中心或相应的控制系统。

（5）网络安全。智能水电厂网络安全非常重要，要确保数据传输过程中的安全性，采用数据加密、身份认证等技术手段，防止数据泄露、篡改等情况发生，保障数据的完整性和可用性。除应满足国家相关规范要求外，还应满足以下要求：遵循电力监控系统安全防护要求，实现安全分区、网络专用、横向隔离、纵向认证；生产控制大区与管理信息大区内部根据业务特点划分不同的安全域，安全域之间采用技术隔离手段限制业务直接互通；具备关键信息基础设施监管功能；采集各个设备上的审计数据并进行自动分析；集中管理安全策略、恶意代码、补丁升级等安全相关事项。

（6）数据质量管理。在数据处理过程中，要实时监控数据质量指标（如数据准确性、完整性等的量化指标），当发现数据质量不符合要求时，及时追溯问题源头，反馈给相关环节（如数据采集、传输等环节）进行整改，形成数据质量的闭环管理。管控平台应具备数据质量管理功能，能够自动识别缺数和测值异常等问题。

（7）厂站层应部署一体化管控平台并符合《智能水电厂一体化管控平台技术规范》（GB/T 39264—2020）的要求。厂站层管理信息大区应建立统一的生产数据中心，可部署私有云计算平台、大数据平台和工业互联网平台，厂站层应实现应用组件的一体化部署，并实现相互之间的业务互动，保护装置的测量和跳闸信号宜增设独立的点对点网络进行传输。

（8）电源一体化管理。各电源系统根据需要配置，但应具备网络接口通信功能，支持标准通信协议，同时应在一体化管控平台中设置电源管理系统，通过统一标准的网络接口和协议将水电厂内配置的电源系统的信息完整采集、存储、展示，并对各接入电源系统的运行状况进行分析评估，当某个电源系统的运行数据出现异常时，可以快速做出报警和处理指导，防止事件进一步扩大，降低事件带来的危害，提高电源系统的维护能力，保障电站其他系统的稳定运行。

(9)时间同步。是智能水电厂一体化运行支撑不可或缺的要素。统一时间既可实现全站各系统在统一时间基准下的运行，也可以通过各开关动作的先后顺序来分析事故的原因及发展过程。时间同步系统应全厂统一，同步对时信号取自同一信号源，并符合《电力系统的时间同步系统 第1部分：技术规范》(DL/T 1100.1—2018)的要求。

(10)数字化模型。水工建筑物、机电设备等实现三维数字化建模。智能电子装置、智能设备、一体化管控平台按规范建立统一的信息模型，实现数据的源端维护、全厂共享。可以实现智能水电厂三维数字孪生，并通过自学习不断升级数字仿真模型。

2. 总体架构

智能水电厂的系统架构，横向划分为生产控制大区(包括安全Ⅰ区、安全Ⅱ区)和管理信息大区，纵向分为过程层、单元层和厂站层，过程层和厂站层应分别建立过程层网和厂站层网。生产控制大区纵向划分为过程层、单元层和厂站层，管理信息大区纵向划分为单元层和厂站层。

根据励磁系统和调速系统所处的层次不同，智能水电厂总体架构分为两种。图5-4是其中一种典型的系统架构。

3. 发电运行的监视和智能控制

发电运行的监视主要包括设备的过程监视和状态监视。状态变化分为两类：一类是自动控制或保护装置动作所导致的状态变化，如事故跳闸、机组的启动等；另一类是由操作人员控制的命令所引起的状态变化。两者均做显示和记录。对机组各种运行工况(发电、停机)的转换过程所经历的主要操作步骤进行监视，并做记录。

智能控制包括各种设备的控制、保护、调节、运行状态及运行参数的测量和远程发送等，以及必要的预警、动态优化、超阈值时发出预警、给出负荷调整建议、自动投入应急电源等。此外，还包括计算机监控、视频监控、消防、门禁、电子围栏、人员定位、生产管理系统之间的联动等。

4. 智能巡检

水电站智能巡检系统主要由智能巡检现地设备、网络设备和上位机组成。智能巡检系统现地设备包括智能巡检设备柜(箱)、智能巡检摄像头(含智能红外热成像测温、拾音器等)、环形升降轨道机(带预置功能)等。智能巡检设备柜(箱)中包含图像存储服务器、工业以太网交换机、电源设备、继电器、接口设备以及其他必要的元器件。上位机主要由安全生产综合智能化管理平台、智能巡检服务器、视频管理服务器等组成。

5. 安全生产管理

(1)实现智能两票(工作票和操作票)管理。操作票是机组运行用的，适用于重大操作，如启停机组、电气并网操作、拉合闸等。工作票是检修用的，机组或设备的大修和小修临检，或者临时处理某一设备故障，必须得到运行方的同意，这些均通过工作票完成。智能水电厂应具备典型票管理、自动开票、冲突检测、移动查询等功能。

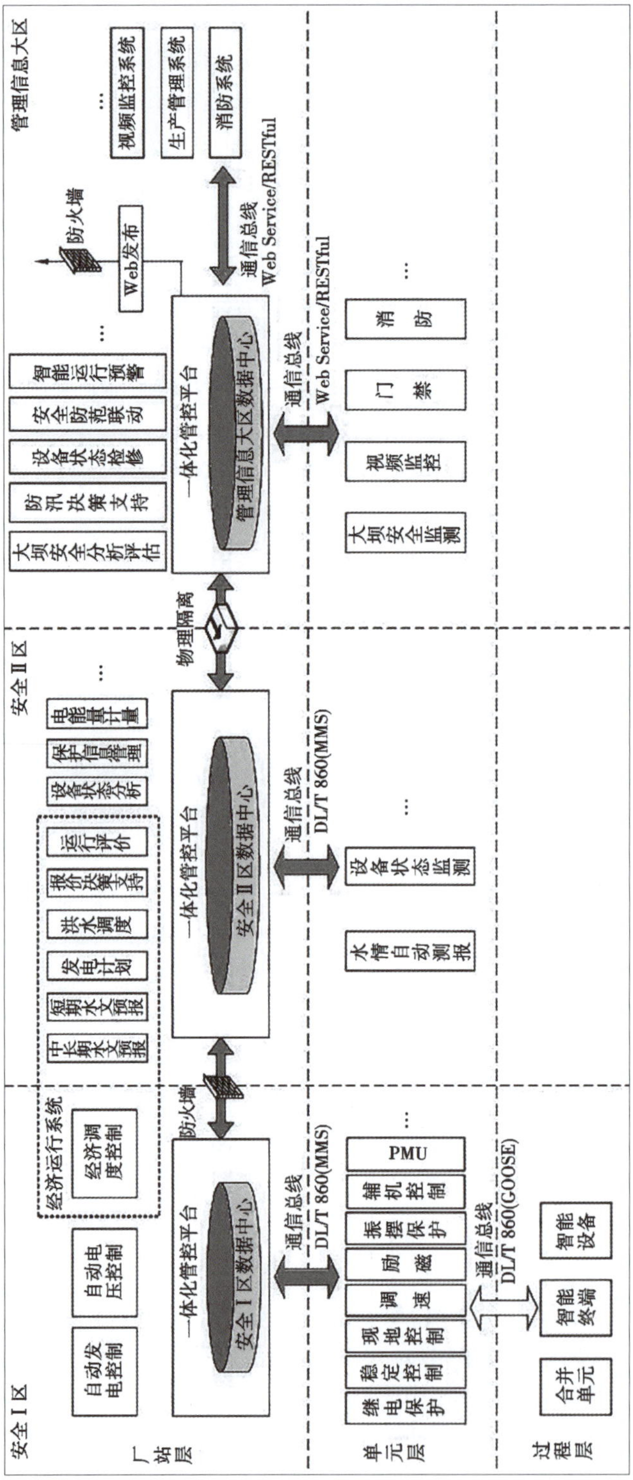

图 5-4 智能水电厂的一种系统架构

(2)智能锁钥管理,具备批量解锁授权及两票联动功能。水电厂的机组及其辅助设备控制柜、设备箱等,数量多,型号不同,所以柜门锁和设备室门锁的钥匙管理存在诸多不便和安全隐患。通过高科技手段,将钥匙、锁具、人员、开关锁时间进行统一管理,从而实现安全运行数据化可追溯的闭环管理,是对水电站安全运营的有效保障。

(3)智能地线管理。接地线在电力系统运行中具有至关重要的作用,可以保障电力工作人员的生命安全。但是传统的接地线管理方式存在诸多不足,严重影响了电力系统的运行稳定性,并对电力工作人员安全造成了极大威胁。智能水电厂要具备各类接地线挂接、拆除过程的实时跟踪能力。

此外,在生产安全方面需建立全厂人员定位系统,并实现与视频监控、两票等联动;采用视频监控系统自动识别人员的违章作业行为;建立现场作业风险知识库,能够根据设备对象和作业内容自动生成风险列表;实现两票与门禁、人员定位、应急广播之间的联动功能,防止人员误操作。

5.3.2.2 小型水电站的智能化提升

1.小型水电站智能化要求

小型水电站是指单站装机容量 5 万 kW 及以下的水电站。根据《智能化小型水电站技术指南(试行)》的要求,智能化小型水电站应达到无人值班并实现远程监控的要求;应具有获取水(雨)情信息的有效途径,可根据来水情况、设备状态、电网信息等决策电站运行方式;应具备远程监视与控制功能,在无法远程控制电站设备时,电站现场应能实现电站设备的自主控制;宜配置水工建筑物、主要设备和区域水(雨)情的在线监测系统。

(1)水(雨)情测报。水电站的水库应有上游水位和与其相对应的尾水水位自动监测装置。

(2)设备的自动化。需要进行自动化升级的主要水电站设备包括水轮机导水机构、机组制动装置、主阀、闸门、电气设备、油气水系统等配置自动操作机构等。通过自动化改造升级,使其具备现地自动控制和远程控制的功能。

(3)电源。应具备可靠的操作电源和后备储能电源,并按要求配备防汛备用电源。

(4)通信。要特别重视数据的安全性。对于涉及电站安全运行的数据通信应采用专线或 VPN 方式传输,一般配备两条及以上不同的传输通道;对于视频等不涉及电站安全运行的数据可利用公网传输。

(5)防雷和接地。所有电气装置和设施的金属部件,如发电机、变压器、励磁系统、调速系统及电动机等设备的外壳及金属支架、装有避雷线的电力线路杆塔,以及各种装置的交、直流输入处等,都应按照《水力发电厂接地设计技术导则》(NB/T 35050—2023)的相关规定进行防雷和接地。电站的监控系统也应设有防雷和防止过电压的保护措施。

(6)安防监控与监测。水电站的重点监控位置包括电站的发电和泄洪情况,重要的巡检点位等,监控信息自动传输到集控中心,要能够自动预警和自动推送信息。对于无人值守的电站还允许增设厂区、前池等区域人员闯禁监测设备,并实现智能语音报警提醒。此外,电站还需要监控烟雾、水浸、异响与压力管压力的监测设备,并具备数据远传能力。

(7)电站的智能化系统。水电站的智能化是水电站集约化、现代化管理的基本要求。它能够对水电站的各项运行参数进行实时监测和分析,通过数据分析和预测,提供智能化的运行决策和优化方案,以提高水电站的效率和安全性。

(8)安全技术措施。为了保证水电站的安全运行,首先要采取技术措施,如设置发电机过电压保护装置、低频保护装置、水轮机自动关机装置等。电站主要设备出现故障或需要紧急事故停机时,监控系统应自动停机并根据电站实际情况联动关闭进水闸门或阀门。电站远方和现地操作均应具备完善的防误闭锁措施。

(9)安全管理要求。开展电站安全风险分级管控和隐患排查治理,消除生产安全事故隐患。按要求完成电站大坝注册登记和安全鉴定(评估),大坝安全鉴定(评估)结果达到二类坝及以上。开展电站安全生产标准化建设,达到安全生产标准化三级及以上要求。

2. 小型水电站的智能化管理系统

小型水电站智能化管理系统包括:

(1)智能监测。能实时监测水电站的水位、流量、过水系统中的压力、设备的状态(如转速、出力、温度等参数)。

(2)数据分析与预测。利用先进的算法或大数据分析,对水电站的运行数据进行分析、判断和预测。对各类设备操作和事故动作进行记录,并进行数据统计分析。

(3)智能决策。通过数据分析与预测,提供科学的运行决策和优化方案。

(4)自动控制。通过自动化控制系统,实现对水电站的自动调控和运行管理,提高水电站的运行效率和稳定性。

(5)远程监控与管理。通过互联网和远程监控技术,实现对水电站的远程监控和管理,方便运维人员随时随地对水电站进行监控和操作,这是实现集约化管理的必要条件。实现基于移动终端的数据和视频监控及运维管理。

(6)故障诊断与预警。利用监测的数据和人工智能算法,判断设备的运行状况,并识别潜在的故障,如对测量点抖动、突变等异常变位情况及时预判、发送预警信号,以便进行及时维修和保养。

(7)智能巡检。具备巡检人员实时定位和巡检现场画面影像远方传输的功能。

(8)经济(优化)运行。可以智能多机协同、动态调节和分配功率。

3. 小水电集控中心要求

小水电集控中心要按照“安全分区、网络专用、安全防护”的原则建设。采用开放式分层分布系统,系统应高度可靠、冗余,其本身的局部故障不影响现场设备的正常运行。

集控中心的功能要求:应能根据流域水(雨)情、电站状态、电网信息通过集控系统对各电站进行远程实时控制、经济(优化)运行、安全监视及调度管理,提供事故预警、故障报警、生产业务管理、安全分析、专家诊断、大数据分析等功能。有条件的地区,可按照数字孪生水利工程要求构建数字孪生场景,优化专业模型集成运用方式,实现电站运行分析仿真、大坝安全预警、防汛调度决策支持等功能。

(1)数据采集和处理。自动采集各电站监测和控制所需信息,包括实时运行数据、实时计算数据。对采集数据进行有效性和正确性检查,保证数据连续,并生成各电站各类运行报表。可以生成各类事故报警记录,并发出事故警报。

(2)安全运行监视。需要监视集约化管理各电站的信息:电站机组、开关站设备及公用设备的运行状态和参数;电站机组开停机过程;电站消防、安防监控系统数据;电站继电保护运行及故障信息系统数据；电站计算机监控系统运行状态、运行方式；通信通道。

(3)控制与调节。集控系统应根据当前运行控制方式，对接入电站进行控制和调节。系统控制方式应分为集控控制方式、厂站控制方式、现地控制方式，控制权限从低到高。

(4)趋势分析。应能在趋势显示画面上以曲线形式显示趋势数据。进行趋势分析的量可以选择和定义。宜具有电站主设备在线监测和专家诊断功能。

(5)报警。集控系统应能接收电站的报警信息。发生事故时，应自动推出相应事故画面，画面闪烁和变色。应根据报警类型发出语音报警和显示信息，并采用闪烁或变色等方式提醒操作人员。条件具备时宜启动报警信息推送功能。

(6)事故追忆和相关记录。事故追忆应实现对事故前后水电站运行主要参数的记录保存功能，存储点应至少包含事故发生前 10 个采样点和事故发生后 30 个采样点的主要参数及数据采样值。

(7)人机接口。画面图符及显示颜色应符合相关规范的规定。按组设置用户操作权限，设置用户登录口令强度功能，防止无口令或简单口令登录，要保证登录安全。

(8)时间同步。集控系统应通过接收时间同步装置的时间同步信息，保持全系统的时间同步。

(9)系统自诊断和自恢复。集控系统应具备硬件和软件自诊断和自恢复的能力。

(10)梯级电站经济调度控制。系统具备经济调度控制功能。

(11)区域或流域水电站群调度和管理。宜根据区域水(雨)情、电站状态、电网信息等，开展联调联控。宜基于大数据开展安全分析与管理。

(12)视频监控。各电站重要视频宜采用视频 AI 技术自动识别，并实现异常自动推送；条件具备时，实现与其他系统联动。

典型案例：四川(都江堰)集控中心

北京京能清洁能源电力股份有限公司西南分公司四川(都江堰)集控中心建于四川省成都市都江堰市胥家镇实践村二组驾虹水电站厂内，站内占地约 25 亩，集控中心由电站厂内办公楼改造而成。

四川(都江堰)集控中心相继接入四川省内的 18 座水电站 46 台机组，电站装机总容量 23.594 万 kW；云南省内的 3 座水电站 7 台机组，电站装机容量 21.4 万 kW；广西壮族自治区内的 1 座水电站 3 台机组，电站装机容量 1.5 万 kW；上述合计总容量 46.494 万 kW。四川(都江堰)集控中心建设工程项目建成后，将四川片区 18 座电站 46 台机组数据接入，实现监控功能，并将云南片区的 3 座水电站、广西片区 1 座水电站接入实现监测功能，目前运行 3 年以上，功能良好。项目实现了电站对安全、稳定、经济的生产运行需要，适应“无人值班”现代水电站生产管理模式，满足现代化数字电站所必需的集中调度管理、分布式网络控制的要求，实现了一个基于所监控电站的全开放的、分布式的整体解决模式。

2024 年在四川(都江堰)集控中心下属九龙滩、新胜等 2 个电站又分别建立了恒水位调节系统 1 套。恒水位运行策略是基于水库水位及水位的变化，自动调节全厂的发电负荷，避免水位持续下降影响机组安全，或者水位持续增高，造成溢流，浪费水资源的控制策略。恒水位控制系统分别设置于电站计算机监控系统侧和四川(都江堰)集控中心侧,系统以调度人员下发的库水位设定值为目标水位,结合水位监测值、机组发电量、约束条件等,生成全厂负荷设定值,自动控制库水位运行在目标水位。根据水位设定值自动调整负荷、开停机报警提醒,水位过高或过低时能发出预警,提醒运行人员及时操作闸门。

复习思考题

1. 简述协同设计的实施方法。
2. 水利工程智能辅助设计有哪些要求?
3. 简述设计交付的内容。
4. 水利工程智能施工的要求是什么?
5. 如何实现智能灌浆?
6. 如何实现大体积混凝土浇筑的智能温度控制?
7. 智能机器人在水库巡检中如何应用?
8. 简述水库工程智能健康监测的内容。
9. 小型水电站的智能化要求有哪些?

项目 6　水利大模型原理及应用探索

【学习目标】

1. 熟悉人工智能的基本知识。
2. 熟悉机器学习的主要技术方法。
3. 熟悉神经网络的基本结构和工作原理。
4. 掌握大模型的基本原理和框架。
5. 掌握水利大模型的建设路径。
6. 熟悉大模型在水利行业中的应用。

码 6-1　水利大模型原理及应用探索知识图谱

【技能目标】

1. 能够解释人工智能的基本概念和应用领域。
2. 能够清晰描述神经网络的基本结构组成，认识到神经网络的作用，初步具备使用神经网络解决问题的能力。
3. 初步具备使用大模型完成基本任务的能力。
4. 初步具备研发和构建水利大模型的能力。

大模型，通常也被称作大语言模型（large language model，LLM），是深度学习（DL）技术发展到一定阶段的产物。这类人工智能模型凭借庞大的参数规模与强大的计算能力，展现出卓越的自然语言处理能力和泛化能力。水利大模型正是以大语言模型为基础，紧密结合水利行业特性，面向水文水资源分析、水利工程管理、水灾害防治等垂直领域，构建的专业化人工智能模型。

为全面、深入地理解并掌握水利大模型的构建方法与应用路径，本项目将追本溯源，首先介绍人工智能的基本知识、神经网络、智能体的知识，再进一步介绍深度学习技术的核心原理、大语言模型的运行机制，进而深入理解水利大模型的技术内核，最终探索水利大模型在实际水利业务场景中的多元应用。

任务6.1 人工智能基本知识

6.1.1 人工智能定义

人工智能(AI),从本质上来说,是指计算机系统所具备的一种特殊能力,即能够执行那些一般情况下只有借助人类智能方可完成的任务。这些任务涵盖了学习新知识、逻辑推理、问题解决、语言理解、图像识别以及规划决策等多个方面。人工智能致力于通过算法、数据以及强大计算能力的有机结合,促使机器呈现出与人类智慧相类似的行为和能力表现。从更广泛的范畴来讲,人工智能包含了对计算机的训练,使其能够实现自主学习、精准判断以及合理决策等原本属于人类的行为。

如今,人工智能的应用范围极为广泛,已深度融入工业、工程、金融、安防、医疗、司法等诸多领域。以建筑、机械、水利等工程设计领域为例,借助人工智能算法,能够对多个方案进行模拟、细致分析和全面对比。具体来说,通过使用生成式设计软件,用户只需输入诸如建筑的功能需求、场地条件限制、预算约束等设计要求和条件,软件便能基于算法自动生成多种不同的设计方案。随后,再通过对结构力学性能、能耗水平、采光效果等方面的性能评估,筛选出其中的最优方案,从而极大提升工程设计的效率和质量。

根据智能水平和应用范围的差异,人工智能可进一步划分为弱人工智能与强人工智能两大类型。

弱人工智能,也被称为狭义人工智能(Narrow AI),是一种专注于特定领域任务处理的人工智能系统,并且其能力也仅局限于该特定领域。它的设计目标是模拟人类在某一特定方面的智能行为,如在图像识别领域准确识别图像内容、在语音识别领域清晰分辨语音指令、在下围棋时精准做出策略判断等。这类人工智能的能力被严格限定在预先设定好的特定应用场景之中,无法实现跨领域的灵活应用。

强人工智能,又称通用人工智能(artificial general intelligence,简称AGI),是一种具备与人类同等智能水平的人工智能系统。它能够像人类一样,对各种复杂且多样化的任务和现实情境进行全面理解、高效学习、深入推理以及灵活应对。强人工智能不仅可以处理多种不同类型的信息,还拥有自主意识、情感体验、创新创造力以及能够进行类比学习、举一反三的能力。在面对不同的环境和需求时,它能够如同人类一般,灵活调整自身的行为模式和思考方式,实现知识在不同领域之间的快速迁移,并且能够独立地发现问题、分析问题并解决问题。然而,需要指出的是,目前强人工智能更多地还处于理论设想和学术研究探索的阶段,距离实际的广泛应用仍有较长的一段路要走。

6.1.2 人工智能发展简史

6.1.2.1 人工智能概念的提出

1950年,英国数学家图灵(Alan Turing)在其经典著作《计算机器与智能》中,提出了一个极具哲学深度的问题:“机器能否思考?”为了将这一抽象的哲学问题转化为可探究的科学问题,他创造性地设计了“模仿游戏”,即著名的图灵测试。其基本原理是:若一台计算机能通过纯文本交流,让人类误以为其在与真人对话,那就说明这台计算机具备智能。图灵的这一理念不仅为人工智能研究搭建了理论框架,他提出的“学习型机器”概念,更为机器学习领域的发展指明了方向。

1956年,麦卡锡(John McCarthy)、明斯基(Marvin Minsky)、香农(Claude Shannon)等科学家共同发起了达特茅斯会议,这标志着人工智能作为一门新兴学科正式诞生。会议重点探讨了如何借助计算机模拟人类智能,并首次提出了“人工智能”这一概念。

6.1.2.2 人工智能研究的三大学派

在人工智能的发展进程中,形成了符号主义、连接主义和行为主义这三大核心理论流派。它们从不同视角探寻智能的本质与实现途径,且在技术发展中逐渐呈现出互补与融合的态势。

1. 符号主义

符号主义认为,人类的认知过程可抽象为对符号的逻辑推理和规则运算。该学派坚信,能用符号化的知识来表示逻辑推理,进而模拟人类专家的决策过程,智能就如同处理符号和规则的计算机专家系统。以水利防洪业务为例,在构建决策支持系统时,一条简单规则如“若降雨量超过200 mm且水库水位高于警戒线,则启动一级响应(IF 降雨量>200 mm AND 水库水位>警戒线 THEN 启动一级响应)”,众多这样的规则集合可构成初步的洪水预报决策支持系统,模拟人类专家进行洪水预警判断。不过,人类许多知识难以符号化、逻辑化,如人脸识别、语音识别等。很多专家系统只是复制人类专家经验,泛化能力差,在处理模糊、不确定和复杂问题时能力有限。

2. 连接主义

为解决专家系统过度依赖人工预设规则且无法自我进化的问题,连接主义应运而生。连接主义主张智能源于简单单元的互联与协同,通过模仿人类大脑的结构和功能来实现人工智能,即模仿人脑神经元的连接和信号传递机制进行自我学习。例如,在“计算机识别猫狗”时,符号主义是像老师教学生一样,先告知AI系统“猫有尖耳朵、胡子,狗的耳朵耷拉”,再让其按规则判断。连接主义则是直接给AI系统10万张猫狗照片,让它自主学习。AI系统内部类似有“神经元网”,每看一张图,神经元就相互传递信号并调整参数,最终形成“认猫狗”的经验。连接主义虽在模拟人类学习上表现出色,但模型可解释性不足,且高度依赖海量数据,对算力要求极高,导致计算成本高昂。

3. 行为主义

以斯金纳(B. F. Skinner)和沃森(John Watson)为代表的行为主义认为,智能产生于主体与环境的实时互动,而非符号推理或神经网络的内部表征。该学派强调智能体与环境的交互,通过奖惩机制形成自适应能力以学习最优策略,无须依赖内部认知过程,典型方法有强化学习、多智能体系统。例如,训练小狗握手,每次小狗抬爪子,主人就给零食(奖励),小狗逐渐学会主动抬爪子,这一过程小狗无须“理解”握手的含义,仅通过行为结果来学习。行为主义将智能体置于真实或虚拟环境中迭代进化,在解决动态环境适应和实时交互决策问题上,比符号主义和连接主义更具优势。然而,它也存在局限:与环境交互依赖大量的实时数据,数据采集和训练成本高;决策缺乏清晰逻辑链条,难以追溯和解释;侧重即时反馈,序贯决策特性限制了长期目标规划能力。

人工智能的三大学派各有优劣,符号主义的知识表示和推理能力可为连接主义提供逻辑性和可解释性,连接主义的学习能力能弥补符号主义知识获取的不足,行为主义的交互学习机制可为前两者增强自适应性和鲁棒性。为突破当前人工智能发展的技术瓶颈,实现通用人工智能(AGI),三大学派的深度融合已成为必然趋势。例如,神经符号主义的研究,就致力于将神经网络的感知能力与符号逻辑的推理能力相结合,借助强化学习优化神经网络结构和参数,或利用知识图谱指导神经网络学习。

6.1.3 机器学习

6.1.3.1 定义

机器学习(ML)是人工智能的核心研究领域之一,其目标在于通过算法使计算机能够从数据中自动发现规律,并利用这些规律进行预测、分类或决策,从而模拟人类的学习过程。机器学习正是连接主义和行为主义思想的核心技术体现。机器学习基于统计学、数学优化等理论基础,通过设计算法,使计算机可以分析大量的输入数据,并根据数据中的特征和关联性来构建模型,最终利用该模型对新的数据进行预测、分类或其他相关决策。例如,给定一组包含水轮机图像及其对应种类标签(如卧轴水轮机、竖轴水轮机等)的数据,机器学习算法可以学习图像中水轮机的外形、主轴安放的形式等特征与种类之间的关系,从而在面对新的未标注水轮机图像时,能够判断出它所属的种类。

6.1.3.2 机器学习的核心思想

美国计算机科学家塞缪尔(Arthur Samuel)指出,机器学习的本质是让计算机具备从数据中自主获取知识与技能的能力,摆脱对人工逐条编写指令的依赖。他提出的泛化学习作为机器学习的雏形,通过动态调整评估函数的参数权重,使程序能够从过往经验中提炼出通用策略,为后续强化学习(如 Q-learning)奠定了理论基础与实践范式。

塞缪尔以构建“动态多项式评分函数”为例,生动诠释了机器自动学习的过程。他设计了 38 个棋局评估参数,涵盖棋子数量差异、王的数量对比、位置优势等维度,初始时仅明确关键参数的正负号,其余参数则随机赋予正负值,并通过反馈机制进行修正。每当程序走完一步棋,系统便记录当前棋盘状态的参数值,计算出该棋局的评分值(本质为各参数的加权总和),并通过对比当前与上一步的评分差值(delta),评估各参数对棋局走向的影响。若 delta 为正,说明该步棋提升了局面优势,对应参数权重将小幅增加;反之,则降低权重。

在对弈结束后,程序会进行全局权重的深度调整:将最终胜负结果关联至每一个中间步骤——胜利时标记 delta 为正向贡献,失败则标记为 delta 负向贡献,进而计算每个参数与 delta 的 Pearson 相关系数,依据系数高低动态调整参数权重。此外,系统还会定期统计参数的使用频率与相关系数,淘汰长期低效或低频使用的参数,并引入储备列表中的新参数,持续优化评分系统的适应性。

这种基于 delta 与相关系数的反馈机制,恰似人类在犯错后修正认知的过程。塞缪尔创造的这套自我优化系统,通过模拟“试错—反思—优化”的学习闭环,成功赋予机器在缺乏先验知识的情况下,自主学习并提升棋力的能力,深刻体现了机器学习从数据中自主进化的核心逻辑。

6.1.3.3 机器学习的主要技术方法

机器学习的技术方法可分为监督学习、无监督学习、半监督学习、强化学习、深度学习、混合学习等六种。

1. 监督学习

监督学习是一种有明确目标导向的学习方式，在训练数据集中，每个输入样本都对应着一个已知的输出标签(或目标值)。模型通过学习这些带有标记的样本数据，尝试去构建输入特征与输出标签之间的映射关系，进而在面对新的未标记样本时，能够依据学习到的规律做出相应的预测。监督学习常见的任务类型，包括分类任务、回归任务等。分类任务是将输入数据划分到不同的类别中，回归任务中预测的内容是连续的数值型输出。

2. 无监督学习

无监督学习处理的是未标记的数据，即只有输入特征，没有给定输出标签。模型需要依靠数据自身的内在结构、分布规律以及特征之间的相似性等，自行挖掘数据中蕴含的信息，发现隐藏的模式或结构，以达到对数据进行分类、聚类、降维等目的。无监督学习常见任务类型有聚类和降维。聚类将数据集中相似的数据点聚集在一起形成不同的簇，使得同一簇内的数据点相似度较高，而不同簇之间的数据点相似度较低。降维是指当数据处于高维空间时，分析和处理难度较大，降维就是把高维数据映射到低维空间，同时尽可能保留原始数据的重要信息，便于可视化、数据压缩以及后续的分析和建模等操作。例如，预测河流的泥沙淤积量，可能会收集到众多影响因素的数据，像河流的流量、流速、含沙量等在一年中的分配数据及河道坡度、河岸土壤类型、周边植被覆盖情况等大量特征作为输入变量。然而，这些特征之间可能存在冗余信息，部分特征对最终的预测结果贡献不大，甚至可能增加模型的复杂度和计算负担。降维方法通过分析特征之间的相关性以及对目标变量(泥沙淤积量)的区分能力，提取出最具代表性和关键的特征子集，将高维的特征空间降维到低维空间，找到主要影响因素。

3. 半监督学习

半监督学习介于监督学习和无监督学习之间，它同时利用了少量的有标记数据和大量的无标记数据进行学习。其假设是未标记数据和有标记数据在数据分布上存在一定的关联性，通过结合两者的信息，可以让模型在标记数据有限的情况下，学习到更准确、更泛化的规律，提高模型的性能。例如，利用少量已标记的水质样本(如清洁水、轻度污染水、重度污染水等)和大量未标记的水样数据，通过半监督学习算法对水质进行分类和评价，识别出不同污染程度的水体区域，及时发现潜在的水质问题，为水资源保护和污染治理提供依据。

4. 强化学习

强化学习涉及一个智能体在特定环境中进行一系列行动，环境会根据智能体的行动反馈相应的奖励信号，智能体的目标就是通过不断地与环境交互、尝试不同的行动，学习到一种最优的行为策略，以最大化长期累积的奖励。例如，对于灌溉系统，智能体可以是灌溉控制器，环境因素包括土壤湿度、作物需水情况、气象条件(气温、风速等影响水分蒸发速率)以及灌溉水源的水量和水压等。智能体可采取的行动是控制灌溉阀门的开启和关闭、调节灌溉喷头的流量和角度等。奖励机制根据灌溉效果来设定，例如，如果灌溉后土壤湿度能维持在适合作物生长的区间,且没有造成水资源浪费,就给予奖励;若出现土壤过干或过湿影响作物生长,或者水资源浪费严重等情况,则给予惩罚。通过强化学习,灌溉控制器不断学习不同环境状态下的最佳操作方式,实现精准灌溉,提高灌溉水的利用效率。

5. 深度学习

深度学习不属于监督学习、无监督学习、强化学习的任何一类。其核心在于使用人工神经网络,模仿人脑处理信息的方式,通过层次化的方法提取和表示数据的特征。深度学习以深度神经网络为主要模型架构,具有多个隐藏层,网络结构复杂且深度可调节。例如,卷积神经网络(CNN)、循环神经网络(RNN)及其变体等,数据在层层传递中不断进行复杂的变换和特征提取,模型复杂度更多地由网络的层数、每层神经元数量等因素决定。基于多层神经网络处理复杂模式,参数规模可达千亿级(如ChatGPT-4)。

深度学习具有强大的特征学习能力,能够自动从原始数据中提取复杂、抽象的特征。例如,在图像识别中,CNN可以直接从图像像素中学习到如边缘、纹理、物体形状等不同层次的特征。

6. 混合学习

现代机器学习的发展趋势并非局限于在单一模型中选择一种孤立的学习策略,而是越来越倾向于将多种策略以更自然、高效和智能的方式融合起来。这种策略的融合,正是人工智能从单纯的"工具"向更具自主性和适应性的"类智能系统"演进的关键一步,可以被视为现代机器学习和人工智能领域的核心发展方向之一。通过整合不同的学习范式,模型能够更好地利用不同类型数据的优势,克服单一策略的局限性,从而在复杂任务中展现出更强大的性能和泛化能力。常见的混合学习策略类型如表6-1所示。

表6-1 常见的混合学习策略类型

混合方式	举例	说明
监督学习+强化学习	AlphaZero	下棋过程中通过强化学习自我对弈训练,再用监督学习模仿人类棋谱
无监督学习+有监督微调	GPT预训练+微调	先用无标签文本自学语言(预测下一个词),再微调特定任务
符号推理+神经网络	神经符号人工智能(Neuro-Symbolic AI)	网络做感知,符号逻辑做推理(如程序生成、自动证明)
强化学习+演化策略	自动机器学习(AutoML)/机器人控制	强化学习选择动作,演化算法优化模型结构
人类知识+机器学习	规则引导学习	先用人工规则缩小搜索空间,再由模型自学优化策略

6.1.4 神经网络简介

神经网络是一种受到生物大脑和神经系统结构启发而设计的计算模型。它模拟了生物神经元之间相互连接和信息传递的方式,从而赋予计算机从数据中学习、识别模式和解决复杂问题的能力。神经网络技术是人工智能中"连接主义"学派的核心思想,也是当前许多前沿技术(特别是构建大模型)的关键基石之一。

6.1.4.1 基本结构

一个典型的神经网络,无论看起来多么复杂,都是由大量神经元(节点)通过连接相互协作构成的。这些神经元进一步组织成不同的层,数据在这些层之间按特定顺序流动。整个网络的结构可以简化地看作由输入层、一个或多个隐藏层和输出层组成(见图6-1)。

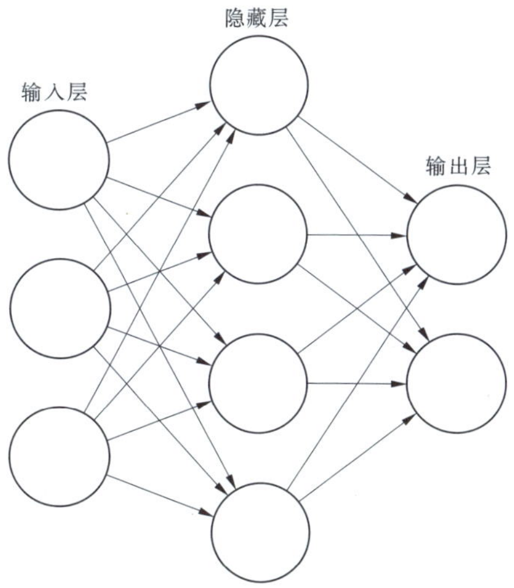

图6-1 神经网络基本结构

1. 神经元

神经元是构成神经网络的最基本处理单元。图6-1中的每个圆圈就代表一个神经元。神经元主要负责以下几个核心工作。

1)接收输入信号

神经元会从前一层的其他神经元那里接收到信号或信息,这些就是它的输入。你可以想象成你正在听取不同朋友的意见,每个朋友都给你传达了一些信息或想法。

2)评估信号的重要性

不同朋友的建议对你来说,重要性或者影响力可能不一样。你可能更听最好朋友的,对普通朋友的建议没那么在意。这就是权重。每个收到的"消息",在神经元里都会被乘以一个对应的权重。权重越大,发来消息的那个神经元对当前神经元的影响力就越大。它代表了这个消息有多重要或者你有多"相信"发消息的源头。

3)把信号整合起来

神经元会把所有收到的消息,各自乘以它们对应的"重要性"(权重),然后把所有这些有"份量"的消息的总和计算出来。就像你把所有朋友的建议,根据你对他们的信任度高低,在心里综合打分,算出一个总分(计算出加权总和)。

4)设置一个门槛

在根据总分做决定之前,神经元还会加上一个偏置。偏置就像你自己在听取别人意见前,心里已经有的"想法"或者一个"基础分"。它可以让神经元即使收到的外部消息都不强甚至没有时,也能有一定的"想法"或"倾向",或者让它更容易/更难达到做决定的"临界点"(门槛)。

5)决定是否发出信号

神经元会根据重新计算的"总分"(加权总和+偏置),通过激活函数来判断最终的"决策"。激活函数就像一个"决策规则",它根据总分来决定神经元最终是发出一个明确的"同意/做"(发出强信号),还是"不同意/不做"(发出弱信号或不发信号)。例如,总分超过某个门槛(如及格线)才表示"同意"。常见的激活函数有Sigmoid、Tanh、ReLU、Softmax等。这个决策过程引入了非线性处理能力,使得神经网络能够处理更复杂的模式。

6)发出信号

如果神经元"同意"或决定"做"(神经元激活),它就会把这个决定变成一个输出信号,传递给下一层的其他神经元。神经元的输出可以作为其他神经元的输入,或者作为整个网络的最终输出。

2. 神经网络的层

构成神经网络的神经元并不是杂乱无章地连接在一起的,它们被组织成不同的层,数据在这些层之间有序地流动和处理。每层承担不同的角色,它们协同工作,让神经网络能够从复杂数据中学习有用的东西,并做出判断或预测。一个典型的前馈神经网络至少包含以下三类层,如图 6-1 所示。

1)输入层

输入层是神经网络中的入口层,负责接收外部提供给神经网络的原始数据。输入层由各个神经元构成,这一层的神经元数量通常就等于输入数据里的特征数量。输入层的神经元仅负责将接收到的数据值原封不动地传递给神经网络的下一层(通常是第一个隐藏层),它们本身不执行任何计算(如加权求和或激活函数)。你可以把输入层看作是神经网络感知外部世界的"眼睛"或"耳朵"。

2)隐藏层

隐藏层位于输入层和输出层之间,是进行实际"思考"和"加工"数据的地方,它们负责将原始、复杂的输入数据转化为对最终任务(如分类或回归)有意义的、更高层级的抽象特征表示。一个神经网络可以有一个或多个隐藏层,每个隐藏层也包含了多个神经元。每个隐藏层里有多少个神经元,以及有多少个隐藏层,都是可以设计的。隐藏层的数量及其每层神经元的数量决定了网络的容量和复杂性。正是这些隐藏层的数量和大小,决定了网络的学习能力有多强,能处理多复杂的问题。拥有一个或多个隐藏层的网络通常被称为多层感知机。当网络包含多个隐藏层时,我们称之为深度神经网络,这是"深度学习"概念的来源。隐藏层可以让神经网络进行复杂特征学习和模式识别,能够从原始输入数据中自动提取出有用的、越来越抽象的特征,是神经网络学习能力的真正核心所在。每个隐藏层中的神经元接收来自前一层(输入层或上一个隐藏层)的输出,并对其应用一系列计算:首先进行加权求和(简单说就是给不同的输入分配不同的重要性),然后将结果通过一个非线性激活函数(如 ReLU、Sigmoid、Tanh 等)进行转换。

3)输出层

输出层是神经网络的最后一层,是神经网络完成任务、给出"答案"的出口,它负责把网络内部复杂的计算结果转化为用户或后续系统可以直接使用的最终预测结果或决策。输出层同样由各个神经元构成。输出层的结构和使用的激活函数取决于具体的任务类型。如果是回归任务,比如目标是预测一个连续的数值(如房价、股票价格),输出层通常只有一个神经元。如果是分类任务,如目标是将输入数据分到多个离散的类别中的一个(如图像分类、文本情感分析),输出层通常有与类别数量相同的神经元。输出层主要功能是产生神经网络的最终预测结果或输出,它会根据不同的任务类型来呈现输出结果。在回归任务中,输出层通常使用线性激活函数来产生一个连续的数值输出。在分类任务中,输出层常常使用 Softmax 激活函数,它能把每个神经元的输出变成概率,告诉你这个输入数据属于每个类别的可能性有多大(所有类别的可能性加起来正好是1)。神经网络最后就选择概率最高的那个类别作为判断结果。对于只有两个类别的情况,有时也会用Sigmoid函数,输出一个介于0到1之间的概率值,表示属于某一类的可能性。

3. 连接

在神经网络中,连接就是神经元之间用来传递信号的“桥梁”或“线路”。它们是神经元之间建立联系并进行信息交流的基础。它们定义了网络中信息流动的路径以及哪些神经元可以相互“交流”。每个连接都承载着一个权重,这个权重表示一个神经元传递到另一个神经元的信号强度,是神经元接收输入时需要乘上的系数(就像前面说的朋友建议的“重要性”)。每个神经元自身还有一个偏置,它与所有传入连接上的权重一起,共同决定了这个神经元在接收到输入总和后的响应方式,是神经元内在的“激活门槛”调节器。

神经网络之所以能够“学习”,核心就在于通过处理大量的训练数据(训练过程),不断地自动优化调整网络中所有连接上的权重和每个神经元的偏置值。神经网络通过这些参数来“记忆”和“理解”数据里的模式和规律,以便能够更好地完成特定的任务。调整这些参数的目标,是为了让整个网络能够最准确地将输入数据转换为我们期望的输出结果,从而使得网络的预测结果与真实情况之间的误差最小。可以说,权重和偏置是神经网络实现其学习和泛化能力的关键载体。

6.1.4.2　工作原理

神经网络究竟是如何实现自我学习并输出正确结果的呢?神经网络通过数据建模来模拟构建一个“黑箱”,本质上是在学习并逼近描述现实世界万事万物的潜在函数。神经网络的输入和输出,可以看作是对我们这个复杂现实世界的抽象表达和智能反馈。

神经网络的学习(训练)和预测(推理)过程就像一个信息处理流水线,核心在于两个关键步骤:前向传播(信息传递并做出初步判断)和反向传播(根据判断结果调整网络参数)。

1. 前向传播

信息在神经网络中通常是单向流动的,从输入层开始,经过一个或多个隐藏层,最终到达输出层。这个过程称为前向传播。想象一下,输入数据是送入神经网络的“原材料”。在前向传播过程中,这些“原材料”会沿着预设的“高速公路”(神经网络的各层)单向流动,最终抵达“终点站”(输出层)。数据从输入层开始,一层一层地传递到隐藏层,最后到达输出层。在每一层中,每个神经元都会对接收到的信息进行处理,主要包含以下两个步骤。

1)加权求和

加权求和具有至关重要的作用,你可以把它想象成神经元在做出“决定”之前,对接收到的各种“意见”进行评估和汇总的过程。一个神经元通常会接收来自前一层多个神经元的输出作为输入,加权求和就是将这些不同来源的信息整合到一起。为了体现不同输入的重要性,每个输入值都会乘以一个对应的权重。随后,所有加权后的输入会被加起来,并加上一个偏置项,形成神经元的净输入。这个计算过程可以用以下公式表示:

$$z = \sum_{i=1}^{n} w_i x_i + b \tag{6-1}$$

式中　z——加权求和后的结果；

w_i——权重；

x_i——输入值；

b——偏置项。

2）激活函数

加权求和的结果(z)会被送入一个激活函数进行处理。激活函数可以为神经网络引入非线性。如果神经网络中没有激活函数,那么无论网络有多少层,每一层都只是在做线性变换(类似于简单的加法和乘法)。多个线性变换的叠加仍然是线性变换,无法拟合一些复杂的函数关系,也就没法将现实世界映射为一个函数。例如,图像识别中像素之间的复杂关系,语音识别中声音信号的细微变化等,这些问题如果用数学建模都是非线性的。激活函数通过引入非线性因素,使得神经网络能够学习和模拟这些复杂的非线性关系,从而可以拟合各种各样复杂的函数,解决更实际的问题。下面是几个典型的激活函数。

(1)Sigmoid 激活函数。又称逻辑斯蒂克函数,是一个常用的 S 型激活函数,也称为 S 型生长曲线。它的数学公式如下：

$$S(z) = \frac{1}{1 + \mathrm{e}^{-z}} \tag{6-2}$$

式中　z——神经元的加权输入和,下同。

Sigmoid 激活函数能将任何实数值的输入压缩到 0 到 1 区间内。这个特性使得它的输出可以被解释为概率,可以用于拟合将预测概率作为输出的模型。Sigmoid 激活函数是可微的,这意味着我们可以在任何点计算它的导数。这个特性对于使用梯度下降等优化算法来训练神经网络至关重要,因为反向传播需要计算梯度。

(2)Tanh 激活函数。全称是 Hyperbolic Tangent(双曲正切)函数。与 Sigmoid 激活函数类似,它的图像也呈现出一个平滑的“S”形曲线,但它们的值域是不同的。它的数学公式如下：

$$\mathrm{Tanh}(z) = \frac{\mathrm{e}^{z} - \mathrm{e}^{-z}}{\mathrm{e}^{z} + \mathrm{e}^{-z}} \tag{6-3}$$

Tanh 激活函数能将任何实数值的输入压缩到-1 到 1 的范围内,以 0 为中心,输出可以是正的、负的或零。这有助于解决 Sigmoid 激活函数输出始终为正可能导致的一些梯度优化问题,使得网络在训练过程中更容易收敛。Tanh 激活函数同样是可微的,这使得它也适用于基于梯度的优化算法。

(3)ReLU 激活函数。又称修正线性单元,是目前最常用的激活函数之一。它的数学公式如下：

$$\mathrm{ReLU}(z) = \max(0, z) \tag{6-4}$$

ReLU 激活函数以其高效的计算和缓解梯度消失的能力而著称,由于其线性的特性(对于正输入),ReLU 的计算只需判断输入是否大于零,大于零则直接输出该值,否则输出零。这种简洁性显著加速了神经网络的训练过程。更重要的是,对于正输入,ReLU 的梯度始终为 1,这使得在反向传播过程中,梯度能够有效地传递到更深的网络层,显著减轻了困扰 Sigmoid 和 Tanh 等激活函数的梯度消失问题。

2. 反向传播

前向传播结束后,输出层会给出一个预测结果。但是,这个结果可能并不准确,会有误差,尤其是在网络刚刚开始学习的时候。误差信息在神经网络中通常是反向流动的,从输出层开始,经过一个或多个隐藏层,最终到达输入层,用于计算并传播误差梯度,并更新网络的权重和偏置,这个过程便称为反向传播。以帮助神经网络认识“错误”并进行“改正”,通常有如下三个步骤。

1)损失计算

将神经网络的预测结果和真实的答案进行比较,通过损失函数(也叫代价函数)来计算两者之间的差距,这个差距就是损失。损失值越大,说明神经网络的预测越不准确。常用的损失函数有均方差(用于回归问题)和交叉熵(用于分类问题)。

2)梯度计算

损失计算后,神经网络会利用一种叫作链式法则的数学技巧,从输出层开始,将这个“错误”信息一层一层地反向传播回网络的每一层。在反向传播的过程中,神经网络会计算出每个神经元连接上的权重对最终的损失值的影响有多大,这个影响程度就是梯度。梯度告诉我们,如果稍微调整某个权重,损失值会如何变化(变大还是变小)。

3)权重更新

有了梯度信息,神经网络就可以使用梯度下降这种优化算法来调整网络中的权重。梯度下降算法是驱动神经网络进行自我学习和进化的核心引擎,理解并掌握它至关重要。梯度下降算法的工作方式是,神经网络会沿着梯度所指示的“最陡峭的下降方向”对每一个权重进行微小的调整。每调整一次,模型的预测误差(损失值)就会稍微减小。这个过程就像一个耐心的登山者,不断地朝着最陡峭的下坡方向迈出小步。

典型案例:利用 CNN 进行水域变化监测

卷积神经网络(CNN)是一种专门用于处理具有类似网格结构的数据(如图像、视频、音频和文本)的深度学习模型。水域变化监测主要指对水体(水域)的长期变化进行跟踪分析,识别水域的大小变化、干旱、溢洪、季节性变化等。卷积神经网络可以通过分析图像中的水域部分,发现水体的动态变化。实现的主要步骤如下。

1. 数据准备

准备遥感影像、无人机拍摄图像或其他水域监控图像。需要标注不同时间的图像,并在图像上标注出水域范围、干旱区域、暴雨或水位过高的区域等。标注好的图像将作为模型训练的标签。

2. CNN 模型设计

CNN 在水域变化监测中的核心作用是自动从图像中提取特征。以下是典型 CNN 模型构建的步骤:

(1)输入层。将遥感图像或无人机拍摄的水域图像输入到 CNN 模型。输入图像通常具有多通道(如 RGB 三通道或多光谱通道)的特征。

(2)卷积层。卷积操作会提取图像的局部特征,识别图像中的水域边缘、纹理、颜色等基础信息。卷积核(滤波器)会滑动整个图像,并生成特征图。

(3)池化层。会压缩特征图的空间尺寸,从而降低计算复杂度,同时保留最显著的特征。这对于处理大范围的遥感图像特别有效。

(4)全连接层。提取的特征将被传递到全连接层,这一层负责将这些特征结合并进行分类、回归或分割任务。

(5)输出层。根据任务的不同,输出层可以是水域变化的二分类结果(如水域是否被占用,洪水是否发生),或者是连续值(如水域面积的变化)。

3. 训练与优化

(1)训练数据。通过对不同时间点的遥感图像进行标注(如2015年、2020年的水域面积),并将图像与标注标签一一对应,用作监督学习的训练数据。

(2)损失函数。如果任务是图像分类,可以采用交叉熵损失函数作为损失函数。如果任务是水域变化的回归任务,可采用均方差(MSE)函数作为损失函数。

(3)优化器。常用的优化算法如利用Adam优化器等,可以帮助模型逐步调整参数,最小化损失函数。

任务6.2 大模型简介

6.2.1 大模型工作原理初探

自2022年11月ChatGPT问世以来,大模型以其惊艳的文本生成能力颠覆了人类对人工智能的认知。从撰写商业文案到解析学术论文,从编写程序代码到进行哲学思辨,这些模型展现出前所未有的通用智能特征。

当我们与大模型对话时,其逐字输出的过程乍看与人类思维的展开别无二致。然而,深入探究其本质,人工智能生成语言的底层机制与人类认知之间仍存在显著差异。要理解这种“机器智能”的运作奥秘,我们需要从语言本质的哲学层面进行思考。

语言作为人类文明的基石,其核心功能在于信息传递。从古老的甲骨文到数字时代的表情符号,本质上都是通过符号序列构建意义的网络。大模型在进行自然语言处理时,将每个符号都定义为一个token。token指的是大模型处理文本的基础单元。不同的模型会根据其设计和应用场景,采用不同的token化策略,常见的包括基于词、字或子词的方法。token化的核心目的是将输入的文本分解成模型能够识别和处理的最小语义单元。通过这种方式,结合恰当的token化策略,模型能够更好地应对词汇的丰富性,实现对多种语言的支持,并最终提升其运行效率和对未知数据的泛化能力。

token与语言学中的“语素”概念相近,而语言规律的核心则体现在两个方面:符号与现实世界的映射关系,以及符号序列的生成概率分布。

例如,数学表达式“1+1=”之后必然是数值符号“2”,这种确定性体现了符号之间的逻辑关联;而“故宫的琉璃瓦在阳光下熠熠生辉”这类文学性描述,则展现了符号组合的概率关联。大模型的核心任务,正是通过对海量语料的学习,捕捉这些显性和隐性的关联规则,即语言符号共同出现的概率。这种训练方式类似于我们小时候学习语文时,在一句话中拿掉一个词,然后让我们填入最合适的词语。

需要特别指出的是，大模型的“接话”能力并非简单的联想。每一个预测步骤都经过数万亿参数的复杂计算：当模型生成“故宫”时，它不仅考虑建筑类词汇的概率分布，还会激活历史、文化、空间结构等相关的语义网络，以确保后续输出的“琉璃瓦”“飞檐”等词汇在建筑元素维度上保持一致性。这其中便应用了 Transformer 模型，它能够建立词汇之间的长距离依赖关系，并通过多头自注意力机制同时捕捉数千个 token 的语义关联，从而找到下一个最适合的词语。

6.2.2　大模型的基础框架——Transformer 模型解析

6.2.2.1　Transformer 概念

Transformer 架构，由谷歌研究人员于 2017 年在论文 *Attention is All You Need* 中提出，堪称自然语言处理（NLP）领域的一场革命。其核心创新在于自注意力机制和强大的并行计算能力，这两项关键特性一举攻克了以往语言模型在捕捉长距离依赖和处理长序列时效率低下的瓶颈。

这里用通俗易懂的方式解释一下 Transformer。想象一下，你正在阅读一篇文章或者听一段很长的讲话。为了理解它的意思，你不仅需要记住每个词语本身，还需要知道这些词语之间的联系。例如，在句子“小猫喜欢吃鱼”中，“小猫”和“鱼”虽然隔着一个“喜欢吃”，但它们之间存在着重要的关系。

传统的神经网络（如 RNN 和 CNN）在处理这种长距离的依赖关系时会遇到困难。RNN 就像一个按顺序阅读的读者，它会记住之前读到的内容，但随着文章越来越长，它可能会“忘记”很久之前的信息。CNN 更擅长处理局部信息，对于长距离的依赖关系就显得力不从心。Transformer 有效解决了传统 RNN 和 CNN 在处理长序列数据时效率低下的问题，并由此成为现代大型语言模型的核心骨架。包括 DeepSeek、通义千问、豆包、文小言以及 ChatGPT、Gemini、Llama 等在内的国内外主流大模型，均是基于 Transformer 架构构建而成的。

6.2.2.2　Transformer 模型结构

Transformer 模型由编码器和解码器构成，它们分别负责处理输入和生成输出，见图 6-2。两者都由若干个相同的层堆叠而成。

1. 编码器

编码器的作用是处理输入序列，并将输入序列编码为一种机器可理解的隐藏状态（特征表示），这些表示包含了输入序列和每个位置的信息以及上下文信息。

1）编码器的组成

编码器由若干个相同的层堆叠而成，每层又包含多头自注意力机制和前馈神经网络两个子层。

多头自注意力机制子层是 Transformer 模型的核心。经过自注意力机制计算来提取序列中各词之间的关系和上下文信息。查询（Query）、键（Key）和值（Value）向量均来自上一编码器层的输出，表示对同一序列自身进行注意力计算。

对于输入序列中的每个词（更准确地说是其对应的词向量），自注意力机制会计算出它与其他所有词之间的相关性，并根据这些相关性对所有词的信息进行加权求和，从而得

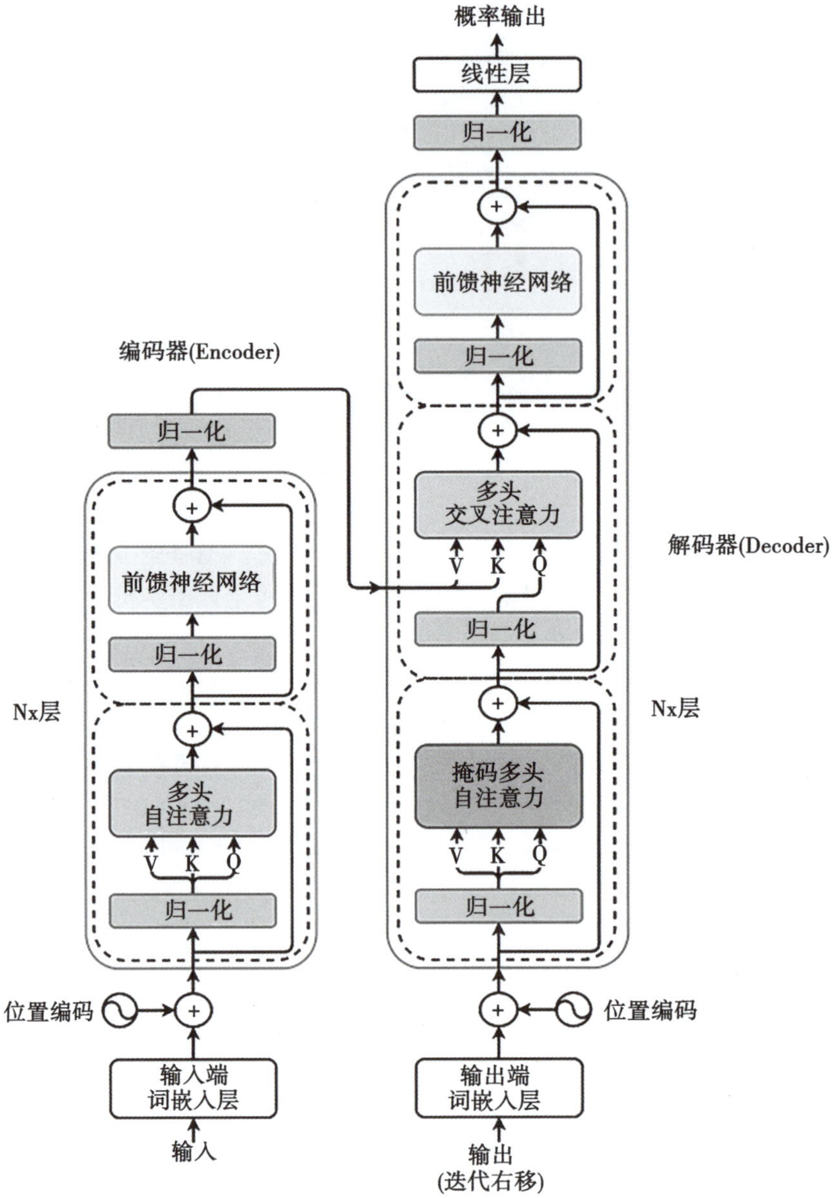

图 6-2　Transformer 模型结构

到一个更能代表该词在当前上下文中含义的新向量。“多头”指的是将自注意力机制并行地运行多次,每次关注输入序列不同方面的信息。最后,将多个自注意力头的输出拼接起来,并通过一个线性变换得到最终的输出。

在多头自注意力机制之后,每个位置的输出会单独地通过一个完全相同的前馈神经网络。前馈神经网络包含两个线性变换层,中间有一个 ReLU 激活函数,虽然每个位置都使用相同的网络,但网络在不同位置上的输入是不同的,因此输出也会有所不同。前馈神经网络的作用是对每个位置表示做进一步的非线性变换和特征提取。

2）残差连接与层归一化

每个子层使用残差连接和层归一化来增强模型的稳定性。

在每个子层（多头自注意力和前馈神经网络）之后，都会进行一个残差连接，即结构图中的“+”号，这样做有助于缓解深度神经网络中的梯度消失问题，并允许模型学习到更复杂的函数。在残差连接之后，会进行层归一化。层归一化可以加速模型的收敛，提高模型的泛化能力。

2. 解码器

解码器的作用是接收编码器的输出以及之前生成的输出序列，并逐步生成最终的输出序列。解码器同样由若干个结构相同的层堆叠而成，但每层比编码器多一个注意力子层，即掩码多头自注意力机制，与编码器中的多头自注意力机制组件类似，但增加了一个“掩码”。这个掩码的作用是确保每个位置只能关注该位置之前已生成的目标词，而不能“看到”之后的信息。这是因为在生成输出序列时，模型是逐个词生成的，生成当前词时不能依赖于尚未生成的后续词。同时，解码器中的多头注意力机制与编码器中的组件类似，但它的输入来自两个不同的地方：Query 来自前一个解码器层的输出，Key 和 Value 来自最后一个编码器层的输出，这相当于在翻译过程中，解码器会根据当前正在生成的词，去“查询”源语言句子中相关的词语。

前馈神经网络与编码器中的前馈神经网络组件完全相同，每个解码器层也同样使用残差连接和层归一化增强模型稳定性。

6.2.2.3　Transformer 模型工作流程

1. 输入嵌入

编码器的输入是经过词嵌入和位置编码处理后的输入序列。原始输入首先转化为向量，而后添加位置编码，用于表明每个词语的位置信息。词嵌入将每个词转化为一个高维向量表示，而位置编码则为模型提供序列中每个词的位置信息。

2. 编码器编码

源序列的向量表示依次通过若干个编码器层的堆栈，每层都会对序列表示进行自注意力建模和前馈变换。在编码器的多头自注意力子层中，序列中的每个词向量能够与其他所有位置的词建立依赖关系，融合全局信息。紧接着的前馈网络子层对每个位置的表示进行非线性变换，提高表示的抽象程度。每个子层后都有残差连接和层归一化使得网络更易训练、更稳定。这样的编码器层堆叠若干次，使得源序列每个词的位置都编码了充分的上下文信息，输出同长度的序列表示。编码器输出的每个向量对应源句中相应词语的深层语义表示，增强模型表达能力。

3. 解码器编码

解码器以目标序列的已有部分（训练时为目标序列移位一位的输入，推理时为已生成的词）经过嵌入和位置编码的表示作为输入，依次通过若干个解码器层。在每个解码器层，首先通过掩码多头自注意力根据已生成的前缀来更新目标序列的表示。然后通过编码器-解码器注意力，将解码器当前表示作为查询，到编码器输出中检索相关的信息。接着是前馈网络对子层输出做变换。与编码器类似，每个子层后也有残差连接和层归一化。经过若干层堆叠后，解码器输出序列的每个位置都融合了目标句已有部分的上下文和源句相关信息，得到最终的隐藏表示用于生成目标词语。

4. 输出

解码器最后的输出表示会经过一个线性变换和 Softmax 层，将隐藏表示映射为目标词表上每个词的概率分布。模型会根据这个分布选取概率最高的词作为输出（在训练时通过计算交叉熵损失来优化）。然后将生成的词追加到输出序列末尾，更新解码器的输入，重复经过解码器堆栈计算下一个词。如此循环直到产生特殊的句子结束符（<EOS>）标志，表示序列生成完毕。在机器翻译等应用中，通常还会使用 Beam Search 等策略从概率分布中选取全局最优的词序列输出。最终，Transformer 模型输出目标序列，即完成从源语言到目标语言的变换或从输入到输出文本的生成。

6.2.2.4　Transformer 模型的卓越特性

Transformer 模型之所以在机器翻译等任务中表现出色，得益于其独特的架构和机制。

（1）全局视野：与传统的循环神经网络（RNN）只能按顺序处理输入序列不同，Transformer 模型的编码器可以通过自注意力机制同时看到输入句子中的所有单词卡片。这种"全景观察"的能力是 Transformer 架构的灵魂，使得模型能够更好地理解长距离的依赖关系。例如，在中文句子"这只动物没有过马路，因为它太累了"中，自注意力机制能够识别出"它"与"动物"之间的高度关联，并赋予更高的权重，从而正确理解代词的指代关系。通过多头注意力，模型可以并行地从不同的角度分析词语之间的关系，既能捕捉到指代关系，又能识别出更细致的动词搭配和语义特征。

（2）精准定位：当解码器在处理像"它"这样的代词时，交叉注意力机制就像一根"超能力连线"，能够准确地指向编码器输出中对应的名词（指代消解），确保翻译的准确性。

（3）高效并行：Transformer 模型中的大部分计算（如自注意力和前馈网络）都可以并行进行，这使得它在处理长序列时比传统的串行模型（如 RNN）快得多。

（4）强大的表示能力：通过多层编码器和解码器的堆叠，以及复杂的注意力机制，Transformer 模型能够学习到输入文本和目标文本之间非常复杂的映射关系，从而生成高质量的翻译结果。

（5）灵活的适用性：虽然我们以机器翻译为例，但 Transformer 模型的思想和架构也被广泛应用于其他自然语言处理任务，如文本生成、文本摘要、问答系统等。

典型案例：利用 Transformer 模型进行水文时间序列分析和预测

Transformer 作为大模型的核心框架，尤其擅长捕捉序列数据中的长距离依赖关系，相较于传统的循环神经网络（如 LSTM），Transformer 能够更有效地权衡序列中不同部分的重要性，从而更适用于处理复杂的水文时间序列数据。其优势主要体现在以下两个方面：一是预测精度更高。Transformer 能够有效捕捉水文事件的长远影响因素，如历史天气模式、积雪覆盖等，从而显著提高河流流量和水文干旱预测的准确性。二是分析能力更强。Transformer 能够深入分析水文数据中受多种时间尺度因素影响的复杂时序关系，实现更精准的长期预测，为水资源管理和防灾减灾提供更可靠的信息。实现的主要步骤如下。

1. 数据准备

（1）数据收集：汇集与水文时间序列分析和预测相关的历史数据，包括待预测的关键水文变量(如河流流量、水位、降雨量、蒸发量、土壤湿度等),以及可能影响这些变量的相关数据(如气象数据、地理信息、土地利用数据、水库调度信息等)。

(2)数据清洗:对收集到的数据进行清洗,处理缺失值(如通过插值填充)、异常值(如删除或使用统计方法修正)以及重复值,确保数据质量。

(3)数据标准化/归一化:将不同尺度或范围的数据转换到统一的数值区间,避免某些特征因数值过大而在模型训练中占据主导地位,影响模型性能。

(4)时间序列分割:将清洗后的原始时间序列数据按照时间顺序划分为训练集、验证集和测试集,用于模型的训练、调优和最终性能评估。

(5)特征工程:根据水文领域知识,创建能够提升模型性能的新特征。常见的特征工程方法包括:①滞后特征。将过去若干时间步的目标变量或相关特征作为当前时间步的输入,以捕捉时间序列的自相关性。②时间相关特征。提取与时间相关的特征,如年份、月份、星期、一年中的第几天等,以反映数据的季节性和周期性规律。③统计特征。计算滑动窗口内的均值、标准差、最大值、最小值等统计量,作为输入特征,以捕捉局部的时间序列特性。

2. Transformer 模型结构设计

Transformer 模型由编码器和解码器两部分组成。对于水文时间序列预测任务,通常利用编码器部分对输入的历史数据进行编码,提取其时序特征,而解码器部分则基于编码器的输出生成未来的预测结果。

(1)编码器设计:将准备好的水文时间序列数据(如过去一段时间的流量数据)输入到编码器中。编码器通过多头自注意力机制学习序列中不同时间步之间的依赖关系,尤其是捕捉长距离的时间依赖。

(2)解码器设计:解码器的作用是根据编码器输出的上下文信息生成未来时间序列的预测值。解码器的设计可以根据具体的预测任务进行调整,如直接预测未来若干时间步的值,或者采用自回归的方式逐步生成预测结果。

(3)位置编码:由于 Transformer 模型本身不具备处理时序信息的固有能力,因此需要通过位置编码为模型提供数据点在序列中的位置信息,从而理解时间顺序。位置编码可以通过正弦函数、余弦函数或学习得到的嵌入向量来实现。

3. 模型训练

训练 Transformer 模型的目标是使其预测值尽可能接近真实值,通常通过优化一个损失函数来实现。

(1)定义损失函数:选择合适的损失函数来衡量模型预测值与真实值之间的差距。常用的损失函数包括均方差(MSE)和均方根差(RMSE)。

(2)选择优化器:选择合适的优化算法,如利用 Adam 优化器来更新模型的参数,通过不断迭代优化,使损失函数的值最小化,从而提高模型的预测精度。

(3)模型训练与验证:使用准备好的历史数据对 Transformer 模型进行训练。在训练过程中,通常会使用验证集来监控模型的性能,并采用交叉验证或早停等技术来防止模型在训练数据上过拟合,提高模型的泛化能力。

6.2.3 DeepSeek-V3 的训练路径

DeepSeek-V3 是中国自主研发的新一代人工智能大语言模型，是由杭州深度求索公司于 2024 年 12 月推出的基于混合专家（MoE）架构的大语言模型。其发布在业内引发了巨大轰动，上线仅 18 d，日活跃用户数便突破 1 500 万，成为全球增长最快的 AI 应用之一。DeepSeek 的出现，不仅丰富了大模型的生态系统，也预示着 AI 技术发展的新趋势，即在追求更高性能的同时，更加注重效率和可访问性。

DeepSeek-V3 这样的大语言模型又是如何打造出来的呢？根据前面讲述的神经网络原理和机器学习技术，要打造类似 DeepSeek-V3 这样的大语言基座模型，需要经历三个关键训练阶段：

（1）第一阶段：构建知识基座。通过海量文本的无监督预训练（通常使用数太字节的互联网数据），让模型掌握语言规律和世界知识。经过数千亿 token 的深度学习，模型逐渐形成文本生成能力，能够根据前文预测后续内容。这个基座模型就像掌握了人类语言密码的“数字新生儿”，但尚不具备优质的对话能力。

（2）第二阶段：对话能力精调。使用经筛选的高质量对话数据集（通常由专业人员编写）进行监督微调。模型在此阶段学会对话场景的响应模式，理解提问意图，并生成符合人类交流习惯的回复。此时的模型已具备初级对话能力，但回答质量尚不稳定，可能产生不符合伦理或事实的内容。

（3）第三阶段：价值观对齐优化。构建奖励模型：收集人类标注员对不同回答的质量排序数据，训练出能够评估回答质量的 AI 裁判。让精调后的模型生成多样回答，通过奖励模型评分反馈，使用强化学习算法进行迭代优化。这个过程如同“数字导师”不断修正模型输出，使其在事实准确性、安全性、有用性等方面达到人类期望水平。

经过这三重修炼，一个兼具知识储备、对话能力和价值观对齐的大语言模型就此诞生。需要特别说明的是，每个阶段都涉及复杂的工程实现和算力支持，整个过程往往需要数月时间与数百万计算小时的投入。这种分层训练范式已成为当前大模型开发的标准路径，持续推动着 AI 的技术革新。

6.2.4 水利大模型简介

水利大模型是以大语言模型为核心，以水利知识开展专业预训练和微调，以水利知识图谱开展大模型逻辑强化，以水利专业模型耦合开展量化计算赋能，构建水利专业领域的数据处理、逻辑理解、模型调用和智能决策的行业大模型。通俗地讲，水利大模型就是解决计算机如何理解人类关于水利的语言，如何分解水利工作流程，如何运用水利专业数据推理计算，如何按照水利业务逻辑和要素进行展示等问题的辅助决策的智能工具与应用。

6.2.4.1 水利大模型构建的技术路线

“上善水利大模型”是由水利部信息中心主导研发的水利行业大模型。该模型以数字孪生水利建设为基础，深度融合人工智能技术，构建覆盖“数据—知识—决策”全链条的智能体系。其目标是通过人工智能技术赋能防洪减灾、水资源管理、工程运维等核心业务场景，实现水利决策的科学化、精准化和高效化。下面以“上善水利大模型”构建为例，说明水利大模型构建的技术路线。

“上善水利大模型”构建的技术路线采用分层递进模式，从通用大模型逐步深化到行业和场景应用，共分为四个层级：L0 通用大模型→L1 行业（领域）大模型→L2 业务（场景）大模型→L3 业务（场景）应用产品，见图 6-3。

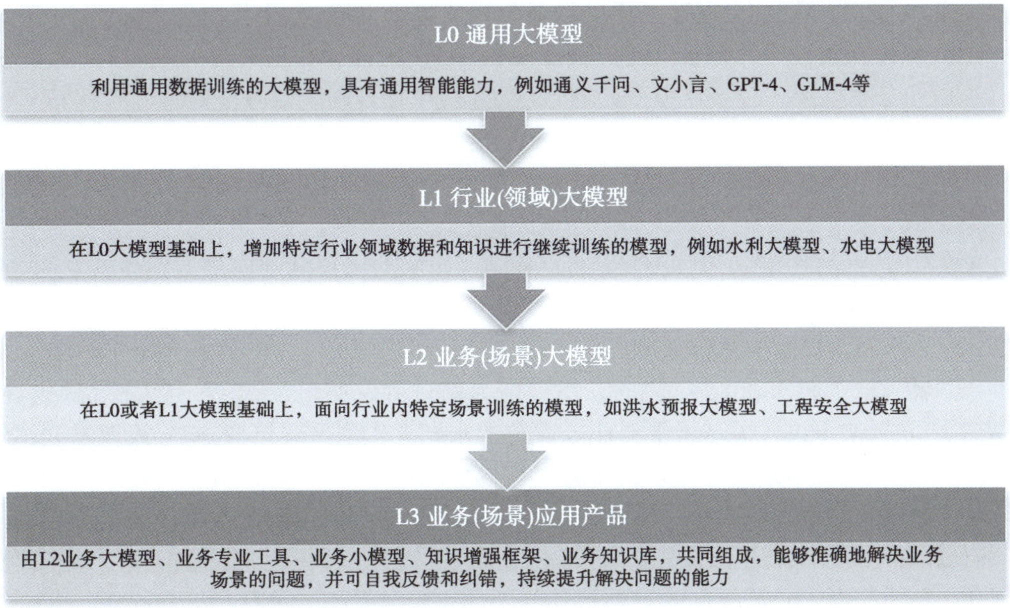

图 6-3　“上善水利大模型”构建技术路线

1. L0 通用大模型

L0 通用大模型指的是基于海量通用数据训练的大模型，具备通用智能能力（如自然语言理解、逻辑推理、科学计算等）。例如，通义千问、文小言、GPT-4、GLM-4 等开源或商业通用模型。其核心能力是提供基础的语义理解、生成和推理能力，支持跨领域任务。特点是通用性强，但缺乏垂直行业知识深度。L0 通用大模型可以作为后续行业模型训练的基础底座。

2. L1 行业（领域）大模型

L1 行业（领域）大模型是在 L0 通用大模型基础上，通过注入水利行业数据与知识优化而成的领域专用模型，如水电大模型、防洪调度大模型等。其训练方法基于 L0 通用大模型进行领域增量训练，融入水利专业知识。数据来源包括水利领域文献、政策文件、技术规范、历史案例等结构化/非结构化数据，以及行业术语库、水利工程知识图谱。优化目标是提升对水利专业问题（如水文分析、工程规划）的理解和生成能力，解决通用模型在水利场景中的术语混淆、逻辑偏差问题。

3. L2 业务（场景）大模型

L2 业务（场景）大模型是面向水利行业内特定业务场景（如洪水预报、工程安全）的精细化模型，可基于 L0 通用大模型或 L1 行业（领域）大模型进一步训练。典型场景包括洪水预报（融合水文时序数据、气象预测模型）和工程安全监测（结合传感器数据与风险预警规则）。训练方式包括基于 L1 行业（领域）大模型的监督微调或强化学习，结合业务场景的小样本数据优化模型输出。

4. L3 业务(场景)应用产品

L3 业务(场景)应用产品是由 L2 业务(场景)大模型、业务专业工具、业务小模型、知识增强框架、业务知识库共同组成的完整解决方案。包括:

(1)L2 业务(场景)大模型。提供场景化智能决策支持(如生成应急预案)。

(2)业务专业工具。如数值模拟软件、GIS 系统、工程计算工具。

(3)业务小模型。轻量化模型处理特定子任务(如规则引擎分析传感器数据)。

(4)知识增强框架。动态接入最新政策、规范、案例库,确保信息时效性。

(5)反馈与优化机制。通过用户交互日志和专家标注实现模型迭代,自动检测错误并触发训练。

该应用产品可由端到端解决复杂业务问题(如从洪水预测到应急方案生成),并支持业务场景的全生命周期管理。

6.2.4.2 水利大模型的总体架构

这里仍以"上善水利大模型"的总体架构为例进行说明。"上善水利大模型"是在数字孪生水利框架下设计了基于平台业务需求的水利大模型平台架构,充分汲取水利知识,与数字孪生流域、水网、工程等建设智能交互,赋能流域防洪、水资源管理与调配等业务应用,同时通过大模型的能力提升网络安全保障水平。平台架构涵盖各层次的组件、服务和集成方式,自上而下描述了用户层、基础应用层、接入交互层、原生服务、推理引擎、资源运营平台、系统管理中心等组件的规划及其与外部系统与设施的关系,见图 6-4。

6.2.4.3 构建水利大模型的主要方法

1. 预训练

预训练是指在一个极其庞大且通常为通用领域的数据集上,从零开始训练大规模神经网络模型的过程。这个阶段的关键目标是使模型能够捕获通用的语言模式、广泛的知识以及上下文理解能力。形象地说,这如同让模型进行"海量阅读",从而构建起扎实的基础知识体系。尽管通用的预训练模型已经展现出强大的语言处理能力,但在特定的垂直领域,它们往往存在一些固有的局限性,如缺乏特定领域的专业知识,对特定行业的术语、概念、流程和独特的数据特征不够熟悉,对领域内专业语言的理解深度不足,难以辨别专业领域内的细微语义差别。

2. 微调

大模型在理解语言、生成文本、翻译、编写代码等方面,以及数据、物理、化学、计算机等学科,可以说是一个"通才",但在某些特定的任务或领域可能还不够专业。所谓大模型的微调,就像是对这个"通才"进行"专项技能培训"。微调就是利用一个相对较小但与特定任务或领域相关的数据集,对这个预训练好的大模型进行进一步的训练,使其能够更好地完成这些特定的任务。水利大模型通过在专门针对水利行业的数据集上进行训练,能够深入理解该水利领域独特的语言、术语和语境,从而产生更准确的相关输出。

3. 检索增强生成

检索增强生成(retrieval-augmented generation,RAG)是一种将信息检索和文本生成相结合的技术。通过整合外部水利知识库或数据库中的非参数化知识来增强水利大模型性

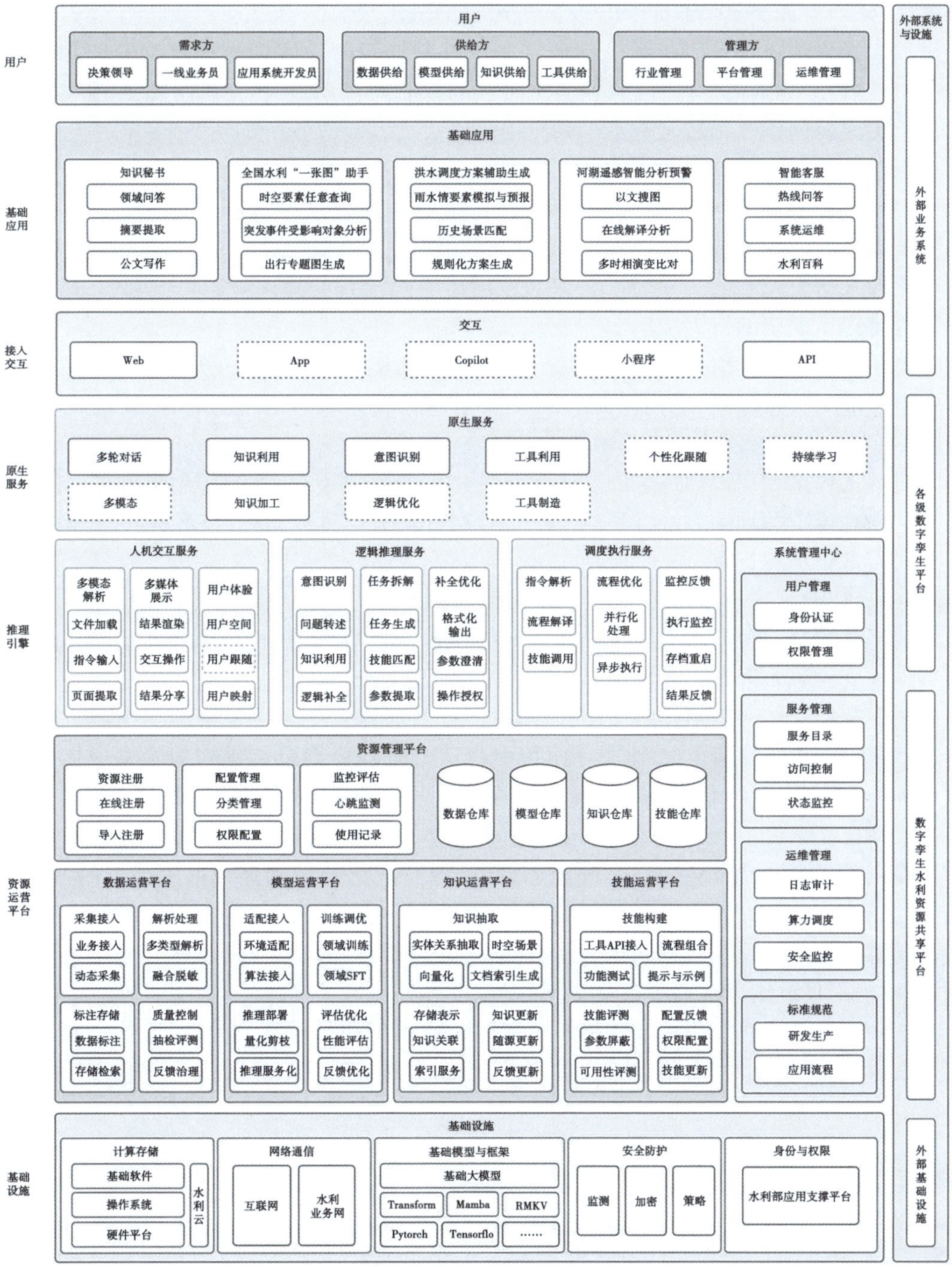

图 6-4　水利大模型架构

能，提升其在水利专业领域的能力，弥补大模型在时效性、专业领域知识覆盖和幻觉问题上的局限性。

检索增强生成的核心思想是，在生成答案或文本之前，先从一个外部的知识库中检索出与当前问题或任务相关的文档或信息片段，然后将这些检索到的信息作为生成器的额外输入，从而生成更具信息量、更准确、更可靠的输出。

检索增强生成技术使得大模型能够利用外部知识库来实现懂得水利专业知识的效果，实现路径较为简单。因此，它在实现水利的智能问答系统、聊天机器人、水利 AI 助手、水利相关内容创作等领域已有不少的应用。

4. 提示工程

提示工程本身并不是一种直接"训练"大模型的方法，尤其不是像预训练或微调那样去更新大模型的权重参数。提示工程更像是一种"引导"或"指令"的艺术，通过精心设计和优化输入给大模型的文本（提示）来激发模型内部已有的知识和能力，使其在特定的垂直领域表现出期望的行为和输出。

提示工程核心思想是利用预训练好的通用大模型所拥有的广泛知识和强大的语言理解与生成能力，通过巧妙地构建提示，使其能够理解特定垂直领域的术语、概念、任务和上下文，并生成符合该领域要求的输出。

提示工程是利用预训练好的通用大模型来解决水利专业领域问题的有效方法之一。虽然它不是传统的训练方法，但它提供了一种快速、灵活且成本相对较低的方式来定制和应用大模型于水利行业。

5. 知识蒸馏

知识蒸馏是一种模型压缩和知识迁移的技术，可以帮助我们得到更小、更高效，并且在特定垂直领域表现良好的模型。

知识蒸馏的核心思想是将一个已经训练好的、通常是更大更复杂的"教师模型"的知识迁移到一个更小更简单的"学生模型"中。这个教师模型可能是在大规模通用数据上预训练的，或者已经在垂直领域的数据上进行了微调，拥有丰富的领域知识。

6. 混合模型协同

混合模型协同是指利用一个预训练好的、拥有广泛知识和强大通用能力的"基础大模型"，结合一组针对特定垂直领域或任务训练的"专业小模型"集群，通过协同机制让它们共同解决复杂的垂直领域问题。其中，基础大模型承担跨领域知识融合与复杂决策推理，专用模型集群则聚焦高精度垂直任务。

这种方法核心思想是结合通用大模型的广泛知识和推理能力，以及专业小模型在特定垂直领域的高精度和效率，建立起协同机制，从而构建更强大、更灵活的垂直领域智能系统。

典型案例：混合模型解决水利问题

以下举个基于混合模型方法解决水利实际问题的例子。例如，需要大模型来回答"请分析一下未来一周某流域可能发生的洪涝灾害风险，并给出相应的防洪建议"。

（1）基础大模型接收到用户的问题，对问题进行理解和分解：识别出需要进行洪涝风险分析和防洪建议生成。判断需要获取未来一周的气象预报、该流域的水文数据、地形地貌信息，以及现有的防洪工程信息等。

（2）基础大模型将子任务路由给不同的专业小模型：将获取未来一周气象预报的任务发送给气象预报专业模型。将分析该流域水文数据的任务发送给水文分析专业模型。

可能还会调用一个地理信息模型来获取地形地貌信息。查询防洪工程信息可能直接通过知识库或者一个专门的工程信息模型完成。

(3)专业小模型集群各自执行任务,并将结果返回给基础大模型。例如,气象预报模型返回未来一周的降雨量、降雨强度等预测数据。水文分析模型根据降雨预测和历史数据,预测未来一周的水位和流量变化。地理信息模型提供流域的地形高程、河流走向等信息。工程信息模型提供该流域的堤坝、水库等防洪工程的分布和能力信息。基础大模型接收到所有专业小模型的结果。

(4)基础大模型进行跨领域知识融合和复杂决策推理:结合气象、水文、地理和工程信息,分析未来一周可能发生的洪涝风险等级和影响范围。基础大模型根据风险分析结果,结合防洪知识库和最佳实践,生成相应的防洪建议。例如,建议加强巡堤查险、提前开启水库泄洪、转移低洼地区居民等。

(5)结果输出:基础大模型将最终的分析结果和防洪建议以自然语言的形式呈现给用户。

6.2.4.4　水利智能体

我们可以通过构建基于大模型的水利智能体来解决水利行业的专业问题。将大模型作为智能体的"大脑",充分利用其卓越的自然语言理解、任务自动规划和执行等能力。一个通用的智能体架构通常包括以下四个关键组成部分:规划,负责制定实现目标的策略和步骤;记忆,用于存储和管理智能体运行过程中产生的知识和经验;工具,指智能体可以利用的各种外部资源或内部能力;行动,指智能体与环境交互并执行计划的过程。

基于大模型的水利智能体可以实现以下功能:

(1)水利专业知识交互与意图理解。智能体运用先进的自然语言处理技术,能够深入理解用户在水资源管理、防洪减灾、水利工程建设与运行等方面的指令和需求,并以自然化的语言进行流畅的交流。这种交互不仅限于查询水库水位、闸门开度等基础信息,更能处理复杂的对话,准确把握用户关于流域治理方案、灌溉调度策略等专业意图。

(2)定制化水利服务与智能建议。智能体能够基于水利专业人员的历史查询记录、项目偏好以及区域水情特点等数据,提供高度个性化的服务和专业建议。这种定制化不仅体现在推荐相关的水利规范、研究报告或案例分析上,还包括在交互模式、专业术语使用等方面进行调整,以更好地契合不同岗位和层级用户的需求,如为工程师提供详细的技术参数,为决策者提供宏观的趋势分析。

(3)水利任务自动化与智能决策支持。智能体能够自动化地完成一系列水利行业内的任务,从基础的水文数据检索与分析到复杂的水资源调度方案优化与洪水风险评估。它们可以高效地处理气象预报、水位监测、工程巡检报告等信息,管理水利工程流程,辅助决策者进行应急响应预案制定、水库群联合调度等关键决策,甚至在特定情况下进行创新性工作,如水利工程初步方案设计和水动力学模型构建等。

(4)水利知识自适应学习与性能优化。智能体拥有强大的水利专业知识学习和适应能力,通过持续分析最新的水利文献、行业标准、历史水情数据以及用户反馈,利用机器学习算法不断优化自身在水利领域的知识储备和问题解决能力,从而更精准地响应用户在不同水利场景下的需求。这种自适应学习的特性使其能够随着时间的推移变得更加专业和高效,如能够识别新的水文事件模式或优化堤坝除险加固方案。

(5)多模态水利数据处理与融合交互。除传统的文本交互外,智能体还能处理包括卫星遥感影像、无人机巡检视频、水下声呐数据、地理信息系统数据等多种类型的水利行业数据,实现多模态的融合交互。这使得智能体能够更全面地理解和响应用户在水利监测、灾害评估、工程诊断等方面的需求,提供更丰富和直观的交互体验,如通过分析遥感影像识别旱情范围,或通过分析视频判断水利设施的运行状态。

典型案例:水利大模型应用水利机器人助手[1]

2025年3月,浙江水利积极探索水利大模型的应用。浙江省水利水电勘测设计院大禹公司打造的“智慧小禹”与浙江定川信息科技有限公司打造的水利机器人“智小川”,均已接入DeepSeek大模型。

这两款水利机器人助手在其本地知识库和私有化大模型的基础上,进一步融合了DeepSeek的人机交互、智能计算等功能,不仅能够将复杂的平台操作简化为自然语言对话或语音驱动,还能通过持续学习不断更新水利专业知识和业务逻辑。

1.“智慧小禹”应用场景初探

(1)水利建设市场:信息检索“一键穿透”。

一键告别烦琐的逐条搜索!在浙江省水利建设市场监管平台中,打开和小禹对话框,直接用简单通俗的语言提问,小禹就会替你自动检索、整理、归纳数据库信息,如横向对比企业信用、纵向分析项目历史数据等,助力建设市场管理效率提升。

(2)防汛调度决策:秒级响应防汛“智囊团”。

防汛应急期间,“台风路径预测”“水库当前库容”“堤防出险了怎么办”……各路信息千头万绪。以浙江省防洪调度决策系统为例,小禹可以通过语音、文字、点击框选等方式进行人机多轮交互,实时解析雨情、水情、工情,一键生成风险预警与处置建议,防汛决策快人一步。

(3)流域预报调度一体化:驱动专业模型智能计算。

非专业人员一句话也能做预报。以设计院自主研发的钱塘江流域预报调度一体化平台为例,小禹可自动关联气象预报、工程参数与调度规则库,驱动水利专业模型计算,模拟洪水演进路径,将人工操作生成调度方案的时间从半小时缩短至半分钟,大大降低系统的专业使用门槛。

(4)水库运行管理:全生命周期智能护航。

以数字孪生汤浦水库为例,从建设期安全生产到运行期安全监测,小禹可以实时分析水库渗流、沉降数据,预警潜在风险,让水库管理从“经验驱动”迈向“数据驱动”。

2.“智小川”应用场景初探

(1)实时数据查询:数据海洋的导航员。

以铜山源水库灌区数字孪生应用为例,说出“检查灌区渡槽状态”“对比闸门上下游水位数据”等问题,听得懂语音指令的“智小川”可在秒级内调取可视化图表,助你轻松掌

[1] 浙江水利微信公众号:DeepSeek加持,浙水AI“双雄”上线(2025年3月3日)。

握动态数据,赋能高效决策。

(2)图像智能分析:水域乱象的显微镜。

以河长制系统智慧巡河场景为例,“智小川”拥有精准的“电子鹰眼”,可利用十余种水利AI算法,调用图片、视频,全天候扫描河湖空间水域,乱占、乱采、乱堆、乱建等“四乱”问题无处遁形。

(3)水利知识问答:永不打烊的智慧宝典。

从法律规程到技术方案,海量专业宝典在它的智库中生长。问它“碾压式土石坝施工技术要点”,回答比教科书更生动;咨询“孪生水库设计”,它遵循政策导向,结合水库实际并思维发散,给出的设计方案图文并茂、架构清晰。这个24 h在岗的AI教授,让专业知识获取变得更加轻松自然。

任务6.3 智能体

近年来,智能体取得了快速发展,在智能交通、医疗保健、工业制造、智能家居等很多方面得到了应用。随着视觉理解、推理规划和操作能力的提升,智能体将承担越来越多复杂的任务,成为人类在数字世界中的得力助手。

6.3.1 智能体定义

智能体是人工智能领域中一个重要的概念,它是一种能够感知外部环境、进行自主决策并执行动作以实现特定目标的智能实体。它可以是一个软件程序、系统或机器人,如图6-5所示。

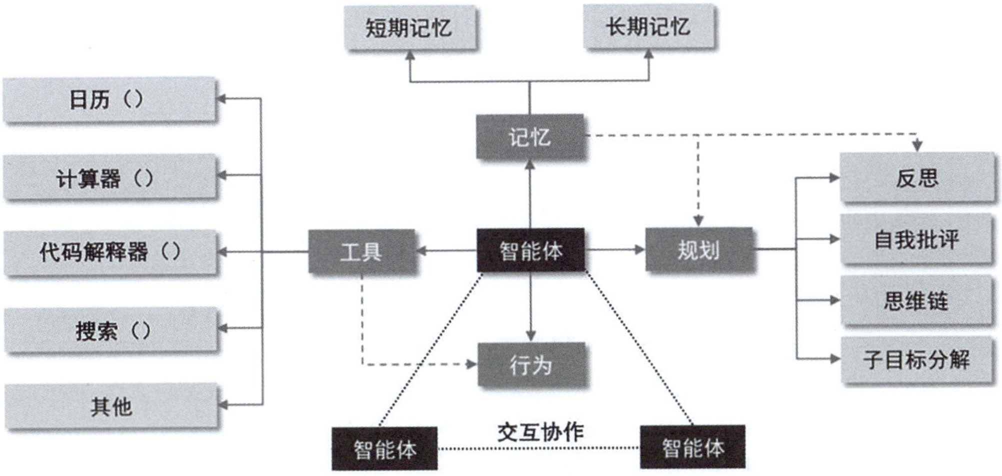

图6-5 智能体

6.3.2 智能体的核心能力

智能体具有感知能力、学习能力、决策能力和执行能力等核心能力。

(1)感知能力。智能体通过各种传感器(如摄像头、麦克风、温度传感器等)采集数据，获取其所处环境的信息，如视觉图像、声音、温度、湿度等。在水利领域，智能体可通过水位、流量、雨量等传感器感知水情信息。

(2)学习能力。智能体通过与环境的交互不断优化自身的决策和行为，具备从经验中学习的能力，以便不断改进自身的行为和决策，提高性能和适应环境的变化。它可以通过机器学习算法，如监督学习、无监督学习、强化学习等，从大量的数据中发现模式和规律。例如，在灌区管理中，智能体通过不断学习不同灌溉方案下的作物生长情况和水资源利用效率，优化水资源分配策略，减少水量损失。

(3)决策能力。基于感知到的信息和学习到的知识，智能体需要进行推理和决策。它能够对复杂的问题进行分析，权衡不同的选择，并做出最优或接近最优的决策。这通常涉及机器学习、深度学习等技术，通过对大量数据的学习和分析，建立模型来预测未来情况并做出最优决策。例如，在智能废水处理中，智能体根据废水水质和处理设备状态等信息，运用强化学习算法确定最佳处理参数。

(4)执行能力。实施决策，通过控制物理设备或生成相应的输出，改变自身或环境状态。例如，控制机器人的动作、调节闸站的闸门开度、水泵转速等，或者生成文本回复、图像等信息。

6.3.3 智能体的分类

6.3.3.1 按应用场景分类

(1)物理智能体。存在于现实世界中，与物理环境进行交互，如机器人、无人机、自动驾驶汽车等。在水利行业，可用于水利设施的巡检、维修等工作，如搭载传感器的无人机对水库大坝进行巡检，及时发现裂缝等安全隐患。

(2)虚拟智能体。存在于数字或虚拟环境中，如聊天机器人、智能客服、游戏中的NPC 等。在水利领域，虚拟智能体可作为智能客服，为用户提供水利政策法规、工程建设、水资源管理等方面的咨询服务。

6.3.3.2 按工作原理分类

(1)对话式智能体。通过自然语言与人类进行互动，主要用于回答问题、提供建议和帮助用户解决问题，强调语言理解和答案生成能力，如 GPTs、豆包等，用户可以通过输入文本与它们进行对话，获取相关的信息和解答。

(2)自主智能体。能够根据用户通过自然语言提出的需求，自动执行任务并实现预期结果。例如，AutoGPT 可以理解自然语言需求，并自动完成一系列任务(如信息搜索、文档生成等)，无须用户进行详细的步骤指导。

(3)生成智能体。是在模拟复杂社会环境中“生活”的智能体，拥有自己的记忆和目标，能够与人类和其他智能体互动，如斯坦福和谷歌研究者联合构建的“Smallville”虚拟小镇中的生成智能体，它们能够在模拟的社会环境中进行复杂的交流和互动，模拟真实世界中的社会动态。

(4)具身智能体。能够与环境进行交互，通过自身的身体感知和行动来学习和适应环境，其框架由控制端、感知端和行动端组成。控制端通常由大语言模型构成，负责信息处理和决策；感知端将感知空间拓展到多模态领域，使智能体能够更有效地获取环境信息;行动端则赋予智能体具身能力,使其能够对环境产生实际的影响。如机器人通过视觉、听觉等传感器感知周围环境,并通过肢体动作完成各种任务。

6.3.3.3　**按功能分类**

(1)反应式智能体。主要对当前的感知信息做出即时反应,不考虑长期目标或复杂的推理。例如,在水质监测中,当传感器检测到水质指标超标时,反应式智能体立即发出警报。

(2)慎思式智能体。具有更复杂的决策能力,能够对环境进行建模,进行规划和推理,以实现长期目标。例如,在洪水调度中,慎思式智能体通过对流域内的降雨、水位、流量等数据进行分析,结合水动力学模型,制订出合理的洪水调度方案。

(3)混合式智能体。结合了反应式和慎思式智能体的特点,既能对紧急情况做出快速反应,又能进行长期的规划和决策。例如,在水利工程的日常运行管理中,混合式智能体可以实时监测设备的运行状态,对突发故障立即采取应急措施,同时也会根据历史数据和预测信息,制订设备的维护计划和优化运行方案。

任务6.4　水利行业大模型应用

6.4.1　大模型在水利行业中的典型应用

大模型凭借数据感知、深度理解和模式识别能力,推动水利行业智能化升级。水利大模型经针对性训练后,能理解专业术语、分解业务任务、调用专业模型、可视化分析结果并驱动智能控制,降低操作门槛,提升决策科学性。以下从四大业务场景介绍其应用实践。

6.4.1.1　**遥感监测与视频图像识别**

水利大模型突破传统人工判读局限,实现水利信息自动化提取:

(1)河道“四乱”监测。利用高分辨率遥感影像识别20类以上违规建筑,通过跨时序比对实现违建预警与回溯。例如,水利部与阿里云合作的模型准确率超82%。

(2)城市内涝监测。分析监控视频流,识别积水区域与深度。大禹慧图科技模型可输出积水等级,变被动应对为主动监测。

(3)堤坝安全监测。通过图像分析实现裂缝、变形、植被、渗漏点的智能识别,辅助早期隐患预警。

(4)洪涝灾害评估。结合多源遥感数据,快速识别淹没范围、基础设施损毁及次生灾害,为应急响应提供支撑。

6.4.1.2　**数据分析与专业计算**

水利大模型可用于革新水利计算范式,提升效率与精度:

(1)数据处理。高效清洗多源异构数据,为决策提供高质量基础,结合数字孪生技术缩短决策链条。

(2)模型协同。构建知识图谱连接专业模型与水利对象,实现跨领域协同计算。例如,推演调度方案对水位、水质的综合影响。

(3)参数优化。基于历史数据智能推荐模型参数,降低校准门槛,提升模型普适性。

6.4.1.3 水灾害防御

大模型强化灾害防御的科学性与时效性：

(1)风险预警。融合多源数据预测灾害概率、影响范围及时段，识别次生风险并生成定制化预警信息。

(2)精准预报。深度学习流域水文机制，延长洪水预测时效，提供多尺度预报信息。

(3)模拟预演。构建数字孪生模型模拟灾害演进，优化调度预案。例如，动态调整水库群联合调度策略，削减洪峰并评估方案效果。

(4)灾后评估。整合多源数据快速量化损失，推荐恢复方案，提升灾后决策效率。

6.4.1.4 水资源管理与调配

大模型支撑水资源高效利用与可持续发展：

(1)预测分析。精准预测径流量、用水需求及极端水文事件，为调度提供依据。例如，分析多维度数据预测城乡、农业用水动态。

(2)优化配置。生成跨区域调水、城乡供水、农业灌溉的智能方案。例如，针对农田地块生成精准灌溉计划，提升用水效率。

(3)工程调度。实现水库群多目标协同调度，兼顾防洪、供水、生态等需求，通过动态调整与预演提升运行安全性。

(4)政策支持。分析区域水资源特征，辅助制定差异化管理政策，模拟政策影响以优化决策，助力应对气候变化。

水利大模型通过多场景应用，显著提升水利行业的智能化水平，但其在部分场景仍处于探索阶段，未来有望进一步深化应用，推动水利管理向更高效、科学的方向发展。

6.4.2 水利行业标准大模型

6.4.2.1 水利行业标准化

水利行业标准化是指将标准化的理论和方法应用于水利行业，通过制定、实施和修订水利技术标准，以规范水利工程建设、水资源管理、防洪抗旱、农村水利、水土保持等领域的活动，从而提升工程质量、保障安全、促进资源合理利用，并实现最佳经济社会效益的系统性工作。

水利行业的标准可以分为以下几类：

(1)基础标准。对水利行业的基本概念、术语、符号、计量单位等做出统一规定，为其他标准的制定和实施提供基础。例如，《水力发电技术基本术语》(GB/T 44634—2024)规定了水电工程及其相关的术语和定义。

(2)工程建设标准。涵盖水利工程规划、设计、施工、验收等各个环节。如《碾压混凝土坝设计规范》(SL 314—2018)对碾压混凝土坝的设计做出了具体要求。

(3)产品标准。针对水利工程中使用的各种材料、设备和构配件等制定的标准。如《水轮发电机基本技术要求》(GB/T 7894—2023)规定了水轮发电机及其附属设备的总体技术要求、产品标识、材料和部件存储、工厂和现场试验及供货要求等。

(4)管理标准。涉及水利工程运行管理、水资源管理、防汛抗旱管理等方面。例如，《小型水库监测技术规范》(SL/T 828—2024)对小型水库监测设施的建设和运行管理做出了规定。

(5)信息技术标准。随着信息技术在水利行业的广泛应用,相关标准也日益重要。如《水利网络安全保护技术规范》(SL/T 803—2020)规定了水利网络安全保护总体要求、安全技术体系框架、安全纵深防御能力建设要求、安全监测预警能力建设要求、安全应急响应能力建设要求、安全运营要求和安全监督检查要求。

6.4.2.2 **水利标准化智能体**

水利标准化智能体是指通过集成人工智能、自然语言处理、知识图谱等先进技术,将传统水利标准工作,如标准制定、修订、查询、应用等转化为数字化、智能化的管理模式。其核心目标是构建结构化的水利标准知识库与知识图谱,开发智能化的辅助工具,如语义检索、标准查重、AI 辅助编写、动态问答系统等,以实现水利标准智能化高效管理。

(1)知识高效管理。从海量与水利行业相关的标准文档(如国家标准、行业规范等)、技术指南(导则)、专利、论文中提取关键智能,进行结构化存储与智能关联,减少人工整理成本,提升知识获取的准确性和时效性。

(2)流程智能化。对水利行业的各种业务流程进行梳理,依据《标准化工作导则 第1部分:标准化文件的结构和起草规则》(GB/T 1.1—2020)和《水利技术标准编写规定》(SL/T 1—2024)的要求进行规范和优化,提高业务流程的效率和质量,确保各项工作按照标准流程有序进行。通过智能体的自动化执行能力,实现部分业务流程的自动化处理,如自动生成草案、智能纠错、内容推荐、意见分析等,提高标准制定的科学性和效率。

(3)服务精准化。通过语义搜索、多维度筛选、智能推荐等功能,为用户提供精准的标准查询和学习支持,并借助知识图谱直观展示标准间的关联性,助力跨领域知识融合。

(4)动态更新与迭代。依托自我学习机制和动态知识库更新,促进水利标准的快速迭代与跨领域创新,推动水利标准化工作向智能化、科学化方向发展。

(5)提升水利从业人员标准化素养,降低标准工作成本,增强标准制定的规范性与权威性,助推水利行业高质量发展。

6.4.2.3 **水利标准化智能体分类**

1. 按应用场景分类

(1)工程建设智能体。主要应用于水利工程的规划、设计、施工等阶段,帮助工程师和技术人员遵循相关标准,确保工程建设的质量和安全。

(2)运行管理智能体。侧重于水利工程运行阶段的管理和维护,包括水库、水闸、堤防等水利设施的日常运行、安全监测、维修养护等方面。

(3)水资源管理智能体。专注于水资源的合理配置、调度和保护。通过分析水资源的分布、需求、水质等情况,结合相关标准和政策,制订科学的水资源调配方案,实现水资源的可持续利用。同时,对水资源的开发利用过程进行监督和管理,确保符合水资源保护的标准和要求。

2. 按功能特点分类

(1)知识型智能体。主要以知识存储和检索为核心功能,拥有丰富的水利行业标准化知识图谱,能够快速准确地回答用户关于标准规范的各种问题,为水利工作者提供知识支持和参考依据。

(2)分析型智能体。具备强大的数据分析和推理能力,能够对水利业务中的复杂数据进行深入分析,挖掘数据背后的规律和趋势,为决策提供科学依据。例如,通过对历史水情数据和工程运行数据的分析,预测洪水发生的可能性和影响范围,为防洪决策提供支持。

(3)执行型智能体。侧重于具体业务流程的执行和操作,能够根据预设的规则和标准,自动完成一些重复性、规律性的工作任务,如标准报表的生成、数据的录入和整理等,提高工作效率和准确性。

6.4.2.4 水利标准大模型设计

通过构建基于人工智能和大数据技术的水利标准大模型(large model of water conservancy standard,WSL),实现水利标准工作的智能化升级,覆盖标准知识管理、智能查询、动态修订、辅助决策等全流程,推动水利标准的高效制定、科学优化和快速迭代。

水利标准大模型(WSL)采用“数据-模型-应用”的分层技术架构,结合人工智能和大数据技术,实现水利标准的智能化管理与应用。架构设计注重模块化与可扩展性。

(1)数据层。首先集成国家标准、行业标准、地方标准、专利文献、技术报告等结构化与非结构化多源数据,通过自然语言处理(NLP)技术进行去重、分词、实体识别等清洗与标注工作,构建标准化知识库。

(2)模型层。基于图数据库,关联术语、技术参数、工程阶段等实体关系构建水利标准知识图谱。采用深度学习框架训练水利领域专用模型,支持语义理解、文本生成、相似度计算。

(3)应用层。支持自然语言查询,返回关联标准条款及相似案例。提供模板库、智能纠错、内容推荐、意见分析等功能。以交互式图谱呈现标准间关联。

6.4.2.5 水利标准大模型功能与应用

1. 水利标准知识库检索

水利标准知识库的检索功能是水利标准大模型(WSL)的“导航”,旨在帮助用户快速、精准地查找所需的水利标准、技术规范及相关资料。与传统的关键词搜索不同,它通过自然语言理解、多维度筛选和智能推荐技术,大幅提升检索效率和准确性,满足科研、工程与教学的多场景需求。用户无须记忆标准编号或专业术语,直接以自然语言提问或描述需求,系统自动解析语义并匹配相关标准。支持模糊查询,如输入“大坝渗水处理”,系统可联想“渗漏”“防渗墙”等关联词。提供多条件组合筛选,帮助用户缩小检索范围,快速定位目标文档,如标准类型、专业门类。支持多个关键词叠加。

2. 水利标准知识图谱

水利标准知识图谱是水利标准大模型(WSL)的“智慧大脑”,通过将海量水利标准、技术规范、专利文献等数据转化为可视化的关系网络,揭示标准间的逻辑关联、技术依赖和应用场景。以数字孪生为例(见图6-6),它像一张“水利知识地图”,将零散的水利知识连接为结构化网络,支持交互式探索,帮助用户快速厘清复杂概念,提升学习和应用效率。

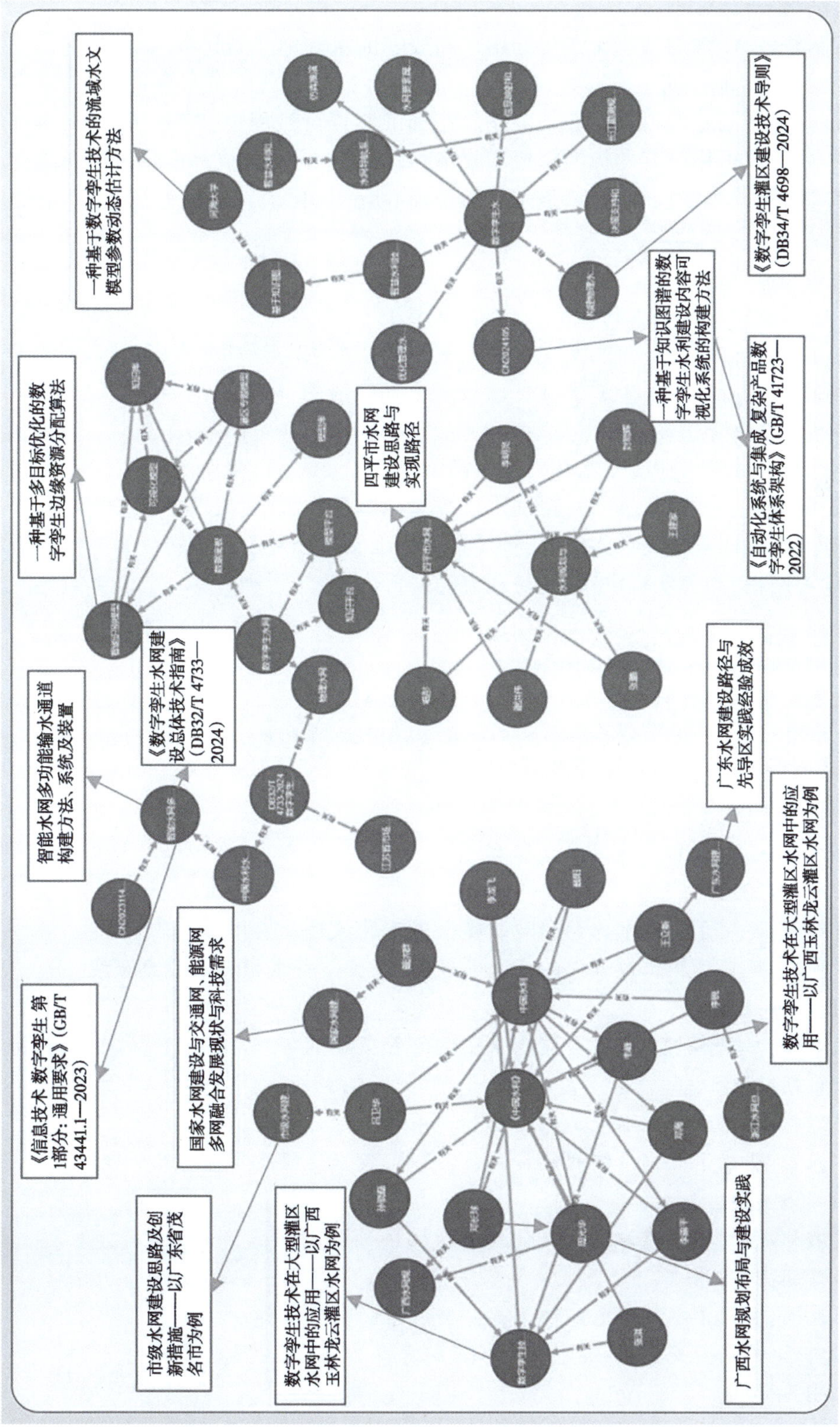

图 6-6　水利标准知识图谱——数字孪生案例

3. 标准制修订 AI 辅助

标准制修订 AI 辅助功能旨在帮助用户高效完成水利标准的起草、修订和优化。它像一位“智能秘书”,能自动生成草案、检查错误、推荐内容,并分析专家意见,大幅减少人工工作量,提升标准制定的科学性和规范性。在标准制修订过程中,WSL 基于 AI 的自然语言生成技术,可以根据已有的标准模板和收集到的数据,自动生成标准草案的初稿。利用机器学习算法对草案进行优化,调整条款的逻辑顺序、优化语言表达等,提高草案的质量和可读性。

4. 技术成果转化

技术成果转化功能是水利标准大模型(WSL)的“桥梁”模块,旨在将科研成果、专利技术与实际工程标准高效对接,推动水利领域创新技术从“实验室”走向“工程应用”。通过智能匹配、案例推荐和标准适配,解决“技术不知如何用、标准不知如何改”的难题。

5. 水利标准科普问答

水利标准科普问答功能是水利标准大模型(WSL)的“智能老师”,旨在以互动问答形式解答水利标准相关的常见问题,帮助用户快速掌握基础概念、技术要求和实际应用。它结合知识库、自然语言处理和案例库,将复杂的标准文本和专业概念转化为通俗易懂的语言,降低学习门槛,为公众提供精准、易理解的科普内容。

典型案例:水利标准 AI 小助手

登录浙江同济科技职业学院开发的水利标准 AI 小助手,查询:“最新的水利工程施工安全标准有哪些?”AI 小助手结合本地知识库以及联网搜索(可选)给出专业回答:

最新水利工程施工安全标准

GB 51304—2018

标准名称:小型水电站施工安全标准

发布日期:2018 年

适用范围:适用于小型水电站的施工安全管理和操作。

核心内容:规定了施工过程中的安全管理要求、安全技术措施及应急预案。

SL/T 782—2019

标准名称:水利水电工程安全监测系统运行管理规范

发布日期:2019 年

适用范围:适用于水利水电工程安全监测系统的运行管理。

核心内容:明确了监测系统的日常运行、维护、数据处理及异常情况处理的要求。

SL/T 765—2018

标准名称:水利水电建设工程安全设施验收导则

发布日期:2018 年

适用范围:适用于水利水电建设工程安全设施的验收工作。

核心内容:规定了安全设施验收的标准、程序及方法。

其他相关标准

SL 766—2018:大坝安全监测系统鉴定技术规范

SL 768—2018:水闸安全监测技术规范

SL 764—2018:水工隧洞安全监测技术规范

这些标准旨在确保水利工程施工过程中的安全性,涵盖了从施工管理到具体设施验收的各个方面。如有具体条款或应用方面的疑问,请进一步咨询。

6.4.3 水利工程白蚁隐患智能巡检

在水利工程白蚁防治中,需要建立定期的白蚁检查制度,特别是在每年的白蚁活动高峰期(春季和秋季),组织专业人员对水利工程进行全面检查。检查内容包括堤坝表面有无白蚁分飞孔、蚁路、泥被等迹象,以及水闸、护坡等部位是否有白蚁危害的痕迹。采用智能化手段进行白蚁隐患巡检可以大大提高工作效率,减少人工操作工作量。

6.4.3.1 白蚁特征智能识别特征数据库建设

根据《水利工程白蚁防治技术规程》(SL/T 836—2024)构建数据库,它全面覆盖了白蚁活动的全周期生物特征,包括但不限于白蚁的孵化、成长、繁殖以及死亡等各个阶段的特征,包括分飞孔特征库、泥被泥线特征库、菌圃特征库和蚁道特征库。通过这样的设计,数据库能够为人工智能模型的训练提供一个全面且标准化的数据支撑,确保模型能够准确地识别和处理与白蚁相关的各种问题,从而在水利工程的白蚁防治工作中发挥重要的作用。

6.4.3.2 白蚁无人机智能巡检技术

为堤坝白蚁隐蔽性巢穴探测而设计的无人机系统,是针对堤坝白蚁问题的特殊需求而研发的。它通过集成先进的多模态传感器技术,能够实现对堤坝白蚁地面活动的精准探测。这些传感器不仅包括了用于精确定位的高精度 GPS 模块,还融合了能够捕捉微小变化的红外线传感器,以及用于分析土壤和植被光谱特征的高分辨率光谱仪。通过这些传感器的协同工作,无人机系统能够达到厘米级的定位精度,从而为堤坝的安全维护提供强有力的技术支持。

这种无人机系统搭载了先进的图像处理算法,能够实时分析从多模态传感器收集到的数据。这些算法能够识别出堤坝表面的微小裂缝和异常区域,这些往往是白蚁活动的迹象。此外,无人机还配备了高清摄像头,可以捕捉到高分辨率的图像和视频,为专家提供了直观的视觉资料,以便进一步分析和判断白蚁活动的范围和程度。这种白蚁无人机智能巡检包括以下几部分。

1. 飞行平台

飞行平台采用了抗冲击的碳纤维框架设计,这种材料不仅轻盈而且强度高,能够承受剧烈的飞行冲击和压力,确保了飞行器在各种复杂环境下的稳定性和安全性。碳纤维框架经过精心设计,以实现最佳的力学性能和耐久性。它不仅能够抵抗来自不同方向的冲击,还具备出色的抗疲劳特性,这意味着即使在长时间的飞行任务中,飞行平台也能保持其结构的完整性。此外,碳纤维材料的低密度特性使得整个飞行平台更加轻便,从而提高了飞行器的机动性和效率。

2. 传感导航系统

传感导航系统采用了模块化集成的设计理念,使得各个功能模块可以灵活组合,以适应不同的应用场景和需求。这种设计不仅提高了系统的可扩展性，同时也便于维护和升级。包括多光谱相机、RTK 导航等设备。

3. 避障系统

避障系统采用了先进的多传感器融合技术，以确保在各种复杂环境下都能有效地进行障碍物检测和规避。

6.4.3.3 地面巡检机器人的应用

地面巡检机器人，作为一款集环境感知、自主导航、智能检测功能于一体的工业级移动机器人系统，广泛应用于电力设施、油气管道、轨道交通等复杂场景，实现了全天候自动化巡检。

1. 机器狗技术

机器狗的自主导航与避障系统运用了多模态感知融合技术，利用激光雷达、RGB-D相机、IMU 和 ToF 传感器构建三维环境地图，其定位精度可达±2 cm。系统基于改进的 RRT * -Connect 算法实现全局路径规划，并结合深度强化学习的动态窗口法进行局部避障，响应时间不超过 100 ms。通过点云语义分割技术，系统能够识别地形特征，并根据楼梯、碎石等复杂地形自动切换步态模式，最大坡度适应能力为 45°，能够跨越 25 cm 宽的沟壑。

2. 堤坝白蚁巡检履带机器人

堤坝白蚁巡检履带机器人是专为复杂地形环境下的蚁害排查而设计的履带机器人，是一种智能化检测装备。该机器人采用履带式移动底盘，具备卓越的越障能力和地形适应性，能够攀爬 45°斜坡、跨越 30 cm 沟壑，并在泥泞、碎石等传统人工难以到达的堤坝区域稳定行进。机器人集成了多模态感知系统，配备了高分辨率可见光摄像头、红外热成像仪和超声波探伤模块，通过 AI 图像识别技术实时分析坝体表面的裂缝、孔洞及温度异常，结合声波反馈，探测白蚁巢穴位置。部分型号还配备了机械臂取样装置，能够提取土壤样本进行现场湿度与生物活性检测。其导航系统融合了 RTK-GPS、激光雷达与视觉 SLAM 技术，实现了厘米级定位精度与自主路径规划，支持预设巡检路线或远程人工操控双模式。

该技术已在我国长江、黄河等多处水利工程中试点应用，成功预警蚁患风险 137 起，有效降低了堤坝渗漏溃决风险，为水利设施智能运维提供了创新解决方案。

6.4.3.4 堤坝白蚁智能巡检平台

通过整合无人机、机器狗、履带机器人以及深度学习技术，可以构建一套多模态智能巡检平台，实现对堤坝蚁害的立体化、全天候精准防控。平台采用“空-地协同”架构，结合边缘计算与云端管理，提供从广域筛查到局部精检的全链条解决方案。

1. 多设备协同作业架构

(1)无人机(空中层)。配备多光谱相机与激光雷达，通过预设航线对堤坝进行大范围三维建模，快速识别植被异常(如白蚁嗜食植物分布)、地表塌陷等宏观风险区域，单次覆盖范围可达 10 km。

(2)机器狗(地面机动层)。采用四足仿生结构，配备扭矩自适应关节，能在 45°斜坡、台阶等复杂地形中灵活移动，重点针对无人机标注的疑似区域进行抵近检测。集成机械臂、微钻探模块,支持土壤采样与孔洞内部探查。

(3)履带机器人(地面精密层)。装备高精度超声波阵列与微波雷达,对坝体内部5 m深度范围内的巢穴空洞进行断层扫描,结合机械臂末端传感器测量土壤湿度、pH值等参数,定位精度达±5 cm。

2.深度学习驱动的智能分析系统

(1)多源数据融合。构建蚁害特征数据库,包含10万+级可见光图像(裂缝/蚁路)、红外热图(温度异常)、声波频谱(白蚁活动声纹)等多模态数据,通过Transformer架构进行跨模态关联分析,提升白蚁地表活动识别准确率。

(2)自适应检测算法。基于YOLO系列中先进的目标检测算法YOLO v8改进的轻量化模型部署于边缘计算单元,实现实时视频流中毫米级裂缝与蚁道检测,推理速度达30 FPS;结合迁移学习技术,针对不同地域堤坝材质(土石坝/混凝土坝)动态优化检测阈值。

(3)风险预测模型。利用LSTM时序网络分析历史巡检数据与气象水文信息,预测蚁群扩散路径与巢穴生长趋势,生成风险热力图并推荐重点维护区域。

3.云端管理平台与自主运维

通过5G专网实现多设备数据回传,基于数字孪生技术构建堤坝三维全景视图,支持AR界面交互标注异常点位。

自主开发任务调度引擎,根据设备状态、电量及任务优先级动态分配检测区域,如无人机发现疑似点后自动召唤机器狗前往验证。

运维知识库集成水利部白蚁防治规范,自动生成包含巢穴坐标、危害等级、处理建议的标准化报告,并与水工程管理系统对接。

该平台通过硬件异构协同与AI算法深度耦合,实现了堤坝蚁害防治的标准化、精细化管理。

典型案例:堤坝白蚁无人机智能巡检

为确保水利工程安全运行,2024年,浙江省水利厅充分发挥"水利+数智"技术效能,组织浙江同济科技职业学院组建专业创新团队开展白蚁习性研究、白蚁巡检技术与装备研发、数智协同应用场景拓展等,以水利新质生产力赋能水利工程白蚁防治。

为了适应水库堤坝等水利工程白蚁隐患巡检的需求,有针对性地开展无人机等巡检设备的专业化改造,进一步增强设备的稳定性和续航力。改造的途径包括:①选择四旋翼无人机作为基础平台,通过增加大容量电池延长飞行时间;②优化飞控系统和动力系统,提高无人机在特定场景下的稳定性和抗风能力;③搭载红外热像仪、激光雷达等多源传感器,实现远距离拍摄清晰成像、三维扫描构图、活动特征检测等多元化功能;④开发智能巡检软件,根据预设路线自动规划巡检路径并实时调整以避免障碍物,能够提取并处理相关数据,高效落实水利工程白蚁巡检排查全方位、全天候、全覆盖的目标任务。

通过多渠道收集关于白蚁地表活动特征数据(分飞孔、泥被泥线、特定菌类植物等),以及白蚁生物特性、环境偏好等建模信息,融合采集工程结构、土壤类型、植被覆盖、气候条件、蚁灾记录等关键参数,利用统计分析或机器学习算法逐层抽象提取并进行标准化处理。选择合适的数学模型拟合数据(随机森林、支持向量机或者深度学习网络等)并开展训练。使用独立测试集进行模型评估，确保其具有良好的泛化能力，同时通过交叉验证等手段提高模型的稳定性。结合GIS技术和遥感影像进行空间分布建模，更直观地展示白蚁活跃区域，为实战性白蚁防治工作提供地理坐标指引。

2023—2024年，对浙江省大湾、文周等420余座水库和浦阳江右岸湖头畈（安华桥—涨墟）、枫桥江左岸（遮山—双闸）等2 100多km堤防的白蚁隐患进行排查与防治工作。与传统人工拉网式巡检排查相比，采用无人机等白蚁巡检设备协同作业可节约人工成本65%以上，排查效率提高65%以上，准确率达95%以上。

复习思考题

1. 人工智能的三大学派是什么？各有什么特点？
2. 人工智能研究中“黑箱”的本质是什么？
3. 机器学习的主要技术方法有哪些？
4. 简述神经网络的基本结构。
5. 神经网络是如何实现自我学习的？
6. 简述大模型的工作原理。
7. 水利大模型的构建方法有哪些？
8. 大模型在水利行业有哪些应用场景？

参考文献

[1] 中华人民共和国中央人民政府. 水利部职能配置、内设机构和人员编制规定[A/OL]. https://www.gov.cn/zhengce/2018-09/10/content_5320821.htm.

[2] 袁家军. 数字化改革概论[M]. 杭州:浙江人民出版社,2022.

[3] 李国英. 在 2022 年全国水利工作会议上的讲话[J]. 中国水利,2022(2):1-10.

[4] 李国英. 建设数字孪生流域推动新阶段水利高质量发展[N]. 学习时报,2022-06-29(1).

[5] 十三届全国人大四次会议,全国政协十三届四次会议. 中华人民共和国国民经济和社会发展第十四个五年规划和 2035 年远景目标纲要[N]. 人民日报,2021-03-13(1).

[6] 水利部印发关于推进智慧水利建设的指导意见和实施方案[J]. 水利建设与管理,2022,42(1):5.

[7] 蔡阳,成建国,曾焱,等. 加快构建具有"四预"功能的智慧水利体系[J]. 中国水利,2021(20):2-5.

[8] 蔡阳. 数字孪生水利建设进展与发展思考[J]. 水利信息化,2025(1):1-7,20.

[9] 蔡阳,谢文君. 全国水利一张图建设与应用[J]. 水利信息化,2020(1):1-5.

[10] 舒全英,马媛,陈亮,等. 数字孪生水利建设中的人工智能大模型应用探索[J]. 中国水利,2025(6):14-30.

[11] 胡四一,王浩. 中国水资源[M]. 郑州:黄河水利出版社,2016.

[12] 郭雪莽. 水利工程概论[M]. 2 版. 郑州:黄河水利出版社,2022.

[13] 苑希民,王秀杰,田福昌. 智慧水利[M]. 天津:天津大学出版社,2024.

[14] 黄玉兰. 物联网概论[M]. 2 版. 北京:人民邮电出版社,2018.

[15] 徐辉,吕菲. 物联网导论[M]. 北京:电子工业出版社,2019.

[16] 陈明. 物联网概论[M]. 北京:中国铁道出版社,2015.

[17] 张翼英,张素香,梁琨. 物联网导论[M]. 3 版. 北京:中国水利水电出版社,2020.

[18] 刘满杰,谢津平,等. 智慧水利创新与实践[M]. 北京:中国水利水电出版社,2020.

[19] 宁爱民,张存吉. 传感器与测控技术[M]. 北京:中国水利水电出版社,2014.

[20] 水利水电工程施工手册编委会. 水利水电工程施工手册:第 3 卷 混凝土工程[M]. 北京:中国电力出版社,2002.

[21] 王永潭,路振刚,姚贵宇. 智能水电厂研究与实践[M]. 北京:中国电力出版社,2018.

[22] 刘观标. 智能水电厂技术及应用[M]. 北京:中国电力出版社,2017.

[23] 李林,侯远航. 水电站设备智慧检修[M]. 北京:中国水利水电出版社,2022.

[24] 张可. 物联网及其数据处理[M]. 北京:国防工业出版社,2018.

[25] 康云川,钟静. 基于 LoRa 无线扩频通信的水情监测与预警系统[J]. 电讯技术,2020,60(10):1155-1162.

[26] 黄康,邱志章,姜小俊,等. 浙江省水管理平台研究与实践[J]. 水利信息化,2023(5):76-83.

[27] 包志炎,姜小俊,黄康,等. 浙江水利数字化转型总体框架和关键技术研究[J]. 水利信息化,2020(2):4-5.

[28] 李庆斌,马睿,胡昱,等. 大坝智能建造研究进展与发展趋势[J]. 清华大学学报(自然科学版),2022,62(8):1252-1269.

[29] 高庆保. 水利工程勘察设计与施工中数字化工具的应用研究[J]. 工程建设与设计,2022(18):100-102.

[30] 杨顺群,郭莉莉,刘增强.水利水电工程数字化建设发展综述[J].水力发电学报,2018,37(8):75-84.

[31] 赵继伟.水利工程信息模型理论与应用研究[D].北京:中国水利水电科学研究院,2016.

[32] 赵继伟,魏群,张国新.水利工程信息模型的构建及其应用[J].水利水电技术,2016,47(4):29-33.

[33] 刘晶,张旭,金磊,等.水利工程 BIM 模型构建标准及数字化移交[J].人民黄河,2021,43(增刊):268-271.

[34] 刘耀儒,侯少康,程立,等.水利工程智能建造进展及关键技术[J].水利水电技术(中英文),2022,53(10):1-20.

[35] 李庆斌,石杰.大坝建设 4.0[J].水力发电学报,2015,34(8):1-6.

[36] 张庆龙,安再展,刘天云,等.土石坝压实的智能控制理论[J].水力发电学报,2020,39(7):34-40.

[37] 张庆龙,刘天云,李庆斌,等.基于闭环反馈控制和 RTK-GNNS 的自动碾压系统[J].水力发电学报,2018,37(5):151-160.

[38] 李庆斌,马睿,安再展.大坝智能建造导论[M].北京:中国水利水电出版社,2021.

[39] 李庆斌,马睿,胡昱,等.大坝智能建造研究进展与发展趋势[J].清华大学学报(自然科学版),2022,62(8):1252-1269.

[40] 李庆斌,马睿,胡昱,等.大坝智能建造理论[J].水力发电学报,2022,41(1):1-13.

[41] 张春巍,鲍德仁,孙丽.智能建造技术的研究与应用展望[J].沈阳工业大学学报,2024,46(5):722-734.

[42] 詹程远,梁垒,许德友.水泥灌浆参数智能感知与高效管控装备研究[J].长江科学院院报.

[43] 肖碧,李书友,傅兴安,等.复杂地质条件下智能灌浆技术研究和应用[J].水电能源科学,2023,41(6):129-132,136.

[44] 樊贵超.大坝基础灌浆工程施工质量控制理论与应用研究[D].天津:天津大学,2017.

[45] 郝俊锁.复杂地质特长深埋水工隧洞智能化施工关键技术研究[J].现代隧道技术,2021,58(6):188-196.

[46] 马世伟,李守定,李晓,等.隧道岩体质量智能动态分级 KNN 方法[J].工程地质学报,2020,28(6):1415-1424.

[47] 郑英,陈建,彭小俊,等.碧湖水库工程智慧工地建设研究[J].中国水运,2022,(11):130-132.

[48] 陈祖煜,赵宇飞,邹斌,等.大坝填筑碾压施工无人驾驶技术的研究与应用[J].水利水电技术,2019,50(8):1-7.

[49] 詹程远,张帆,张宏伟,等.水电工程水泥灌浆智能控制系统研究与应用[J].长江技术经济,2024,8(5):120-126.

[50] 钟桂良,徐建江,乔雨,等.混凝土振捣质量智能监控关键技术研究与应用[J].水利水电技术,2020,51(增刊):422-426.

[51] 李鹏宇,孔勇斌,张娜,等.TBM 施工信息化智能化技术应用及展望[J].建筑机械化,2023,44(8):27-30.

[52] 杨显,李军.隧道智能建造与工程信息化技术应用综述[J].山东交通科技,2023(6):111-114,131.

[53] 王波,赵远,刘喜泉,等.智能巡检机器人在大坝廊道运维中的应用[J].人民长江,2022,53(7):227-231.

[54] 陈永灿,王皓冉,李永龙,等.高坝枢纽泄洪消能建筑物智能巡检与安全评价理论方法和技术研究展望[J].工程科学与技术,2023,55(3):1-13.

[55] 徐亮,何伟,叶尔达·叶尔丁达拉,等.无人机智能巡检混凝土裂缝方法和机制研究[J].水利水电技术(中英文),2024,55(增刊):249-256.

[56] 陈剑,毛才传,严吉皞,等.水库GIS智能巡检系统研究与应用[J]. 水利信息化,2020(4):37-41,59.
[57] 李方平,吴楠,郭运华,等.水电工程智能安全监测体系特征及发展趋势[J].人民长江,2021,52(增刊):259-264.
[58] 许孝臣,杨琼,戴春华,等.物联网技术在小型水库大坝安全监测中的应用模式[J].浙江水利科技,2018,46(5):32-34.
[59] 张英.东江水利泵站运行智能化技术方案的构建[J].水利科学与寒区工程,2022,5(5):146-148.
[60] 柯鹏飞,黄志旺,李文通,等.基于深度学习和物联网技术的水库危险行为识别系统[J].广东水利水电,2024(11):88-92.
[61] 王森,王霞雨,贾文豪,等.水库智慧调度研究进展与展望[J]. 人民珠江,2023,44(10):25-34.
[62] 李子阳,马福恒,李涵曼,等.人民胜利渠灌区智慧管理平台的物联网架构[J].中国农村水利水电,2019(6):88-92.
[63] 武宜.岩土工程勘察数字化技术与实现[J]. 工程建设与设计,2024(5):153-155.
[64] 高庆保.水利工程勘察设计与施工中数字化工具的应用研究[J]. 工程建设与设计,2022(18):100-102.
[65] 杨顺群,郭莉莉,刘增强.水利水电工程数字化建设发展综述[J]. 水力发电学报,2018,37(8):75-84.
[66] 刘晶,张旭,金磊,等.水利工程BIM模型构建标准及数字化移交[J]. 人民黄河,2021,43(增刊):268-271.
[67] 李生.智能碾压系统在竹寿水库堆石坝填筑中的应用[J]. 陕西水利,2023(6):113-115.
[68] 肖碧,李书友,傅兴安,等.复杂地质条件下智能灌浆技术研究和应用[J]. 水电能源科学,2023,41(6):129-132,136.
[69] 樊贵超.大坝基础灌浆工程施工质量控制理论与应用研究[D]. 天津:天津大学,2017.
[70] 蔡运忠,程扬,梁爱萍,等.数字孪生水利工程建设管理平台研发及应用[J]. 水利发展研究,2023,23(8):19-23.
[71] 王普.东庄水利枢纽工程智慧工地建设探析[J]. 中国水能及电气化,2022(10):47-51,57.
[72] 黄跃文,牛广利,李端有,等.大坝安全监测智能感知与智慧管理技术研究及应用[J]. 长江科学院院报,2021,38(10):180-185,198.
[73] 张宏祯,张鹏举,徐宝山.智能化大坝安全监测系统开发与研究[J]. 中国水利,2021(10):47-48.
[74] 王勇飞.高心墙堆石坝运行安全风险智能监控关键技术研究与应用[D]. 成都:四川大学,2021.
[75] 叶红,陆纬,陈龙,等.大坝监测自动化系统智能化技术研究[J]. 水利信息化,2020(2):42-47.
[76] 黄卫华,魏伶芸.人工智能辅助水利工程监管的探索与应用[J]. 水利水电快报.
[77] 李珊珊.水利工程中的智能监测与控制技术研究[J]. 水上安全,2024(15):37-39.
[78] 张洁.新疆超长隧洞TBM智能掘进施工方法研究[J]. 黑龙江水利科技,2024,52(8):123-125.
[79] 裴成元,李鹏宇,杨晨,等.全断面硬岩隧道掘进机岩体状态智能识别技术[J]. 建筑机械,2024(8):108-111.
[80] 郭卫社,洪开荣,高攀,等.我国隧道智能建造技术发展与展望[J]. 隧道建设(中英文),2023,43(4):549-562.
[81] 张生琴,刘斌.智慧灌区农业智能节水灌溉系统设计与应用[J]. 南方农机,2024,55(15):63-65.
[82] 虞乐,袁志波.节水智慧化管理在江都水利枢纽工程中的实践与思考[J]. 水利建设与管理,2023,43(7):36-41,48.
[83] 于翔.水利工程无人机倾斜摄影测量技术应用研究[J]. 珠江水运,2024(19):122-125.

[84] 常正科,孟杰. 基于无人机的水利测绘技术应用研究[J]. 水上安全,2024(19):5-7.
[85] 宋鹏元,陈吉萍. 水利水电工程施工质量控制方法研究[J]. 城市建设理论研究(电子版),2024(21):202-204.
[86] 姚姣,曹凡. 无人机在监测领域的应用[J]. 数字通信世界,2024(7):186-188.
[87] 李广勤. 水电站智能监测安防系统应用研究[J]. 水电站机电技术,2024,47(4):59-62.
[88] 宋富春. 基于无人机航测技术的水下 DEM 构建研究[J]. 地下水,2024,46(2):229-231.
[89] 李启业,文铮,毕研群. 智联无人船内河水深测量与抗水流能力评估[J]. 广西水利水电,2024(3):27-31,38.
[90] 宫厚诚,刘修男,赵传宝. 基于无人船和机载 LiDAR 的大范围河网地形测量研究[J]. 测绘与空间地理信息,2023,46(12):24-26,30.
[91] 梁庚. 智能化水电建设与发展[J]. 水电与抽水蓄能,2024,10(5):4.
[92] 刘奥兵,张印. 智能化水电站建设研究[J]. 四川水力发电,2023,42(增刊):8-12,40.
[93] 李举峰. 水电站智能化改造现状分析及建设思考[J]. 广西电业,2021(6):42-43.
[94] 欧阳为民. 智慧水电厂建设应用研究[J]. 中国设备工程,2024(增刊):71-72.
[95] 韩冰. 建筑行业数字化交付实施的方向与思考[J]. 建筑技术,2023,54(2):249-252.
[96] 沈浩,赵毅锋,李晓. 水电站智能巡检机器人技术的应用[J]. 电子科技,2023,36(12):99-102.
[97] 王长生,马福恒,何心望,等. 基于物联网的燕山水库大坝智能巡检系统[J]. 水利水运工程学报,2014(2):48-53.
[98] 张涛,丁宁,蔡晓坚,等. 综合管廊巡检机器人综述[J]. 地下空间与工程学报,2019(14):522-533.
[99] 毛延翩,杨树锋. 智能机器人在溪洛渡电站出线场实景巡检系统中的应用[J]. 电工技术,2019(22):123-125.
[100] 王文超,谢洪鑫,李佳栋,等. 智能巡检机器人在大型水电站的应用[J]. 云南水力发电,2022,38(8):298-300.
[101] 谢俊,鲍正风,曹辉,等. 金沙江下游水风光储联合调度技术研究与展望[J]. 人民长江,2022,53(11):193-202.
[102] 刘国富,金建乐. 构建基于风险预警的智能防洪调度体系[J]. 大坝与安全,2022(2):1-5,13.
[103] 董旭龙,王二朋,马保东,等. 水库优化调度研究综述[J]. 水电站机电技术,2016,39(12):88-93.
[104] 钱峰,成建国,夏润亮,等. 水利大模型的建设思路,构建框架与应用场景初探[J]. 中国水利,2024(9):9-19.
[105] 中华人民共和国住房和城乡建设部. 水位观测标准:GB/T 50138—2010[S]. 北京:中国计划出版社,2010.
[106] 中华人民共和国住房和城乡建设部,中华人民共和国国家质量监督检验检疫总局. 防洪标准:GB 50201—2014[S]. 北京:中国标准出版社,2015.
[107] 中华人民共和国住房和城乡建设部. 水利水电工程劳动安全与工业卫生设计规范:GB 50706—2011[S]. 北京:中国计划出版社,2012.
[108] 国家能源局. 水电工程智能建造技术通则:NB/T 11561—2024[S]. 北京:中国水利水电出版社,2024.
[109] 国家能源局. 水电工程信息模型设计交付规范:NB/T 10508—2021[S]. 北京:中国水利水电出版社,2021.
[110] 中华人民共和国水利部. 水库工程管理设计规范:SL 106—2017[S]. 北京:中国水利水电出版社,2017.
[111] 中华人民共和国水利部. 水利水电工程等级划分及洪水标准:SL 252—2017[S]. 北京:中国水利

水电出版社,2017.

[112] 国家环境保护总局,国家质量监督检验检疫总局. 地表水环境质量标准:GB 3838—2002[S]. 北京:中国环境科学出版社,2002.

[113] 中华人民共和国国家质量监督检验检疫总局,中国国家标准化管理委员会. 物联网总体技术 智能传感器接口规范:GB/T 34068—2017[S]. 北京:中国标准出版社,2017.

[114] 国家市场监督管理总局,国家标准化管理委员会. 智能水电厂技术导则:GB/T 40222—2021[S]. 北京:中国标准出版社,2021.

[115] 中华人民共和国工业和信息化部. 物联网总体框架与技术要求:YD/T 2437—2012[S]. 北京:人民邮电出版社,2013.

[116] 中华人民共和国水利部. 水利水电工程施工安全管理导则:SL 721—2015[S]. 北京:中国水利水电出版社,2015.

[117] 中华人民共和国水利部. 水库大坝安全评价导则:SL 258—2017[S]. 北京:中国水利水电出版社,2017.

[118] 中华人民共和国水利部. 水利水电工程施工组织设计规范:SL 303—2017[S]. 北京:中国水利水电出版社,2017.

[119] 中华人民共和国水利部. 水利工程白蚁防治技术规程:SL/T 836—2024[S]. 北京:中国水利水电出版社,2024.

[120] Vaswani, Ashish, et al. Attention is all you need[J]. Advances in Neural Information Processing Systems, vol. 30, Curran Associates, Inc., 2017, pp. 5998-6008.

[121] Samuel A L. Some studies in machine learning using the game of checkers[J]. IBM Journal of Research & Development, 2000.

拓展资料，持续更新中

由于智慧水利与数字孪生水利技术发展日新月异，本书编写团队将不定期推出领域前沿进展、最新技术发展、典型案例等方面的资料，方便教学和学习。

拓展资料

敬请期待...

更多资源正在建设中